TEACHER EDUCATION
FROM
AN INTERNATIONAL PERSPECTIVE

国际视野下的教师教育

理论、实践与政策
THEORY, PRACTICE AND POLICY

祝刚 ◎ 著

华东师范大学出版社
·上海·

图书在版编目(CIP)数据

国际视野下的教师教育:理论、实践与政策/祝刚
著.--上海:华东师范大学出版社,2023
ISBN 978-7-5760-4383-9

Ⅰ.①国…　Ⅱ.①祝…　Ⅲ.①师资培养-研究　Ⅳ.
①G451.2

中国国家版本馆 CIP 数据核字(2023)第 234973 号

本书为国家社科基金高校思想政治理论课研究专项课题"师范生师德培养长效机制构建研究"(课题编号:22VSZ041)的阶段性成果。

国际与比较教育前沿丛书

国际视野下的教师教育:理论、实践与政策

著　者　祝　刚
责任编辑　彭呈军
特约审读　朱晓韵
责任校对　刘伟敏
装帧设计　郝　钰

出版发行　华东师范大学出版社
社　　址　上海市中山北路 3663 号　邮编 200062
网　　址　www.ecnupress.com.cn
电　　话　021-60821666　行政传真　021-62572105
客服电话　021-62865537　门市(邮购)电话 021-62869887
地　　址　上海市中山北路 3663 号华东师范大学校内先锋路口
网　　店　http://hdsdcbs.tmall.com

印 刷 者　上海龙腾印务有限公司
开　　本　787 毫米×1092 毫米　1/16
印　　张　15.75
字　　数　271 千字
版　　次　2023 年 12 月第 1 版
印　　次　2023 年 12 月第 1 次
书　　号　ISBN 978-7-5760-4383-9
定　　价　56.00 元

出 版 人　王　焰

丛书主编前言

一、比较是文明进步的基本形式

在希腊神话中有着这样一个故事,普罗米修斯(Prometheus)是一位泰坦神,他被认为是智慧和文明的守护者,并且对人类怀有深厚同情心。相传,当时神王宙斯统治奥林匹斯山,众神过着神仙般幸福快乐的日子,而人类却生活在黑暗和寒冷之中。普罗米修斯对人类深表同情,因此他决定帮助他们。为此他前往奥林匹斯山,从宙斯那里偷取了火种,并将其带给了人类,给人类带来了文明的火种。普罗米修斯之所以"盗火",是因为他在将神界与人界进行比较后,看到了火对于人类极其重要的意义。火不仅为人类带来了温暖、光明,还使人类能够烹饪食物、驱赶野兽、铸造金属和制造工具,推动着人类文明的进步。这种进步源于神界和人界的比较。

普罗米修斯因为盗火而受到了宙斯的残酷惩罚,因为他有可能让人类过上神仙般的生活。他被囚禁在高加索高山的岩石上,巨鹰每天啄食他新长出来的肝脏。可见,比较是有风险的,即使是神界和人界的比较。

培根在《新大西岛》中畅想了一个无比富裕与先进的理想王国,其居民普遍拥有"慷慨和启蒙、尊严和辉煌、虔诚和公共精神"的品格。一支欧洲船队意外发现了这个理想王国所在的岛屿。船员们询问起岛民其发达的秘密,岛上居民这样回答:"王国在禁止他的人民航行到任何不属于他管辖下的地方去的同时,还发布了这样的命令:每十二年要从本国派出两条船,作几次航行;每条船上要有'所罗门之宫'里三位弟兄组成的一个使节团,他们的任务就是研究要去访问的那些国家里的一切事物和情况,特别是全世界的科学、艺术、创造和发明等等,而且还要带回来书籍、器具和各种模型。……我们所从事的贸易不是为了金银珠宝,也不是为了丝绸香料,更不是为了其他商品之类的东西;我们是为了上帝首先创造出来的东西,那就是光,为了得到世界各个地方所产生的'光'。"①

培根之后的西方开启了现代性的启蒙运动。启蒙运动(en－lighten－ment)把理性称为光,也就是说,所谓启蒙运动就是一种使人独立使用自己的理性的运动,一种光亮化的祛魅运动。那些滞后于现代性的启蒙运动的国家,就需要借鉴别的国家的经验。1817 年,法国的朱利安构想了一个以借鉴别国教育发展经验为主要使命的研究领域,即比较教育学。广义上,文明之间的互学互鉴就是比较教育。

即使在一个国家内部,比较也是可能的和必要的。孔子就是这样的比较教育学者。孔子通过追溯和比较殷商与周朝的文化制度,有所损益,有所折中,建构了以"六经"为经典文本的华夏文明,奠定了中国文化的光辉底色,因此,有"天不生仲尼,则万古如长夜"的说法。今天,我们仍然需要有伟大的比较学者,把我们古代、近代和现代的经验加以比较,建构中华民族新的文明方向。

二、比较教育救中国

修身是我国古代教育传统和为学次第的基点和根本。《大学》有"自天子以至于庶人,壹是皆以修身为本"的表述,民谚也有"一屋不扫何以扫天下"的劝告。孔孟所推崇的"修己以安人""修己以安百姓"和"君子之守,修其身而平天下",都表明了修身之道并不停留在孤立的个体层面,还要贯穿于家、国、天下与宇宙万物。修身、齐家、治国、平天下,勾勒出一条贯穿了个体、社会、国家、天下四个维度的清晰路线图,引导着中国古代读书人的生命追求。"平天下"即个体"修身"构成了中国人最为深沉的文化积淀和心理逻辑。

不过,近代以来,这种古老的教育哲学似乎显得力不从心。特别是1840 年鸦片战争和1894 年甲午战争以来,中国社会陷入深重的危机,面临亡国灭种的危险。

按照儒家的教导,即"古之欲明明德于天下者,先治其国;欲治其国者,先齐其家;欲齐其家者,先修其身",拯救天下的关键在于修身,当然,是新的现代性的修身。

严复先生把这种修身归结为"欲开民智,非讲西学不可";同样,鲁迅先生也指出,"中国欲存争于天下,其首在立人,人立而后凡事举"。也就是说,立国首先在于立民,而立民的根本在于培养新的现代国民性。这就需要借用现代启蒙之光来照亮清末闭塞混沌的世界,用比较的力量推动古老帝国走向现代化发展之路,以救中国于危难之

---

① [英]弗·培根《新大西岛》何新 译[M].北京:商务印书馆,1959,18－19.

中。在严复、鲁迅等启蒙学者之后，中国产生了数量众多的广义上的比较教育学者，他们进一步推动了中国教育现代化。20世纪80年代的"教育要面向现代化，面向世界，面向未来"表述，既是对中国教育的绝对命令，也是为比较教育学奠定绝对的合法性。显然，教育要面向现代化，就需要面向具有现代化教育的世界，这样，我们的教育才有未来。这样，才有将来必胜于过去，青年必胜于老人。

这里的逻辑就是，应对天下危机的根本在于新的修身，而新的修身的根本在于比较教育。进而言之，近代所谓的教育救国，实际上可以理解为比较教育救中国。

当然，这种逻辑是对教育（即修身）和比较教育作用的夸大。中华民族的复兴更需要政治、经济以及社会力量的相应变革和支持。

今天，我们依然把教育强国与中华民族的伟大复兴联系起来。这里同样需要我们所有的教育研究者具有比较视野和世界意识，从世界格局的总体潮流和未来趋势来谋划和促进我们教育的高质量发展，以立德树人、促进个性发展和社会的持续繁荣、惠及人类的总体福祉。

三、持续探讨国际与比较教育前沿

世界变化，教育就要变化，比较教育就要变化。比较研究需要"观乎天文，以察时变；观乎人文，以化成天下"。当然，比较教育有很多其他的任务和使命，但其中一个核心使命就是持续探讨世界教育发展前沿，因为只有了解、走进我们这个世界，我们才能从自己出发拥有这个世界。

我们把这种探索世界教育前沿的抱负，表述为"比较世界，服务中国"。这也是成立于1964年的华东师范大学国际与比较教育研究所的初心。其任务就是探索当时对中国来说处于未知的世界教育，特别是西欧北美教育发展的前沿。这种探究前沿意识及其产出作品在20世纪80至90年代达到了一个高峰。这种前沿成果特别是关于国际教育思潮和课程教学的研究，使得华东师范大学国际与比较教育研究所成为中国教育特别是基础教育发展和改革的策源地和动力源，推动着我国教育发展的不断反思和现代化。

这里的国际教育前沿相当于国际教育发展的最新动态和边界，是教育有所新发展、有所新突破的标志。美国人把"探究前沿"理解为一种"边疆精神"（frontier spirit）：若是没有一种边疆精神，那么什么都不会发生，一切都会是老样子，而且还会倒退。

正是出于这种边疆精神，李其龙先生在新编《康德论教育》中，收录了康德论启蒙、论世界公民和永久和平等文章；黄志成先生系统考察了全纳教育和弗莱雷的被压迫者的教育学;赵中建先生率先系统研究了国际创新教育和 STEM 教育;高文先生编著了《学习科学的关键词》。

当然,这些的前沿探索并不是在国际教育花园中的随意闲逛,这边摘个叶子,那边摘朵花,而是基于深沉的世界历史发展感的有感而发。或是"借他人酒杯,浇自己块垒",或是预言式的警告,或是未来的展望,但对教育改革都带有基本性助益。

国际与比较教育研究所当然还会秉持这种前沿意识和边疆精神,勇于探索,为中国教育界提供一个又一个前沿作品。

在华东师范大学国际与比较教育研究所"六十耳顺"之际,从 2019 年的"21 世纪能力:中国与世界"丛书到现在的"国际与比较教育前沿丛书",是否意味着华东师范大学比较教育学的再次振兴?这当然取决于国内同行的评价,而我们所能做的就是尽可能好地展示我们的前沿探索。

2023 年 11 月 28 日
华东师范大学教育学部
国际与比较教育研究所

前　言

一、本书背景

（一）国际背景

在 21 世纪，教育改革成为了经济、科技、社会与文化等方面综合国力竞争的重要手段，教育改革也是建设创新型国家的重要驱动力。为此，全球不少国家都纷纷迈进了教育改革密集期。芬兰教育改革专家、被誉为"芬兰教育大使"的帕思·萨尔伯格（Pasi Sahlberg）将此形象地总结为"全球教育改革运动"（Global Education Reform Movement），以新自由主义理论和新公共管理理论为基础，"全球教育改革运动"的举措主要包括：基于标准的教育改革、共同的课程标准、基于标准的高风险测试和总结性评价、自上而下的教师问责制和社会外部对学校教学控制的日益加强。① 全球教育改革运动构成了当下欧美国家教育改革的主要图景。

进入 21 世纪以来，联合国教科文组织、经济合作与发展组织、世界银行等国际组织在全球范围内不断从理念、政策与治理层面影响着民族国家的教育发展，从而对全球教育治理体系的形成产生了深刻影响。从 1972 年的报告《学会生存：教育世界的今天和明天》（*Learning to Be：the World of Education Today and Tomorrow*）、1996 年的报告《教育：财富蕴藏其中》（*Learning：the Treasure Within*）、2017 年的报告《反思教育：向"全球共同利益"的理念转变？》（*Rethinking Education：Towards a global common good？*）到 2021 年的报告《学会融入世界：为了未来生存的教育》（*Learning to Become with the World：Education for Future Survival*），联合国教科文组织始终坚持

① SAHLBERG P. The fourth way of Finland [J]. Journal of Educational Change, 2011, 12(2)：173 - 185.

5

"全球性思维传统""全球共同利益传统"与"人文主义价值传统"。

与此同时，经济合作与发展组织不断开发与实施了一系列在全球范围内颇具影响力的国际教育大规模调查项目，主要包括"国际学生评估项目"（Programme for International Student Assessment, PISA）、"教师教学国际调查"（Teaching and Learning International Survey, TALIS）、"国际成人能力评估调查"（Programme for the International Assessment of Adult Competencies, PIAAC）等，催生了全球教育测量文化。近10年来，经济合作与发展组织将创造力与批判性思维等技能纳入测评范围，更加注重高阶能力的培养。总之，经济合作与发展组织凸显了其基于人力资本理论，培养具有竞争性劳动力的教育改革取向。

此外，世界银行通过发布年度世界教育报告，剖析全球教育所遭遇的挑战，并描绘未来趋势。世界银行在《2018年世界发展报告：学习以实现教育的承诺》（*The World Development Report 2018 — Learning to Realize Education's Promise*）中警告说，全球教育面临着"学习危机"，这一危机不仅是对全世界儿童和青少年的巨大不公，也在不断扩大社会差距。[1] 在《实现学习的未来：从学习贫困到人人皆学处处能学》（*Realizing the Future of Learning：From Learning Poverty to Learning for Everyone，Everywhere*）的报告中，世界银行认为，未来学习将围绕学习中的五大支柱——学习者、教师、学习资源、学校、教育系统管理，实现"人人皆学、处处能学"的愿景。[2]

从全球视野看，不同国家的教育改革范式先后经历了四条道路的转变，即以没有创新性的个人主义作为第一条道路、标准和市场作为第二条道路、数据驱动的决策作为第三条道路以及创新、包容与可持续性作为第四条道路。[3] 与此同时，玛丽莲·科克伦-史密斯（Marilyn Cochran-Smith）认为，教师教育经历了三个阶段的演变，即教师教育作为培训问题、学习问题与政策问题。[4] 随着全球经济、社会与文化的不断发展，

① World Bank. The World Development Report 2018 — LEARNING to Realize Education's Promise [R]. [EB/OL]（2023 - 11 - 03）[2017 - 09 - 26] https://www.worldbank.org/en/publication/wdr2018.

② SAAVEDRA CHANDUVI J, AEDO INOSTROZA M C, ARIAS DIAZ O S, et al. Realizing the Future of Learning: From Learning Poverty to Learning for Everyone, Everywhere [EB/OL]. （2023 - 10 - 02）[2020 - 12 - 02] https://www.worldbank.org/en/topic/education/publication/realizing-future-of-learning-from-learning-poverty-to-learning-for-everyone-everywhere.

③ 祝刚，丹尼斯·舍利. "第四条道路"关照下的教育领导变革与教师专业发展：理论进路与实践样态——祝刚与丹尼斯·舍利教授的对话与反思[J]. 华东师范大学学报（教育科学版），2022,40(2)：114—126.

④ COCHRAN-SMITH M. The problem of teacher education [J]. Journal of Teacher Education, 2004,55(4)：295 - 299.

当下教师教育呈现出政策转向、问责转向、实践转向、研究转向与公平转向。随着以"4C"①为代表的高阶技能运动与生成式人工智能的不断发展,教师教育实践与政策不断得到重构。

正像《教师教育研究手册:变革世界中的永恒问题(第三版)》书名所昭示的那样,"教师教育"堪称变革世界中的永恒问题。无论是实施教育政策、促进教育公平,还是提升学生学业成绩、促进不同国家之间的国际理解,"教师教育"都是解决上述问题的一剂良方。国际知名教育测评专家约翰·哈蒂(John Hattie)在被誉为"教学的圣杯"《可见的学习》(Visible Learning)一书中研究发现,教师是对学生学业成就影响最大的因素。② 正因为"教师"在教育系统中所发挥的杠杆作用如此之大,不同国家不约而同地实施教师教育改革。

在理论方面,国外教师教育学者围绕教师教育的目的、教师素养(知识、信念、技能等)、教师的多样化角色、教师的持续学习等形成了完备的理论体系。学科教学法知识(Pedagogical Content Knowledge)、显著教学法(Signature Pedagogy)、核心实践(Core Practice)、个体实践性知识等理论在全球范围内不断传播。在实践方面,欧美国家不断升级其教师培养体系,从教师教育体系 1.0、2.0 过渡到 3.0。教师教育体系 1.0 主要为大学本位的教师教育体系,如美国众多大学教育学院中设立的教师培养项目。教师教育体系 2.0 主要为替代型教师教育培养体系,如"为美国而教"、新教育研究生院、教师驻校培养模式等。教师教育体系 3.0 主要表现为教师培养项目与社区和家庭合作,教师培养的场地在大学与社区所形成的"第三空间"中进行。③ 在政策方面,欧美国家所实施的促进社会公平与正义的教师教育政策、替代型教师教育政策、教师的招募、留任政策以及教师资格证书政策等,不断从标准制定、专业督导与质量保障,形塑教师教育体系发展。

(二) 国内背景

教育是国之大计、党之大计。教师是立教之本、兴教之源,是教育事业发展的第一资源。在新时代,以习近平同志为核心的党中央始终重视教师队伍建设的战略意义,

---

① 4C,即 Critical thinking(批判性思维)、Creativity(创造力)、Communication(沟通)和 Collaboration(合作)的缩写。
② 彭正梅,伍绍杨,邓莉.如何培养高阶能力——哈蒂"可见的学习"的视角[J].教育研究,2019,40(5):76—85.
③ ZEICHNER K. Preparing teachers as democratic professionals [J]. Action in Teacher Education, 2020, 42(1):38-48.

把教师队伍建设放在重要的战略地位。中共中央、国务院在《中国教育现代化2035》中明确提出，要"努力造就一支师德高尚、业务精湛、结构合理、充满活力的高素质专业化教师队伍"。《中共中央国务院关于全面深化新时代教师队伍建设改革的意见》《教师教育振兴行动计划（2018—2022年）》《新时代基础教育强师计划》《关于构建优质均衡的基本公共教育服务体系的意见》的出台，形成了我国新时代教师教育改革的政策体系。卓越教师培养计划、公费师范生计划、乡村教育振兴计划、优师计划等一系列国家级教师教育改革项目的实施，为建设高素质、专业化、创新型教师队伍不断注入活力。

2021年3月11日，第十三届全国人民代表大会第四次会议通过了《中华人民共和国国民经济和社会发展第十四个五年规划和2035年远景目标纲要》，明确提出将"建立高水平现代教师教育体系"作为"建设高质量教育体系"的重要支撑。目前，我国初步构建了以师范院校为主体、高水平综合大学参与、教师发展机构为纽带、优质中小学为实践基地的开放、协同、联动的现代教师教育体系。在未来的发展中，我国将秉承"新师范"理念，不断完善政府、大学、中小学在教师教育领域的合作机制，建立现代、专业、开放、协同、联动的教师教育实践共同体。

党的二十大概括了中国式现代化的内涵与特色，即从我国人口规模巨大这一国情出发，以共同富裕为目标，坚持人类、自然、社会的协调发展，主张包容性和平发展。同时，党的二十大报告指出，教育、科技、人才是全面建设社会主义现代化国家的基础性、战略性支撑，为新时代教育事业发展指明了方向。习近平总书记关于教育的一系列重要论述，系统发展了以"四有"好教师、"四个相统一"、"教育家精神"为特色的师道观、认识论、修养论、方法论。自党的二十大以来，我国教师教育发展的主题便是以中国式现代化引领我国一流教师教育体系建设。

进入21世纪以来，我国不断参与到全球教育治理体系中来，一方面希望贡献中国智慧、中国方案，讲好中国教育改革故事；另一方面，不断吸收引进国际上的新理念与新方法。典型的例子便是"一带一路"教育合作与援助计划、北京-上海-江苏-浙江四省市参加国际经济与合作发展组织所实施的PISA（国际学生评估项目）、上海教师和校长参与TALIS（教师教学国际调查）以及中英数学教师交流项目等。可见，全球化不仅意味着经济、政治与文化的互联互通，也意味着教育的交流合作。我国教师教育不断呈现出国际视野与本土行动互相关照的特点。

面对百年未有之大变局，我国亟须从理论、实践与政策层面精准把握国外教师教育的最新趋势,从而为我国教师教育的全面发展精准定位。在理论层面,我国需要学习国外教师教育的新思想与新观点。在实践层面,我国需要系统总结国外教师教育中的有益实践经验。在政策层面,我国需要参考借鉴国外教师教育的最新政策改革。

二、本书内容介绍

本书框架分为五大章,主要内容介绍如下:

第一章,国际视野下教师教育改革政策。本章聚焦全球范围内教师教育的宏观背景变革,所探讨的主要内容包括:教师教育发展五大国际转向及其五种研究取向,五大国际转向主要包括:政策转向、问责转向、实践转向、研究转向与公平转向;五种研究取向分别为:知识取向、经验取向、社会公平取向、全球化取向以及技术创新取向。在国际组织层面,本章比较了联合国教科文组织、经济合作与发展组织、世界银行三大国际组织的教师教育改革政策,特别是疫情时代的教师教育改革举措。在民族-国家层面,本章探讨了新自由主义背景下欧美国家教师教育改革的挑战与主要应对措施。随着经济合作与发展组织所实施的PISA项目在全球教育改革中的影响力逐渐提升,本章分析了大规模教育测量时代的全球教育治理体系并反思了其治理机制。在国别研究方面,本章从多个维度透视了美国如何建设高质量教育体系,并从社会公平的视角对拜登政府时期美国联邦政府教师教育改革政策进行了社会学分析。

第二章,不同取径下的教师专业发展理论与路径。本章所探讨的主要内容包括:教师专业身份建构作为教师专业发展的重要路径;专业资本作为教师专业发展的新视野;知识社群作为教师专业发展的新路径;实践架构理论视角下的教师专业学习;教师集体学习的内涵、价值与发展路径;从德勒兹后批判人文主义视角重构教师专业学习;教师教育中的隐喻:理论内涵与价值意蕴;西方教师伦理研究的回溯与评论。

第三章,国际教师教育研究的前沿议题。本章所探讨的主要内容包括:强问责时代教师能动性的发展;全球教育测量时代的教师韧性发展;文化回应性教学作为多元文化背景下教师专业发展的新范式;微认证作为教师能力发展与评估的创新方式;多维视野下的教师离职探究;意义建构作为教师实施课程政策的新视野;国外师范生评价的理论演进与实践革新;高校教师评价改革的创新路径。

第四章,国际教师教育的前沿发展动态。本章以美国和英国为代表,探讨上述两个国家在教师教育体系建设与政策改革方面的最新进展。本章所探讨的主要内容包括:美国教师教育体系迈向3.0及其主要特征;美国公民赋权鸿沟及其应对策略;美国教师教育研究中的优势思维及其最新发展趋势;组织合法性视野下美国新型教师教育机构的创新发展逻辑;英国最新教师发展与督导改革透视;英国教师《早期职业框架》内容及其启示;后疫情时代如何提升教师的在线教学能力。

第五章,中国本土教师教育的实践探索。本章聚焦我国在习近平社会主义新时代建设高质量教育体系,特别是教师教育改革所进行的一系列本土化改革。所探讨的主要内容包括:新时代建设高质量教育体系应具备的十大思维;以中国式现代化引领我国一流教师教育体系建设;乡村振兴背景下新生代乡村教师专业化发展路径;用新策略实现乡村教师教育创新发展;构建基于师范生职业能力标准的教师培养体系;青年教师在集体备课中专业发展的"精气神";以名师工作室联动促进教师专业发展;"双减"政策背景下教师的应为、可为与敢为;校长提升教师专业发展路径的着力点。

三、本书特点

根据上述架构,本书在内容呈现上具有三个方面的特点。

第一,国际视野与本土行动互相观照。在全球视野方面,本书提出了教师教育发展的五大国际转向,呈现了当下全球教师教育发展的国际图景。同时,教师教育在理论、实践与政策方面的发展,不断受到全球教育治理体系的影响,即联合国教科文组织、经济合作与发展组织、世界银行三大国际组织不断出台的政策、咨询报告以及大规模教育调查。随着福利社会逐步让位于新自由主义社会,本书探讨了新自由主义背景下欧美国家教师教育改革的挑战与主要应对措施。在当下的教育改革中,建设高质量、公平的教育体系是不同国家的一致追求。欧美国家将"创新""个性化""社会公平与正义"作为教师教育改革的重要目标;我国将高素质、专业化、创新型与均衡化作为教师教育体系建设的重要目标,我国与国外教师教育改革具有"殊途同归"的意涵。因此,本书希冀在国际视野的关照下,为本土行动提供可借鉴的可行路径。

第二,理论、实践与政策互相融通。从学科视野看,教师教育是一个研究领域;从实践视角看,教师教育是一种循证实践;从政策视角看,教师教育是教育政策体系的重要组成部分。教师教育的多维性,需要我们秉承"理论-实践-政策"协同的视角来审视诸多问题。同时,教师教育理论、实践与政策之间具有密切的互动关系,理论的产生会为实践与政策提供依据;反过来实践与政策的发展会给理论研究提供新的方向。正是在互相融通的过程中,教师教育作为学科、实践与政策不断臻至成熟。因此,在理论层面,本书分析了全球范围内教师教育的五种研究取向,剖析了专业资本、实践架构理论、后批判人文主义等作为教师教育的新视角。在实践层面,本书探讨了教师专业身份建构、知识社群、教师集体学习化回应性教学与微认证等作为教师教育的新实践模式。在政策层面,本书分析了欧美国家新自由主义教师教育改革政策、英国最新教师发展与督导政策以及我国乡村振兴政策背景下的教师教育等。理论、实践与政策的互相融通,使得本书更具有立体感与层次性。

第三,体现新思想、新观点与新路径。习近平总书记在哲学社会科学工作座谈会上的讲话中谈到,理论思维的起点决定着理论创新的结果。① 因此,本书在探讨教育问题时,站在新思想与新观点的高度,体现前沿性与创新性。在探讨新时代建设高质量教育体系时,本书从政治思维、战略思维、历史思维、全局思维、协同思维、发展思维、辩证思维、比较思维、调查思维和反思思维论述了我们应当具备的思维品质。此外,本书还在运用后批判人文主义理论、隐喻等理论的基础上,分析了教师专业发展议题。古为今用,洋为中用。本书中所呈现的新思想与新观点,力求有益于构建具有中国特色的教育学学科体系、学术体系与话语体系。

---

① 习近平:在哲学社会科学工作座谈会上的讲话[EB/OL]. (2023 - 10 - 31)[2016 - 05 - 18]. https://www. xinhuanet. com/politics/2016-05/18/c_1118891128. htm.

目　录

第一章　国际视野下教师教育改革政策

第一节　国际教师教育发展的五大转向及其研究取向

一、国际教师教育发展的五大转向

面对人类生存与发展过程中的诸多挑战,联合国教科文组织发布了《学会融入世界:为了未来生存的教育》报告,提出七项教育宣言以描绘 2050 年及以后的教育。其中,生态正义、人文主义、多元主义、跨学科融合等原则将成为指导人类教育事业发展的重要风向标。① 进入 21 世纪后,特别是后疫情时期,不少国家的教育改革者一致认为,教师是教育发展的第一资源,教师教育是整个教育系统的"工作母机"。

纵观各国教师教育最新发展趋势,国际教师教育发展正在呈现五大明显转向,即政策转向、问责转向、实践转向、研究转向与公平转向。尽管这五大转向侧重点不同,却蕴含着一致的逻辑,即教师教育对提升整个教育系统的质量、促进经济和社会发展具有难以替代的重要作用。

(一)政策转向:关注教师职业发展

在教师教育领域,国际知名教师教育学者、波士顿学院讲座教授玛丽莲·科克伦-史密斯认为教师教育经历了三个阶段的嬗变,在这三个阶段中,分别对教师教育领域中的培训、教学能力建设以及政策设计进行探讨。②

① Learning to become with the world: Education for future survival [EB/OL]. (2023 - 07 - 05)[2020 - 11 - 24]. https://en. unesco. org/futuresofeducation/news/just-published-learning-become-world-education-future-survival.

② COCHRAN-SMITH M. The problem of teacher education [J]. Journal of Teacher Education, 2004, 55 (4):295 - 299.

20 世纪 50 至 80 年代,教师教育主要是由大学等专业机构来推动,这种范式实质是将教师教育概念化为一种正式的教育过程,旨在确保未来教师的行为与有效的教师行为相匹配。为了做到这一点,教师教育工作者负责培训职前教师,确保其掌握有效的教学研究能力。20 世纪 80 年代到 90 年代,教师教育被重构为教师学会教学的问题。这种范式假定合格的教师是对学科知识和教学法有充分理解的专业人士,教师教育项目的目标是设计适切的社会、组织和智力环境,使未来的教师能够拥有作为决策者所需的知识、技能和品格。2000 年以后,教师教育政策层面的问题成为改革与研究的关注点。该范式的目的是利用实证数据指导政策制定者将有限的人力和财政资源投资于中小学教师的职业准备和专业发展的各个方面。

在理论层面,斯坦福大学胡佛研究院资深研究员、教育经济学家艾瑞克·汉纳谢克与德国经济学家、慕尼黑大学教授卢德格尔·沃茨曼合作的《教育质量与经济增长》《学习损失的经济影响》等教育政策咨询报告,促使不少欧美国家与国际组织对教师教育政策进行"矫正"与"整治"。[①] 英国教育政策社会学者斯蒂芬·鲍尔认为,教育政策具有话语、文本与权力三重属性。[②] 围绕教师教育所衍生的政策借鉴、政策迁移与"速效政策"成为国际与区域教育发展的重要趋势,如教师自主权、教师评价模式等。

(二)问责转向:改进教师教育实践

近年来,以国际大规模学业成就测试为基础,经济合作与发展组织和世界银行等国际组织催生出全球教育治理体系,"教师问责制"也随之被不同国家的教育政策制定者、智库、研究者与改革者接受并推动。教师问责制度的一个重要目标是提高学生的学业成绩,通过对教学目标设置、教学过程督导与教学效果评价来改进教师的教学实践。不少教育改革者认为,教师问责制是教师教育改革的一个有力杠杆,教师问责制往往与高利害测试和标准化考试相联系。[③]

世界上不少国家,如美国、英国、澳大利亚、南非、智利等,都在不同层面实施了教师问责政策。例如,美国全国教师质量委员会对职前教师专业准备情况开展专业评审,教育工作者资格评审委员会对职前教师进行机构与专业认证;澳大利亚教育部为

---

① HANUSHEK E A, WOESSMANN L. The role of cognitive skills in economic development [J]. Journal of Economic Literature, 2008,46(3),607 - 668.

② BALL S J. What is policy? 21 years later: Reflections on the possibilities of policy research [J]. Discourse: Studies in the cultural politics of education, 2015,36(3),306 - 313.

③ VALLI L, CRONINGER R G, WALTERS K. Who (else) is the teacher? Cautionary notes on teacher accountability systems [J]. American Journal of Education, 2007,113(4),635 - 662.

评价教师的高成就实践,开发了"有责任感的经验教师"的门槛分类和"三级课堂教师职位"教师评价项目。

教师问责政策的主要假设是,提高教师教育质量取决于对教师教育机构、项目和教师候选人相关成果的系统、审慎的公众评估和监测,但其存在着平等意识较弱、基于外部控制的监督计划和狭隘的有效性定义等局限。为了克服官僚主义教师问责制的弊端,科克伦-史密斯及其同事提出了一种新的问责方式,即教师教育中基于"明智专业责任"的民主问责制。民主问责制从公共利益、平等和公平参与的原则出发,重构教师问责制中的权力关系,以此促进利益相关者的积极参与和联合决策。①

(三) 实践转向:强调教师教育知行合一

教师教育领域开始更加关注实践问题,进行实践转向,旨在弥合教师教育理论与实践之间的鸿沟。它是为了解决目前国际上主流的以大学为主要单位进行教师教育所产生的弊端,如过于注重掌握抽象的、去情境化的学术知识,忽视发展具体的、程序性的、基于经验的实践能力。对此,教师教育中的实践转向产生了两大分支。第一,实践知识转向。这一研究群体认为,教师教育研究者与实践者需要不断借鉴临床医学、法学和建筑学等成熟专业,发展出专属于自己独特领域的专业实践话语体系与实践模式。② 以此为逻辑起点,教师教育学者提出和发展了"学科教学法知识""显著教学法""核心实践"和"数学教学知识"等被全球不同教育者所广泛接受的概念体系。第二,实践经验转向。该转向注意融合教师的个人经验与专业经验,认为教师专业发展中所依存的经验具有情境性、连续性、延展性与互动性。该转向突出教师个体实践知识和教师作为"课程源泉"的创生形象,注重多元教育情境与教师发展的互动影响。

教师教育实践转向的一个典型范例便是荷兰著名教师教育学者弗雷德·科萨根(Fred Korthagen)所提出的"现实主义教师教育模式"。科萨根认为,教师专业学习是一个包含认知、情绪、行为的复杂过程,因此,教师专业学习具有多重本质与多元层次。从格式塔心理学视角分析,教师专业学习涵盖了思维、感觉和欲望等理性思维与无意识行为。③ 现实主义教师教育学模式下的教师专业学习,围绕"洋葱模型"等核心反思

---

① COCHRAN-SMITH M, CARNEY M C, KEEFE E S, et al. Reclaiming accountability in teacher education [M]. New York City, NY: Teachers College Press, 2018:153-181.

② GROSSMAN P, HAMMERNESS K, MCDONALD M. Redefining teaching, re-imagining teacher education [J]. Teachers and Teaching: Theory and Practice, 2009,15(2):273-289.

③ KORTHAGEN, F. Inconvenient truths about teacher learning: Towards professional development 3.0 [J]. Teachers and teaching: Theory and Practice, 2017,23(4):387-405.

行为，促进教师意义导向的学习和审慎的实践，从而弥合了理论与实践之间的鸿沟。

（四）研究转向：突出教师知识创造者角色

教师教育领域出现研究转向，意在不断提升教师教育的研究层次，加强研究型教师队伍建设。在实践中，具有研究生学历的研究型教师成为教师教育改革的重要着力点。美国教师教育学者肯·蔡克纳及其同事认为，"学术导向的教师教育"强调教师作为学者和学科专家的角色，对学科知识与教学法的熟练掌握可以极大提升教师的教学能力与质量。研究转向的另一个重要理论假设是，教师不仅是学科知识与教学知识的接受者、使用者与消费者，还是学科知识与教学知识的创造者、验证者与发展者。这一假设与教师研究运动的主要推动者、英国教育学者斯腾豪斯所提出的"教师即研究者"的论断相吻合。①

在现实层面，教师教育大学化显然已经不能满足知识经济时代对教师多元素质的要求。面对不确定和日益复杂的未来社会，教师需要不断增加其多元素质，如信息素养、大数据素养、运用人工智能、社会情感学习能力等，这极大地拓展了教师传统素质结构，也不断对教师能力提出了更高的要求。② 在教师教育改革方面，不少大学通过设置相应的研究生层次的专业学位来提升教师的上述素养。另一方面，随着教师就业市场在某些国家逐渐饱和（如芬兰、新加坡等），传统本科层次的教师难以满足高水平教育系统的需要。此外，本科层次的教师由于缺乏足够的研究经验，也难以成为专家型教师。

教师教育研究转向主要有两方面实践举措。第一，培养具有硕士学位的教师，提升教师的研究能力。芬兰不少大学通过"4＋2"的一贯式模式来培养教师，特别是在后两年的教育专业学习中，通过合作研究课题、专业学习社群等方式来提升职前教师的研究能力。第二，细化教师专业发展轨道。新加坡教师职业上升阶梯有三条轨道，即教学轨道、领导轨道和高级专家轨道，教师根据自己的优势与意愿，发挥其最大潜能。

（五）公平转向：聚焦教育社会"再生产"功能

公平转向的教师教育将促进社会、种族与地区间的教育公平作为首要目标。他们把种族、性别、阶层、贫困、家庭收入、文化资本等概念放在核心分析位置。社会公平取向教师教育的重要理论来源包括批判种族理论、多元文化理论、社会冲突理论与文化

① ELLIOTT J, NORRIS N. （Eds.）. Curriculum, pedagogy and educational research: The work of Lawrence Stenhouse ［M］. New York City, NY: Routledge, 2012:137－152.
② LOUGHRAN J, HAMILTON M L. （eds.）. International handbook of Teacher Education ［M］. Singapore, Springer, 2016:3－22.

再生产理论等。秉承促进社会与教育公平的使命,教师教育研究者注重研究少数族裔和薄弱学校教师如何开展注重学生优点、公平和正义的教学。

公平转向的出发点,在于意识到了整个教育系统在"再生产"不同的社会阶层与文化族群,在这一过程中,教育必须实现社会公平的价值取向。美国特朗普政府时期所爆发的一系列种族冲突、学校再隔离现象等都不断加剧了社会的不公平现象。受公平转向的影响,欧美很多大学的教师教育项目将"促进社会公平"和"尊重多元文化"作为他们的重要价值取向。[①] 这些教师教育者也将上述价值观融入教师教育课程体系与教学实践,努力为薄弱学校培养急需学科的教师。为了阻断贫穷代际传递,教师教育的公平转向促使教师教育研究者、实践者与政策制定者改变以往社会对少数族裔与低收入群体儿童的忽视,通过文化回应性教学、真实性关怀等一系列教学策略,以全纳的态度包容多元文化与族群,促进社会的公平与正义。[②]

教师教育的五大国际转向反映了经济、政治、社会文化等领域面临的多重挑战。系统审视这些挑战,有利于我们及时把握教师教育国际改革的最新动向与趋势,从而不断优化调整我国教师教育发展的路径,进而建设一支高素质、专业化、创新型教师队伍。

二、国际教师教育研究的五大理论取向

纵观寰宇,教师教育改革的外部环境正面临着"千年未有之大变局"。在技术领域,人工智能、大数据、计算思维和区块链等前沿技术,不断重构教师的核心素养与关键品格;在经济领域,"互联网+"经济发展模式、疫情中全球性经济与贸易的衰退、中美贸易战等事件,不断影响着教师教育的投入;在政治领域,反全球化、民族主义、单边主义与恐怖主义等思潮,不断考验着整个教育系统;在文化领域,新自由主义、多元文化主义和保守主义同时并存,并不断渗透到教师教育改革中。总而言之,全球教师教育改革面临着深刻复杂的外部挑战。由于教师教育系统本身的开放性与依附性,单一民族国家所进行的教师教育研究与实践,在全球命运共同体理念不断深化的今天,更加需要互相借鉴、学习与反思。

---

① COCHRAN-SMITH M. Toward a theory of teacher education for social justice. In M. Fullan, A. Hargreaves, D. Hopkins, & A. Lieberman (Eds.), International handbook of education change (2nd ed) [M]. New York, NY: Springer, 2010:445 – 467.

② ZHU G. "Educate your heart before your mind": The counter-narratives of one African American female teacher's asset-, equity- and justice-oriented pedagogy in one urban school [J]. Urban Education, 2023, 58(6):1151 – 1179.

继推出《学会生存：教育世界的今天和明天》和《教育：财富蕴藏其中》之后，联合国教科文组织于2015年又发布了另一部里程碑式报告——《反思教育：向"全球共同利益"的理念转变？》。在继承其一贯主张的"人文主义价值传统"的基础上，联合国教科文组织又预见性地提倡"全球共同利益格局"与"全球思维格局"。"全球共同利益格局"认为教师教育不仅是教育系统的事情，更需要政府与非政府组织、企业界等社会各界形成合力，共同提升教师教育的治理水平。[①] "全球思维格局"意指教师教育应该综合考量国际组织、区域性组织、单个民族国家和不同学区等对教师教育的多重影响，做到不同国家与区域间教师教育的协同创生发展。本章节从"全球共同利益格局"和"全球思维格局"的视角出发，系统介绍目前国际教师教育研究的五大理论取向，以期丰富对教师教育内涵的认识，同时促进教师教育基本概念、理论视角与实践逻辑的完善。

（一）知识取向的教师教育研究

该取向聚焦于以不同类型的教师知识为核心概念的理论推演。这种研究范式不断探寻教师进行有效教学所必需的基本知识。这些学者认为教学要脱离"半专业化"的尴尬境地，需要不断学习临床医学、法学和建筑学等"全专业"。研究者需要发展出专属于自己领域的话语体系与实践模式。以此为逻辑起点，李·舒尔曼（Lee Shulman）、帕姆·格罗斯曼（Pam Grossman）和德博拉·鲍尔（Deborah Ball）等学者提出和发展了"学科教学法知识"（Pedagogical Content Knowlege）、"显著教学法"（Signature Pedagogy）、"核心实践"（Core Practice）和"数学教学知识"（Mathematics Knowledge for Teaching）等被全球不同教育者所广泛接受的概念。以著名教师教育学者李·舒尔曼所提出的"显著教学法"为例，"显著教学法"是组织未来从业者接受新职业教育的核心教学类型，它包含表层结构、深层结构和隐式结构。表层结构由清晰的、可操作的教与学的行为组成；深层结构则反映了一系列关于如何最好地传授某种知识和技能的假设；隐式结构则由一系列关于职业态度、价值观和专业品质的道德维度组合而成。[②]

（二）经验取向的教师教育研究

该取向下的教师教育研究注意融合教师的个人经验与专业经验。在"过去—现在—未来"的时间序列上，教师专业发展中所依存的经验具有连续性与互动性。在空

① 联合国教科文组织. 反思教育：向"全球共同利益"的理念转变？[M]. 联合国教科文组织总部中文科，译. 北京：教育科学出版社，2017：1—38.

② SHULMAN L S. Signature pedagogies in the professions [J]. Daedalus, 2005,134(3):52-59.

间维度上,教师的经验在不同的专业知识场景中具有情境性与延展性。以简·克兰迪宁(Jean Clandinin)、迈克尔·康奈利(Michael Connelly)和谢丽尔·克雷格(Cheryl Craig)等教师教育学者为代表,该范式下的教师教育研究者突出教师个体实践知识和教师作为"课程源泉"的隐喻性形象,他们认为教师不仅是课程实施者(Curriculum Implementer),更是课程创生者(Curriculum Maker)。一方面,他们注重多元教育情境与教师发展的互动性影响;另一方面,他们反对将教师的个体经验与专业经验剥离。从方法论层面讲,该流派多从叙事探究、生活史研究和人种志研究等方面,对教师的个体与专业经验进行"流动性探究",设法用教师自己的语言来理解教师在一系列教育情境中的实践。① 该流派的研究者呼吁开展校本层面的多重个案研究,真正走入教师的生活中,注重与教师的平等对话,凸显微观层面的教师真实发展与实践样态,从而弥补目前国际大规模教师调查所产生的视角缺陷。

(三) 社会公平取向的教师教育研究

该研究范式主要发生在欧美等发达和多元化国家。该取向的教师教育研究将促进社会、种族与地区间的公平作为首要目标。他们把种族、性别、阶层、贫困和社会、文化资本等概念放在核心分析位置。② 社会公平取向的教师教育的重要理论来源包括批判种族理论、多元文化理论、社会冲突理论与文化再生产理论等。以上述主要理论为出发点,社会公平取向的教师教育研究提出了文化回应性教学(Culturally-responsive Pedagogy)、真实性关怀(Authentic Care)、社区文化财富(Community Culture Wealth)、知识储备(Funds of Knowledge)和身份储备(Funds of Identity)等被批判教育学者所广泛使用的概念。秉承促进社会与教育公平的使命,该取向下的教师教育研究者注重研究少数族裔和薄弱学校教师如何开展注重学生优点、公平和正义的教学。在方法论上,该范式中的研究者经常使用人文主义取向的批判叙事研究方法,聚焦传统上被压迫群体关于文化回应性教学和真实性关怀的边缘化声音,关心、改善文化和语言多样性学生的学业成就。这些研究经常展示文化回应性教学如何促进学生的认知、文化和政治学习。③

---

① CONNELLY F M, CLANDININ D J. Stories of experience and narrative inquiry [J]. Educational Researcher, 1990,19(5):2 - 14.
② LADSON-BILLINGS G, TATE W F. (Eds.). Education research in the public interest: Social justice, action, and policy [M]. New York City, NY: Teachers College Press, 2006:17 - 81.
③ SOLÓRZANO D G, YOSSO T J. Critical race methodology: Counter-storytelling as an analytical framework for education research [J]. Qualitative Inquiry, 2002,8(1):23 - 44.

（四）全球化取向的教师教育研究

该取向下的教师教育研究要回答的一个核心问题是"教师如何应对全球化所带来的诸多挑战？"为了回答这一问题，该范式中的研究者首先分析全球化（和全球教育治理体系）对教师教育产生的一系列影响，主要包含教师专业标准、教师主体性、教学实践和教学评价等。接着，该研究群体认为需要重构教师专业标准，扩展教师的专业知识，提升教师的跨文化沟通能力，以应对全球化浪潮所带来的持续挑战。该范式下的研究者围绕的概念包括全球公民教育（Global Citizenship Education）、教师全球胜任力（Global Competency）（或教师全球素养）、国际理解教育（International Understanding Education）、21世纪技能和教师跨国（跨文化）专业学习等。教师全球胜任力即为教师适应全球化带来的挑战过程中所需要的知识、技能和情感的综合素养。此外，目前在欧美主要发达国家，新自由主义成为教育改革的核心意识形态，基于数据的表现性、问责制、评价文化与绩效考核成为了管理教师日常教学与发展的高压政策工具。① 受此影响，该取向下的研究注重探寻新自由主义教育政策如何将教师规训成为注重实践新自由主义价值观的个体与自我治理的实践者。

（五）技术创新取向的教师教育研究

该取向下的教师教育研究致力于提升职前和在职教师的技术融合与创造性使用能力。在教育技术日益普及化的今天，教育技术学者通过尝试不同的路径，提升教师使用技术的动机、效率与满意度。典型的例子包括整合技术的学科教学知识（Technological Pedagogical Content Knowledge）、翻转课堂教学（Flipped Classroom Instruction）、慕课（MOOCs）、游戏化教学、计算思维和智能导学系统等一系列理论框架与教学软件的开发。② 该范式中的学者希望通过各种教育技术赋能学生学习的自主性与个性化。在这次疫情中，该取向下的学者注重提升教师的在线教学能力，通过运用数据驱动和人工智能等工具，增强教师在认知（学生具体经验、情境化、概念化和行动发展）、教学（教学方式、学习设计和教学指导）和社会（教师和学生的归属感、凝聚力、社交存在的最佳水平、互动性和参与性）维度上的存在感。此外，该群体希望通过技术培养学生的创造性。

---

① ZHU G. (Eds). Understanding the dynamics of teacher agency, resilience, and identity in the neoliberal age [M]. Lanham, MD: Rowman & Littlefield, 2023:1-16.

② KOEHLER M J, MISHRA P, CAIN W. What is technological pedagogical content knowledge (TPACK)? [J]. Journal of Education, 2013,193(3):13-19.

综上所述,国际视野下的教师教育研究主要呈现上述五大研究取向,这五大取向构成了目前国际教师教育研究的主流理论图景。国际教师教育研究的一个重要目标是促进教师提升能动性,构建专业身份,将 21 世纪核心素养融入现代教师教育体系中。系统了解每种取向的特点,可以使我们更好地观照当下的教师教育改革与实践,从而找准中国教师教育变革发展的坐标系与逻辑起点。秉承"比较世界,服务中国"的教育理念,国际教师教育研究便应运而生。本书致力于实现"国际视野"与"本土实践"的有机衔接,在系统介绍国际前沿教师教育理论、典型实践和前沿改革政策的基础上,努力讲好中国本土的教师教育故事,提高中国在教师教育领域中的声音,促进东西方教师教育在多个领域与层面的对话。

第二节 三大国际组织教师教育改革政策比较

2020 年初的新冠疫情对全球教师教育的改革与发展带来了重大挑战。据此,以经合组织、联合国教科文组织和世界银行为代表的三大国际组织从 4R 危机管理理论中的缩减、预备、反应和恢复四个环节出发,出台了一系列针对疫情时期和复苏期间教师改革与发展的政策文件与发展报告。经合组织和世界银行所提出的政策框架都以疫情时期教师教育改革的质量与公平为主要目标。二者的政策框架具有系统性、综合性、阶段性和循环性的特点。而联合国教科文组织的政策回应更加强调人道主义和包容性的原则。系统研究这三大国际组织的政策回应对我国教师教育改革与发展具有重要启示。首先,我国需要进一步提升教师的在线教学设计能力和信息素养,推动线上与线下教学的统筹协调发展。其次,教师要满足后疫情时代的多种角色期待与要求。再次,需要关注教师在后疫情时代教师专业发展中的多元需求。

一、疫情对全球教师教育带来的挑战

在本次新冠疫情中,全球 90% 以上的在校学生,即超过 15.7 亿的学生,受到新冠疫情的影响。[①] 据世界银行统计,190 个国家被迫全部或部分关闭其学校。世界银行

---

① Global Education Coalition. 1. 37 billion students now home as COVID - 19 school closures expand, ministers scale up multimedia approaches to ensure learning continuity [EB/OL]. (2020 - 03 - 24) [2020 - 11 - 12]. https://en. unesco. org/news/137-billion-students-now-home-covid-19-school-closures-expand-ministers-scale-multimedia.

教育全球实践局(World Bank Education Global Practice)主任杰米·萨韦德拉(Jaime Saavedra)认为此次疫情与全球经济深度衰退交织在一起,是全球教育界所遭遇的最大震动。[1] 联合国教科文组织同时认为,此次疫情影响了至少6300万中小学教师。常规学习的中断也影响了师范院校职前教师的专业发展,在未来将加剧全球合格教师人才短缺的现象。据联合国教科文组织发布的《全球教育监测报告》显示,此次疫情加剧了各国在实现《2030可持续发展目标》过程中面临的一些挑战。[2]

(一)教师面临疫情所带来的"新角色"挑战

在此次疫情中,由于教学环境的突然转变,教师面临着前所未有的"新角色"挑战。根据范克(Vonk)所提出的新教师挑战类别,德维(Dvir)和沙茨-奥本海默(Schatz-Oppenheimer)将新教师在此次疫情中面临的挑战分为四类:个人情感,教学方法,生态、系统和组织以及技术知识。[3] 这四种类型挑战的具体内涵如表1-1所示。

表1-1　疫情中新教师面临的挑战

挑战类型	定 义
个人情感	指从学生到教师的转变过程。在这一过程中,新教师必须重塑自己的职业认同和自我效能感。
教学方法	包括将各种知识类型融入教师实践的指导和要求,包括学科教学法知识、班级管理与教学技能。
生态、系统和组织	关系到教师如何适应组织的规范、规定和期望,以及组织如何适应教师的期望。
技术知识	技术培训与教师培训的其他方面脱节,缺乏内容领域的相关性;保留和迁移不足。

受这次突发公共卫生事件的影响,教师的职责边界不断扩大,如在线教育质量保障、疫情防控教育传播、校社联动治理、教育帮扶等,这些新角色不断交织在一起,呈现出模糊动态性。不少教师发现他们在此次疫情中难以做出相应的角色调整,比如部分班主任存在对岗位职能认识不够明确、疫情防控工作缺乏温度、家校沟通指导不够充

① SAAVEDRA J. COVID-19 & Education: A World Bank Group Perspective [EB/OL]. (2020-07-08) [2020-09-01]. https://blogs. worldbank. org/education/covid-19-education-world-bank-group-perspective.

② Global Education Monitoring Report Team. Global Education Monitoring Report. Act now: reduce the impact of COVID-19 on the cost of achieving SDG 4 [EB/OL]. (2020-09)[2020-09-01]. https:// unesdoc. unesco. org/ark:/48223/pf0000374163.

③ DVIR N, SCHATZ-OPPENHEIMER O. Novice teachers in a changing reality [J]. European Journal of Teacher Education, 2020,43(4):1-18.

分等问题。①

（二）教师难以灵活运用新的教育技术

疫情使常规教学不得不快速过渡到远程教学，这迫切需要教师在数字化方面实现专业化发展。受到保持社交距离政策的影响，国外的一些线下测试，如教育者专业资格考试和教学实习等转变成了线上模式。② 传统的面对面班级授课制转变成了"空中课堂"。③ 面临这种突发的教学模式转变，由于传统教师专业发展项目中缺少足够的教育技术运用和对学生进行个性化学习指导的培训，部分教师难以灵活运用新的教育技术，在运用远程网络教学方面存在困难或者难以确保其有效性。

二、4R 危机管理理论

4R 危机管理理论是国际上危机管理实践中被广泛运用的理论，该理论最先是由美国危机管理专家罗伯特·希斯（Robert Heath）在《危机管理》一书中提出的。4R 具体是指危机管理过程中的缩减、预备、反应和恢复四个环节。④ 当组织出现危机时，管理者可按 4R 框架将危机处理工作划分为四个步骤，以逐步减少危机的破坏力及其造成的不利影响。面对新冠疫情对全球教师的发展所带来的诸多挑战，以经合组织、联合国教科文组织和世界银行为代表的三大国际组织从 4R 危机管理理论框架出发，出台了一系列针对疫情中和之后教师改革与发展的政策文件与发展报告。因此，4R 危机管理理论是本文的理论分析框架。

在 4R 危机管理框架中，缩减是危机管理的第一步，也是其核心内容。缩减是指组织要从环境、时间、资源、系统、支出、人员等几方面着手降低其所面临的风险，避免浪费宝贵的危机应对时机，缩减危机的发生及冲击力。⑤ 在疫情暴发初期，国际组织

① 李毅,何莎薇,姜文茜.重大疫情背景下中小学班主任作用发挥的调查研究[J].教师教育研究,2020(3):
25—32.
② KIDD W, MURRAY J. The Covid - 19 pandemic and its effects on teacher education in England: How teacher educators moved practicum learning online [J]. European Journal of Teacher Education, 2020,43 (4):1 - 17.
③ World Bank Group. Moving high-stakes exams online: Five points to consider [EB/OL]. (2020 - 07 - 16)[2020 - 09 - 20]. https://blogs. worldbank. org/education/moving-high-stakes-exams-online-five-points-consider.
④ 罗伯特·希斯. 危机管理[M]. 王成,译. 北京:中信出版社,2004:1—68.
⑤ 穆肃,王雅楠. 转"危"为"机":应急上线教学如何走向系统在线教学[J]. 现代远程教育研究,2020,32(3): 22—29.

都强调通过设计明智的政策来减轻危机对教育系统,特别是教师福祉、工作处境的不利影响。预备指通过收集多重来源、可靠的数据,促使组织做出快速而准确的应急反应。联合国教科文组织的预备措施包括发布《议题说明》来评估关闭学校所带来的短期和长期影响。同时,世界银行联合哈佛大学和经合组织发布了相关报告,详细分析了此次疫情对学校关闭和经济所造成的影响。

反应指组织做出的应对危机的一系列行动。这些行动措施包括政策调整、技术支持、资源开放、教学、学习、管理和评价等多个方面。此次疫情中,经合组织发布了教育政策实施框架并提供了教师开展在线教学所需的网络资源。联合国教科文组织通过发布《行动呼吁》,号召各国政府从物质与精神层面支持教师,并提供了促进教师专业发展的一系列开放式教育资源。恢复指组织在多重政策、资源、人力与技术的支持下,与组织内外不同部门之间进行及时快速的决策和协调。[①] 恢复的重要目的是做出实践和政策的调整等系列反应,从而以最快的速度恢复学校与教师的正常工作,将不良影响降到最低程度。典型的恢复策略为世界银行制定的旨在保障儿童安全、身心健康和继续学习权益的学校复课框架。

三、三大国际组织对疫情中教师教育改革的政策回应与实践策略

(一) 经合组织的政策回应与实践策略

为了应对此次新冠疫情,经合组织教育和技能理事会、世界银行教育全球实践局及哈佛全球教育创新计划进行了政策回应合作。首先,经合组织发布了《应对2020年新冠疫情的教育指导框架》。该政策框架调查评估了教育需求、优先事项、实施挑战和最新应对措施,该政策框架是经合组织发布的应对此次疫情系列政策中的第一份文件。[②] 同时,经合组织还发布了教育政策实施框架(图1-1),框架包含了"智能政策设计""包容的利益相关方参与"和"有利环境"三个部分,并综合考虑了政策工具、资源与透明度等一系列相关因素。[③] 该工具包建立在对新冠疫情初始阶段采取的教育政策

---

① 李全利,周超. 4R危机管理理论视域下基层政府的危机应急短板及防控能力提升——以新冠疫应对为例[J]. 理论月刊,2020(9):73—80.

② OECD, Harvard Graduate School of Education. A framework to guide an education response to the COVID-19 Pandemic of 2020 [EB/OL]. [2020-09-22]. https://globaled. gse. harvard. edu/files/geii/files/framework_guide_v2. pdf.

③ OECD. Education responses to COVID-19: an implementation strategy toolkit [EB/OL]. (2020-07-10) [2020-09-10]. https://www. oecd. org/publications/education-responses-to-covid-19-an-implementation-strategy-toolkit-81209b82-en. htm.

行动的分析之上,它为教育系统领导人提供了实施框架和在制定教育对策时需要考虑的问题。

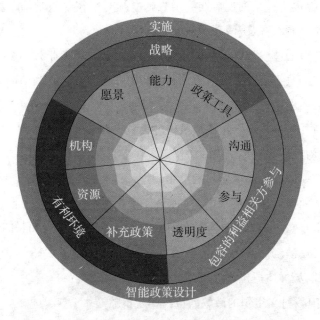

图 1-1　经合组织发布的应对疫情的教育政策实施框架

　　为了有效实施该政策框架,经合组织认为首先需要确定与危机相关的关键背景因素,这主要包括评估可用的资源,扩大与潜在伙伴的合作,考虑教育对策中的卫生、福利和评估政策。其次,需要将利益相关者视为变革的主要驱动者。这主要包括与关键利益相关者共同构建教育对策,把不同利益相关者的责任集中在支援教育和建立交流工具上。再次,设计一个明智的政策来减轻危机对教育的影响。这包括定义具有战略原则的指导愿景,为学校教育选择适当的模式并给予支持等。由于政府在疫情的不同阶段,所面临的任务不同,经合组织将其政策回应分为再行动、再评估和再重建三个阶段。① 第四,让策略变得具有可操作性。这主要包括制定和沟通实施策略,监视以了

① OECD. Public Procurement and Infrastructure Governance: Initial policy responses to the Coronavirus (COVID-19) crisis [EB/OL]. (2020-07-30)[2020-09-10]. http://www.oecd.org/coronavirus/policy-responses/public-procurement-and-infrastructure-governance-initial-policy-responses-to-the-coronavirus-covid-19-crisis-c0ab0a96/.

解进程和潜在的缺陷,建立一个可以接触到不同受众的沟通策略。① 经合组织还开发了雷达图供政策实施者在制定实施策略时进一步考虑投入的优势和需要提升的地方。此外,经合组织提供了一系列疫情期间供教师继续开展在线教学的注释资源,这些资源包括课程资源、专业发展资源和沟通工具。②

经合组织针对疫情中教师教学的政策回应旨在触及每所学校,它主要围绕四个核心要素:(1)明智的政策设计;(2)包容的利益相关方参与;(3)有利的制度、政策和社会背景;(4)一致的实施策略。由于一些国家开始逐步复课,经合组织公布的新冠疫情《国家说明》的目的是收集经合组织成员国各种教育相关的信息,以审查各国对新冠疫情的反应,以便为今后应对危机的政策制定提供信息和指导。这些《国家说明》侧重于教育系统在疫情期间支持学生学习的准备程度。③ 同时,经合组织认为每一所学校都可以从应对疫情的循环模式中受益,这种循环模式包括"准备—处理—恢复—评估—计划/变革"五个步骤。④ 这意味着每个国家要有一个在远距离和长时间内运行的应对计划。如果大规模疫情再次发生,各国可以制定相应的应对策略,以减轻危机的影响,特别是为最弱势群体提供额外支持。

(二) 联合国教科文组织的政策回应与实践策略

为了有效、及时应对新冠疫情对教育,特别是教师教育所带来的诸多不利影响,联合国教科文组织教育部门发布了一系列包含典型范例、实用技巧和重要参考资料的《议题说明》,《议题说明》旨在减轻关闭学校所带来的短期和长期影响。它涵盖了九大关键议题:健康和幸福、持续学习和教学、两性平等和社会公平、教学和学习、高等教育和职业教育、教育和文化、教育政策和规划、全球公民教育和可持续发展教育。联合国教科文组织认为当前危机对教育机会、质量和公平构成了巨大的挑战,为此,提出了确

① OECD. Education responses to COVID‐19: an implementation strategy toolkit [EB/OL]. (2020‐07‐10) [2020‐09‐10]. https://www. oecd. org/publications/education-responses-to-covid-19-an-implementation-strategy-toolkit-81209b82-en. htm.

② OECD, Harvard Graduate School of Education. Supporting the continuation of teaching and learning during the covid‐19 pandemic: Annotated resources for online learning [EB/OL]. [2020‐09‐10]. https://www.oecd. org/education/Supporting-the-continuation-of-teaching-and-learning-during-the-COVID-19-pandemic. pdf.

③ VIENNET R, PONT B. Education policy implementation: A literature review and proposed framework [EB/OL]. (2017‐12‐13)[2020‐08‐19]. https://dx. doi. org/10.1787/fc467a64-en.

④ GOUËDARD P, PONT B, VIENNET R. Education responses to COVID‐19: Implementing a way forward [EB/OL]. (2020‐07‐09)[2020‐08‐19]. https://doi. org/10.1787/8e95f977-en.

保教师安全与专业发展的总体原则和指南,详细参见表1-2。

表1-2　联合国教科文组织提出的确保教师安全与专业发展的总体原则和指南

原则	内　涵
包容性	教育系统应考虑所有学生和教师的需求和权利,尤其是最弱势群体。教师和其他教职人员不仅是服务提供者,也是权利享有者,还是教育改革的潜在强大推动者,因此应将他们纳入应对新冠疫情的策略考虑之中。
人道主义	人道主义的首要原则是不伤害。在当前的危机中,各国在实施干预措施之前,必须仔细考虑干预措施对教师和学生的安全、身心健康、教育和生计带来的潜在风险。该原则适用于有关何时以及如何重新复课的决定。
跨机构危境教育网络(Inter-agency Network for Education in Emergencies)最低教育标准①	跨机构危境教育网络(INEE)提出的最低教育标准,是根据世界各地的教育利益相关方的经验制定的,为危机期间和危机后如何教学提供了宝贵的指导意见。具体而言,INEE的最低标准不仅为教师和其他教职人员的教学提供指导,而且要确保在危机和复苏期间为学生、教师和社区的参与、健康、安全和福祉提供指导。

同时,联合国教科文组织教师工作组在2020年发出的《行动呼吁》中,将新冠疫情背景下对教师的关怀义务的含义进行了扩展,呼吁政府和其他主要合作伙伴要保留教师的工作岗位和工资,为教师提供足够的专业支持和培训,邀请教师参与援助行动,以确保危机期间教师工作的积极性和留任率。②

联合国教科文组织认为此次危机凸显了对新任教师和职前教师教育进行改革的必要性。教师需要获得高质量的专业发展和支持,包括开放式教育资源和大规模开放式在线课程,公共电视台和无线电所提供的远程支持以及虚拟校园等各种形式的远程学习。同时,联合国教科文组织认为支持教师的自发行动和实践社群有助于有效应对此次疫情,例如通过流动式指导和辅导活动提供专业和社会心理支持。为了加强教师之间的专业网络,政府和全国教师组织以及包括国际教育组织和教师工作组在内的国际机构不断加强专业合作。针对这次疫情,教师工作组发布了《行动呼吁》。最后,联合国教科文组织提倡通过以人为本的应对方法来维系师生关系,及时对教师、学生和家庭做发展评估。在2020年发布的《政策简报:疫情中和疫情后的教育》中,联合国教科文组织建议加强教师教学的数据收集与学生学习进展的动态监测,增强各学段教学

---

① 跨机构危境教育网络. 最低教育标准:预防、应对、恢复[EB/OL]. (2010-12-03)[2020-08-30]. https://inee.org/system/files/resources/_INEE_Minimum_Standards_Handbook_2010_Chinese_Mandarin.pdf.

② UNESCO. Supporting teachers and education personnel during times of crisis[EB/OL]. (2020-04)[2020-08-30]. https://unesdoc.unesco.org/ark:/48223/pf0000373338.

15

的明确性与灵活性，以此来促进教师的专业发展。①

（三）世界银行的政策回应与实践策略

面对这次疫情，世界银行认为新冠危机为政策制定者们提供了一个相互学习和合作的机会，以减轻疫情的影响，更好地实现"重建更加美好的未来"这一重要目标。据此，世界银行教育全球实践局联合哈佛全球教育创新计划和经合组织教育和技能理事会，为后疫情时代教师教育的改革与发展开发了一系列政策框架与发展资源。首先，世界银行公开发布了《新冠疫情大流行：对教育和政策应对的冲击》的报告。这份报告详细分析了此次疫情对学校关闭和经济所造成的影响。同时，认识到教师在帮助学生在疫情中学习恢复的重要性，世界银行采取了积极的应对政策来促进教师的发展，并列出了教师在以下五个方面需要得到专业发展和指导：(1)评估学生学习滞后的培训；(2)在后疫情时代进行适切的教学水平培训；(3)课程优先次序的指导；(4)培训识别和支持有困难的学生；(5)数字化技能培训。② 此外，为了降低教师职业倦怠，世界银行认为要及早发现教师的职业倦怠，并定义明确的路径来调整教师的工作量和生活方式以保障教师工作的有效性。

为了减轻停课对儿童安全、身心健康和学习所产生的负面影响，世界银行制定了学校复课框架。该框架认为复课应以儿童的最大利益和整体公共卫生考量为指导原则，综合统筹复课的时间、地点和方式。世界银行认为复课应从六个要点分析其筹备情况和规划制定：政策、财务、安全运营、学习、涵盖最边缘化的儿童、身心健康和保护。③ 此外，世界银行还发布了职业技术教师教育应对疫情的政策回应，主要包括：(1)减少学校关闭期间的学习损失，通过技能培训支持应急反应；(2)随着学校和企业逐渐重新开放和运营，促进学习恢复；(3)以创新的政策应对和前两个阶段的经验教训为基础，建立更好的方案。④ 世界银行出台这些指导方案的重要目标是提高职业技术教育对减轻疫情在健康、社会和经济影响方面的贡献。可见，世界银行注重复课，减少

---

① UNESCO. Policy Brief: Education during COVID-19 and beyond [EB/OL]. [2020-09-10]. https://unsdg.un.org/sites/default/files/2020-08/sg_policy_brief_covid19_and_education_august_2020.pdf.

② The World Bank. The COVID-19 Pandemic: Shocks to Education and Policy Responses [EB/OL]. (2020-05)[2020-09-13]. http://www.worldbank.org/.

③ World Bank Group. Framework for Reopening Schools [EB/OL]. (2020-04-27)[2020-08-30]. http://documents.worldbank.org/curated/en/200621588946690842/Framework-for-Reopening-Schools.

④ LEVIN V, SANTOS I V, WEBER M, et al. TVET Systems' response to COVID-19: Challenges and Opportunities [EB/OL]. (2020-05-14)[2020-09-05]. http://documents.worldbank.org/curated/en/930861589486276271/TVET-Systems-response-to-COVID-19-Challenges-and-Opportunities.

学生的学习损失,以此来保障教师的持续教学。

世界银行的政策回应主要围绕三个方面的目标:(1)应对疫情期间学校关闭和学习损失;(2)促进可持续的学习,保障学生学习的恢复以迎接学校重新开放;(3)以此次危机为契机,改善和加速教师教育变革,使教育系统更完善和更公平。① 为此,世界银行认为需要帮助教师具备在疫情中成功教学的技能。世界银行将其制定的应对政策分为三个阶段:应对—促进持续性—改善和加速,这是一个基于"准备—应对—恢复"的循环过程。不同阶段的情况如图1-2所示。

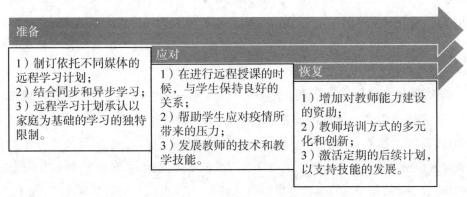

图 1-2 政策应对的阶段划分

在具体应对措施方面,在2020财政年度,世界银行为教育项目提供了创纪录的52亿美元投入,总投资超过172亿美元。所有这些项目都旨在提高学习能力,为每个人提供必要的教育机会。为应对新冠疫情,世界银行正在对63个国家的93个教育项目进行重组或准备,总额达23亿美元。世界银行重点关注的学习的关键驱动因素有:准备充分的学习者、积极有效的教师、充足的资源和有利的学习环境,以及有效的学校管理与领导。② 可见,世界银行主要通过经济杠杆来引导后疫情时代教师教育的改革与发展。

---

① TRACY W, CRISTOBAL C. From coping to improving and accelerating: Supporting teachers in the pandemic and beyond [EB/OL]. (2020-03-28)[2020-09-05]. https://blogs. worldbank. org/education/coping-improving-and-accelerating-supporting-teachers-pandemic-and-beyond.

② SAAVEDRA J. COVID-19 & Education: A World Bank Group Perspective [EB/OL]. (2020-07-08) [2020-09-01]. https://blogs. worldbank. org/education/covid-19-education-world-bank-group-perspective.

四、三大国际组织政策回应异同的比较分析

进入 21 世纪以来，以经合组织、联合国教科文组织和世界银行为代表的国际组织在国际教育政策制定领域发挥着权威与仲裁者的角色。[①] 在这次全球性公共卫生危机中，联合国教科文组织创造了数字化时代应对危机的新范式，特别是在发起倡议、提供咨询、协调各利益相关者和付诸行动等方面促进了国际教师教育改革。

经合组织和世界银行在国际教师教育改革的政策应对与实践策略上具有相似性。首先，这两大国际组织所提出的政策框架都以教师教育改革中的质量与公平为主要价值追求。经合组织提出了以质量、公平与福祉为核心价值取向的政策回应。世界银行提出了"重建更加美好的未来"的重要目标。可见，这两大国际组织都尝试通过一系列行之有效、富有弹性的政策框架目标来促进教师专业发展，以保障教师在学校关闭期间继续进行教学。

其次，这两大国际组织所设计的政策框架具有系统性、综合性和阶段性的特点。经合组织提出的政策框架包含了指导愿景、可用的资源、有利环境、合作伙伴、卫生、福利和评估政策、交流工具和可操作性等一系列相关因素。与之类似，世界银行开发的政策框架包括评估学生学习和辨识有学习困难的学生、教学水平培训、课程优先次序的指导、数字化技能培训和学校复课框架。可见，这两大国际组织都考虑了后疫情时代教师专业发展的资源、外部环境和专业支持等内外部核心要素。

再次，这两大国际组织所提出的政策框架都具有阶段性和循环性的特征。世界银行提出的政策框架包括"应对—促进持续性—改善和加速"三个阶段。经合组织提出的政策框架包含"准备—处理—恢复—评估—计划/变革"五个步骤，蕴含了"再行动—再评估—再重建"三个阶段。由此可见，这两大国际组织所提出的政策框架都是一个不断循环持续的过程，具有阶段性特征。

第四，经合组织和世界银行在此次疫情应对中加强了合作，这两大国际组织都与哈佛大学全球教育创新计划进行了跨组织合作，共同发布了一系列政策建议和报告。此外，经合组织和世界银行都进行了大量的教育资金投入，帮助一些中低收入国家和地区进行教育恢复与教师专业发展。

与经合组织和世界银行的应对政策不同，联合国教科文组织的政策回应与实践策

---

① SAAVEDRA J. COVID - 19 & Education: A World Bank Group Perspective [EB/OL]. (2020 - 07 - 08) [2020 - 09 - 05]. https://blogs. worldbank. org/education/covid-19-education-world-bank-group-perspective.

略更加强调人道主义和包容性的原则。首先,联合国教科文组织更加关注弱势群体,认为教师和其他教职人员不仅仅是服务提供者和权利享有者,更是教育改革的潜在强大推动者。为此,联合国教科文组织积极规避教师的安全、身心健康、教育和生计所面临的潜在风险,强调教师和社区的参与和福祉。其次,联合国教科文组织的政策回应依托了以往的工作成果,如联合国教科文组织教师工作组提出的《关于教师地位的建议》以及最近发布的《行动呼吁》。这更加凸显了联合国教科文组织在教师教育改革与发展中的一贯性与引导性。

五、启示

自 2020 年初全球疫情暴发以来,三大国际组织共发布了 20 份政策报告,通过关键词或主题词的词频统计,教育(2295)、学习(2015)、学校(1876)、学生(1454)、教师(903)、儿童(875)、支持(622)、在线(583)、健康(479)、系统(410)、家长(335)、时间(328)和需求(326)13 个关键词多次出现在这些政策文件中。这凸显了三大国际组织政策报告的核心关注领域为学校安全、教育系统运作、教师支持与在线教学等。涉及教师发展的核心领域包括:教学准备(教师角色转变、线上教学设备、线上教学支持)、授课过程(教学方式、教学内容、教学质量)及教学反思(教学评估、教学改进)。

此次全球疫情凸显了教师的不可替代性和更高的发展要求。[①] 通过 4R 危机管理理论来系统研究三大国际组织在疫情中针对教师的政策回应与改革策略,对我国教师教育改革与发展具有重要启示,尤其以下五个方面。

第一,本次疫情助推了大规模线上教育的发展,同时推动了线上与线下教师教育的统筹协调发展。世界银行的专家研究发现通过使用自适应计算机辅助补救程序,可以防止新冠疫情导致的学生辍学。[②] 为了有效、及时阻断新冠病毒的传播,全球范围内绝大多数教师教育机构都被迫采取了线上教学的模式,包括那些要获得教师专业资格的师范生。[③] 这种线上专业发展模式重组了职前教师的角色、专业能力和评价等核

---

① ELLIS V, STEADMAN S, MAO Q. 'Come to a screeching halt': Can change in teacher education during the COVID‐19 pandemic be seen as innovation? [J]. European Journal of Teacher Education, 2020,43(4):559 – 572.

② ELLIS V, STEADMAN S, MAO Q. 'Come to a screeching halt': Can change in teacher education during the COVID‐19 pandemic be seen as innovation? [J]. European Journal of Teacher Education, 2020,43(4):559 – 572.

③ 徐瑾劼. 新冠疫情下全球教育体系的应对与在线教育的挑战——基于 OECD 全球调研结果的发现与反思[J]. 比较教育研究,2020,42(6):3 – 10.

心要素。这三大国际组织的政策回应与实践策略启发,应当转"危"为"机",进一步提升教师的在线教学设计能力和信息素养,使教师的远程网络教学具有系统性、规范性、创新性与可操作性。[①]

第二,通过教师教育改革促进社会公平。三大国际组织加强了关闭学校对各层收入水平国家造成的学习损失的监测,并激发各个国家和地方政府通过本土化教育决策,部署有效的远程学习策略,来减少此次疫情所造成的学生学业差距。通过比较研究,三大国际组织都将"公平"与"包容"作为教师教育改革的重要价值追求。后疫情时代,教师教育改革随着全球化将进入"新常态"发展阶段,即教师教育项目更加注重缩小不同阶层、区域、种族、性别与多元文化群体在教育起点、过程与结果中的不公平。在信息化时代,教师教育改革还将致力于消弭"数字鸿沟"所造成的教育不公平现象。

第三,教师要适应后疫情时代的多种角色期待与要求。通过综述三大国际组织的政策回应,我们发现疫情中的教师不仅需要关注学生的学业进展和辍学等问题,同时需要减少长期停课对学生身心所带来的不利影响。此次疫情使得教师等教育专业人员等更加关注公共卫生教育、心理健康调适等,特别是将公共卫生教育、中小学生心理疏导等纳入教师教育课程体系。联合国教科文组织也建议在后疫情时期,教师需要掌握基本的公共卫生健康知识、媒体知识、在家学习儿童的养育知识等。[②] 同时,联合国教科文组织认为提升教师的身心健康、社会情感能力和应变能力也变得非常重要。[③] 可见,三大国际组织对疫情中和之后教师的角色期待更高。受此启发,后疫情时代的教师应当从教学的被动实施者转变为学习空间的主动创建者,从课堂教学的管理操控者转变为学生情绪的心理疏导与咨询者。[④]

第四,关注教师后疫情时代专业发展中的多元需求。随着教师在此次疫情中承担了多重角色,教师需要扩展远程在线教学、评估学生学习、学生心理健康教育等专业能力。因此,教师专业发展的内涵与外延都扩大了,教师的专业发展内容不再局限于常

---

① XUE E, LI J, XU L. Online education action for defeating COVID‐19 in China: An analysis of the system, mechanism and mode [J]. Educational Philosophy and Theory, 2020:1‐13.
② 谢幼如,邱艺,黄瑜玲,等.疫情防控期间"停课不停学"在线教学方式的特征、问题与创新[J].电化教育研究,2020,41(3):20—28.
③ 王继新,韦怡彤,宗敏.疫情下中小学教师在线教学现状、问题与反思——基于湖北省"停课不停学"的调查与分析[J].中国电化教育,2020(5):15—21.
④ 康翠萍,周迪芳,龚洪.突发事件应对中教师角色的责任定位及其能力建设[J].教师教育研究,2020,32(3):10—16.

规性的学科知识与教学技能，而且需要培养教师的社会—情感学习、韧性、学生心理咨询、教师与家长的沟通等综合能力。① 因此，我国后疫情时代教师教育改革需要更加关注教师的社会—情感等多样化专业发展需求。疫情中的教师面临着常规教学以外的不确定性和压力，因此，容易产生职业困惑和倦怠。三大国际组织都提供了一系列开放网络资源、专业发展支持和社群沟通资源等供教师有效应对突发公共卫生事件中的教学与管理。

第五，促进教师专业发展模式的多样化，增加教育人员的专业学习机会，以满足当前的教师专业发展需求。三大国际组织在疫情中和疫情后都鼓励教师的"线上"与"线下"综合协调的专业发展模式，教师专业发展的时间与空间都得到了扩展，发展的方式更加灵活多样。因此，我国要实现教师发展方式的个性化与多样化协调发展，融合"线上"与"线下"教师发展模块。同时，此次全球疫情需要重组教师教育课程体系，增加教师个性化教学、远程教学与混合教学技能的培养。此外，后疫情时代的教师教育改革，我们需要增加教育人员之间的合作时间。不同背景的教师可以通过专业学习共同体和在线网络实践共同体、知识社群等进行有效的教学合作，共同提升教学效能感。②

第三节　新自由主义背景下欧美国家教师教育改革

当前全球教育改革运动受新自由主义教育政策的支配并呈现出"第三条道路"与"第四条道路"共存的态势（见表1-3）。新自由主义教师教育改革的主要政策逻辑是：依据人力资本理论、市场私有化改革和公共选择理论，强调标准化课程内容、实施教师问责评价、进行"放权性"集中管理、注重学生学业成就的全球排名。这些政策逻辑，一方面表明了亚洲国家被作为教育政策借鉴的"新参考社会"；另一方面，体现了欧美国家出现的"新东方主义"。在此背景下，全球教师教育改革面临的共性挑战包括：教师教育课程与课堂教学实践的脱节、不同种族与学区间的教育质量差异扩大、薄弱学校新任教师的离职率高、职前教师队伍的构成过于同质化、教师教育服务于社会公平和

---

① HADAR L L, ERGAS O, ALPERT B, et al. Rethinking teacher education in a VUCA world: student teachers' social-emotional competencies during the Covid-19 crisis [J]. European Journal of Teacher Education, 2020,43(4):573-586.

② DARLING-HAMMOND L, HYLER M E. Preparing educators for the time of COVID and beyond [J]. European Journal of Teacher Education, 2020,43(4):457-465.

多元文化面临挑战。为此,欧美主要国家在教师教育改革方面,不同的利益主体积极参与到教师教育的政策制定中。同时,教师教育实践创新的主体日益多样化,市场的力量不断介入。再次,欧美国家在教师教育改革的机制、实践模式、教师教育课程和评价体系等方面不断创新。最后,本文反思了新自由主义教师教育改革中对经济利益的过分追求,认为应规避改革中"表演性文化"和"数字化控制",坚持教师教育改革的公共性与均衡性,保持教师教育的民主化、个性化和创新性。

一、引言

芬兰教育研究者帕思·萨尔伯格认为在全世界范围内,主要国家都在进行"全球教育改革运动"(Global Educational Reform Movement),"全球教育改革运动"的主要举措有:标准化内容评价,对阅读和数学的日益重视,教师教的内容多为提前预知的内容,创新从企业界转移到教育界,基于标准化考试的问责政策和对学校的控制日益加强。[①] 全球教育改革运动的显著特征有:标准化改革,市场力量的介入和政府主导的改革。标准化改革包括共同的标准和课程、高风险性测试和一系列保证改革忠实执行的机制等。市场力量的介入是指欧美教育改革者采取了竞争、比较、择校和绩效评价等措施来促进改革的实施。[②] 政府主导的改革是指改革的策划者、组织者与评价者均由政府来完成,并且改革的方式是通过自上而下的方式来实施的。国际知名教育改革家安迪·哈格里夫斯(Andy Hargreaves)和丹尼斯·舍利(Dennis Shirley)认为,全球教育改革主要经历了四条道路,表 1-3 展示了其主要时间和特点。[③]

表 1-3　全球教育改革的四条道路

	第一条改革道路	第二条改革道路	第三条改革道路	第四条改革道路
时间	20 世纪 60—70 年代	20 世纪 70 年代	20 世纪 80—90 年代	2000 年以后

① SAHLBERG P. Finnish lessons 2.0: What can the world learn from educational change in Finland? [M]. New York City, NY: Teachers College Press, 2015:10.

② RAVITCH D. The death and life of the great American school system: How testing and choice are undermining education [M]. New York City, NY: Basic Books, 2016:3.

③ HARGREAVES A, SHIRLEY D L. The global fourth way: The quest for educational excellence [M]. Thousand Oaks, CA: Corwin Press, 2012:10.

	第一条改革道路	第二条改革道路	第三条改革道路	第四条改革道路
主要特点	1) 对公立教育的大力投资； 2) 在课程的选择与设计方面具有高度自主权； 3) 来自家长的被动信任。	1) 密集的自上而下的改革； 2) 对个体教师表现的评价； 3) 个体化绩效评价。	1) 改良的社会福利体系； 2) 更新的专业主义； 3) 学校中的参与性专业氛围。	1) 兼具包容性与创新性的教育改革使命； 2) 基于证据的教育改革； 3) 注重改革的系统性与持续性。

目前,全球教育改革呈现出"第三条道路"与"第四条道路"并存的态势。依据经济合作与发展组织发布的国际学生评估项目测试排名,芬兰、加拿大的多伦多省和阿尔伯塔省、新加坡处于第四条改革道路,美国、英国、澳大利亚等国家处于第三条改革道路的模式中。由于教育改革是一项长期、复杂的系统化改革,其涉及经济、政治、文化和宗教等诸多领域,关于教育改革的模式与机制一直存在争议。由于不同利益团体的争端,斯坦福大学教育学者大卫·拉波瑞(David Labaree)将目前的教育改革形容为"总得有人失败"的零和游戏。[①] 芝加哥大学教育学者查尔斯·佩恩(Charles Payne)认为教育改革不断失败,出现"改革如此之多,变化却如此之少"的症状。[②]

面对目前教育改革的复杂性,美国著名教育史和教育改革家大卫·泰克(David Tyack)和拉里·库班(Larry Cuban)在其经典著作《迈向乌托邦:一个世纪的公立学校改革》认为教育政策制定者提出的改革目标往往是线性、激进的,忽略了改革的复杂性与重复性。这种历史虚无主义的改革观,难以产生真正有效的教育变革。当今的教育改革需要逐步的、渐进的改良模式,并且需要集中精力帮助教师从内到外提升教学,而不是通过远程控制来决定改革,而且改革者还必须牢记指导公共教育的民主目的。[③] 此外,教育改革家西摩·萨拉森(Seymour Sarason)认为以往的教育改革充满了技术理性,并且游离于学校文化之外,真正的教育改革需要深入到学校的文化

---

① LABAREE D. Someone Has to Fail: The Zero-Sum Game of Public Schooling [M]. Cambridge, MA: Harvard University Press, 2010:1.

② PAYNE C M. So Much Reform, So Little Change: The Persistence of Failure in Urban Schools [M]. Cambridge, MA: Harvard Education Press, 2008:2.

③ TYACK D B, CUBAN L. Tinkering toward utopia [M]. Cambridge, MA: Harvard University Press, 1995:1.

层面。① 这些不同的观点主张,为全球教育改革转入第四条道路提供了参考与借鉴。

　　教师教育作为"全球教育改革运动"的重要领域,日益受到各个国家以及国际经济和教育组织的关注。同时,教师教育改革与"全球教育改革运动"的四条道路相一致,成为完整教育改革的重要"发动机"。美国著名教师教育学者玛丽莲·科克伦-史密斯认为,教师教育的发展范式经历了三个主要转变。首先,教师教育作为一个"教师培训问题",这一主导的教师教育范式产生于20世纪80年代,其主要的议题包括培养教师习得有效的课堂教学技能,对教师的招聘主要由学校系统来完成。其次,教师教育作为一项"学会教学"的专业,这一范式产生于20世纪80—90年代。这一时期,教师教育的议题主要包括教师知识的本质、教师信念、价值和动机等。再次,进入21世纪后,教师教育被各个国家作为"一项需要修整的政策"来对待。在知识经济时代,西方国家日益认识到教师教育改革对提升教育质量的重要意义,因此,他们主张通过政府的干预来提升教师教育的质量。② 在第三种教师教育改革的范式中,新自由主义逐渐在欧美国家成为占主导地位的教育改革政策。

二、欧美国家教师教育改革面临的主要挑战

　　在新自由主义政策背景下,欧美国家教师教育改革面临的主要挑战包括:教师教育课程与课堂教学实践的脱节,薄弱学校新任教师的离职率比较高,种族和学区间的教育差距日益扩大,教师队伍的构成过于同质化,教师教育服务于社会公平和多元文化使命的挑战,教师教育改革市场化与公益性的冲突。这些外部与内部因素不断影响着职前教师教育与在职教师教育的改革。

(一) 教师教育课程与课堂教学实践的脱节

　　目前欧美国家主导的职前教师教育模式以大学教育学院为主要培养载体,但是,这些基于大学的教师教育项目存在着"学术性知识"(academic knowledge)与"实践性知识"(practical knowledge)的纷争。教师教育者认为职前教师在学科知识、教学法知识等方面的学习过于碎片化、抽象化和简单化,这些知识主要来自大学的知名教育学家、心理学家和社会学家等生产的学术型知识,它们与真实、多变的课堂教学情境相脱

---

① SARASON S B. The culture of the school and the problem of change [M]. Boston, MA: Allyn and Bacon. 1982:2.
② COCHRAN-SMITH M. The problem of teacher education [J]. Journal of Teacher Education, 2004, 55 (4), 295 - 299.

离,无法形成职前教师的个体实践性知识,因此这些理论知识无助于职前教师的专业发展。[1] 同时,不少大学教师教育项目没有提供足够多的教学实践机会,不少职前教师没有足够的教学实习机会将所学的内容运用到教学实践中,这进一步限制了职前教师的有效成长。

(二) 薄弱学校新任教师的离职率比较高

随着欧美国家逆城市化的深入发展,城市中心及其附近学校的教育质量不断降低,这些学校的学生构成主要是非洲裔、拉美裔和新移民等少数族裔学生,同时,大部分学生来自低收入家庭,并且,英语是他们的第二语言(或有英语语言障碍)。因此,这些城中学校的教学资源短缺,学生问题多,学业表现低下。[2] 在这些薄弱学校工作的新任教师面临的挑战多,容易产生职业倦怠,更加严峻的是,很多新任教师在薄弱学校得不到有效的管理与支持,从而导致他们的离职率较高。相比之下,郊区学校的学生大多来自白人、中产阶级家庭,学校里聚集了优质的教育资源,高效的教师比较集中,学生的学业水平整体比较高。

(三) 种族和学区间的教育差距日益扩大

在美国,种族间与学校间学生的学业差距日益扩大。在美国和加拿大,白人学生的学业成就长时间显著高于非洲裔和拉美裔学生的学业成就。[3] 在美国,不少学校和学区经历着种族"再隔离化"(re-segregation),即当少数族裔的学生不断在一个学校或学区聚集的时候,白人学生逐渐转到其他学校或学区。同时,郊区学校的教育质量高于城中学校的教育质量,并且差距不断扩大。在北美的某些学区中,如果某些中小学常年没有达到学区的学业基准水平测试,这些学校则面临着关停的风险。此外,伴随着中东、非洲移民和难民的不断涌入,少数族裔的教育融入和适应问题也给欧美国家的教师教育改革带来了挑战。

(四) 教师队伍的构成过于同质化

欧美国家职前和在职教师队伍主要由中产阶级、单一语种的女性教师构成,这导致了欧美国家教师队伍的构成比较同质化。与此形成反差的是欧美国家公立学校的

---

① ZEICHNER K. Rethinking the connections between campus courses and field experiences in college- and university-based teacher education [J]. Journal of teacher education, 2010, 61(1-2), 89-99.

② MILNER R. Rac(e)ing to class: Confronting poverty and race in schools and classrooms [M]. Cambridge, MA: Harvard Education Press, 2015:1.

③ MILNER H R. Rethinking achievement gap talk in urban education [J]. Urban Education, 2013, 48(1): 3-8.

学生来源日益多元化,特别是在种族、语言、宗教信仰与文化方面。[①] 这就导致了教师队伍对多元文化缺乏适应性,即教师群体单一的西方文化,难以应对日益多元的学生群体的多样化需求。为此,美国教师教育研究者提出了"文化适应性教学"(culturally responsive pedagogy)[②]和"文化回应性教学"(culturally relevant pedagogy)等一系列文化融入的教学策略。[③] 为了提升教师教育队伍的多样化,美国教师教育改革者提倡非洲裔、拉美裔和亚裔等有色人种中的专业人员加入教师队伍,以更加有效应对日益多元化的学生群体。

(五) 教师教育服务于社会公平、多元文化的挑战

目前欧美国家的教育研究者认为教师不仅是专业技术人员(technical professionals),而且是社会变革的代理人(social change agents),教师在缩小不同种族和不同阶层学生的学业成就差距方面,具有重要的影响。[④] 基于相关的实证研究,欧美国家的教师教育改革者认为,教师教育不仅需要提升教师的专业知识与技能,教师教育还应当努力实现"社会公平"的使命,其主要使命是缩小不同种族间、社会阶层间、学校间和校区间的教育差距,同时,教师教育项目应当积极应对全球化、国际化和多元文化带来的多重挑战。

(六) 教师教育改革市场化与公益性的冲突

新自由主义教师教育改革允许市场力量的介入,因此,众多教育公司参与到教师教育改革的利益争夺中。这些巨头教育公司(如美国皮尔森和麦格劳·希尔教育公司等)借着提高教师教育改革有效性的名号,一方面加速了传统公立教育的"私有化",另一方面,加深了教育的不公平性。面对教师教育改革中市场化与公益性的冲突,美国教育史学家和评论家戴安·拉维奇(Diane Ravitch)在《错误的统治:私有化运动的骗局和美国公立学校的危险》(*Reign of Error*:*The Hoax of the Privatization Movement and the Danger to America's Public Schools*)中认为,目前的新自由主义教

---

① LADSON-BILLINGS G. The dream keepers: Successful teachers of African American children [M]. New York, NY: John Wiley & Sons, 1994:3.

② GAY G. Culturally responsive teaching: Theory, research, and practice [M]. New York, NY: Teachers College Press, 2010:1.

③ LADSON-BILLINGS G. Culturally relevant pedagogy 2.0: Aka the remix [J]. Harvard Educational Review, 2014,84(1):74-84.

④ COCHRAN-SMITH M. Walking the road: Race, diversity, and social justice in teacher education [M]. New York City, NY: Teachers College Press, 2004:1.

师教育改革措施,严重破坏了公立教育的公益性和民主性,给教师带来了一系列评价压力,导致教师的离职率不断提高。① 澳大利亚教师教育研究者朱迪斯·萨克斯(Judyth Sachs)认为,目前教师的专业身份中存在着管理主义(Managerialism)与民主主义(Democratic)的话语冲突,这一分歧的产生正是由于教师教育改革中存在的市场化与公益性的力量博弈,这两者不同的改革逻辑,导致了教师专业身份充满了张力。②

此外,欧美国家一直存在着对大学教师教育项目有效性的质疑,对此,他们提出了各种替代型教师教育项目和教育公司推出的教师资格授予项目。针对美国某些州出现教师短缺的情况,美国诞生了一些新型的私立教育研究生院,如斯波萨托教育研究生院(Sposato Graduate School of Education)、高技术高中教师资格认证项目(High Tech High Teacher Center Credential Program)、现在教学项目(Teach Now)和理查德·吉尔德研究生院(Richard Gilder Graduate School)。这些教育研究生院与传统的大学教师教育项目相比,注重工作情境的专业学习,并且学制比大学教师教育项目要短。这些替代型教师教育项目的出现,说明了欧美国家教师教育改革中市场化与公益性的冲突。

三、新自由主义教师教育改革政策的逻辑

新自由主义教育改革主要受新自由主义经济改革、人力资本理论和自由选择理论的影响,认为教育改革的主要目标是培养高质量、具有全球竞争力的合格劳动力,以此提高国家在知识经济时代中的创新能力和国际竞争力。③ 据此出发,新自由主义教育改革的主要逻辑特征是:强调标准化课程内容和基于标准的改革;实施教师问责评价;进行"放权性"集中控制;注重学生学业成就的全球排名;"新东方主义"与亚洲国家作为"参考社会"并存。

(一)强调标准化课程内容和基于标准的改革

目前主要欧美国家都以标准化课程与考试的方式,加强对学生阅读、数学和科学等核心科目的考试力度。比如美国在大多数州推行的《共同核心州立标准》(Common

① RAVITCH D. Reign of error: The hoax of the privatization movement and the danger to America's public schools [M]. New York City, NY: Vintage, 2013:1.
② SACHS J. Teacher professional identity: Competing discourses, competing outcomes [J]. Journal of education policy, 2001,16(2):149-161.
③ HANUSHEK E A, KIMKO D D. Schooling, labor-force quality, and the growth of nations [J]. American Economic Review, 2000,90(5):1184-1208.

Core State Standards），苏格兰在 2013 年开始实施"卓越课程"（Curriculum for Excellence），澳大利亚制定了统一的国家课程框架（National Curriculum Framework）以确保课程教学的基本质量，此外，澳大利亚在全国范围内确立了八项核心学习领域（英语、数学、科学、健康和体育、人文和社会科学、艺术、技术和语言）。① 尽管不少欧美国家实行的是地方分权的教育管理体制，但是联邦政府不断参与制定了全国性的课程标准，圈定了主要的学习内容与领域。此外，不少欧美国家日益加强了学区范围内的标准化考试以及风险性测试的频率，以此促进标准化改革。

（二）实施教师问责评价

欧美主要国家以增值性评价（value-added evaluation）的方式，强化对中小学教师的问责与评价。问责与评价的依据主要是学生的标准化测试成绩和学生成绩提高的程度。教育管理者对表现优异的教师进行工资方面的奖励，而对于教学低效的教师，则进行某种形式的惩罚甚至辞退。不少改革反对者认为，这些外部强加的问责与评价政策，不仅加重了教师的工作负担和焦虑，同时削弱了教师的专业自主性，使得教师逐渐成为教育自上而下改革中的"机械实施者"而非"创生协调者"。

（三）"放权性"集中控制

欧美主要国家的教师教育改革呈现出"集权"与"分权"矛盾性并存的状态。一方面，改革者对教师教育采取了一系列"解制"放权措施，比如教师教育解制的倡导者对现行大学教师教育的课程设置和低效进行了批评，希望打破大学教育学院对职前教师培养的垄断局面，解制改革者允许替代型教师教育项目的出现，注重培养薄弱学校和急需学科教师的培养，尊重教师专业群体的合法权益，创办一系列特许学校等。② 另一方面，欧美主要国家通过一系列政策杠杆和调节机制等，强化了对教师教育改革的控制，比如广泛推行全国性的课程标准、规范学生课堂学习的主要内容、强化标准化考试、加强对教师的问责和绩效评价等。这就导致欧美国家在教师教育改革中产生"放权"与"集中控制"同时存在的窘境。

（四）注重学生学业成就的全球排名

欧美主要国家将大规模学生学业成就测试（International large-scale assessment）的全球排名作为其评估教育质量、制定教育改革政策的主要证据。当前，欧美教师教育改革者主要采用的大规模学生学业成就测试包括 PISA、国际数学与科学趋势研究

① 钱小龙，汪霞.澳大利亚普通高中课程改革的基本特征研究[J].全球教育展望，2013(7)：85—94.
② 周钧.解制：当代美国教师教育改革的另一种声音[J].外国教育研究，2004,31(5)：29—32.

(Trends in International Mathematics and Science Study，TIMSS)和国际阅读素养研究(Progress in International Reading Literacy Study，PIRLS)。在这些大规模测试中，影响最大的是 PISA 项目，欧美主要国家、经济合作组织和世界银行等国际经济组织，会依据某个国家学生在阅读、数学和科学等方面的综合成绩高低来进行政策迁移(policy transfer)与"最优实践"(best practice)的借鉴。①

(五)"新东方主义"与亚洲国家作为"参考社会"并存

自 2009 年中国上海首次参与 PISA 测试以来，上海学生连续两次(2009 年、2012 年)获得全球第一，这引发了国际社会的高度关注与震惊。一时之间，随着中国上海、中国香港和新加坡不断在国际学生评估项目中取得较高排名，欧美国家产生了教育改革的"恐慌与焦虑"，担心亚洲国家将在经济与科技改革等领域超越西方社会，这一改革心态形成了教师教育改革中的"新东方主义"。与此同时，西方国家呼吁学习上海先进、高效的教育改革经验。为了促进本国数学教师的专业发展，提升英国学生的学业成绩，英国不仅引进了中国上海小学所使用的数学教材，还联合发起了"中英数学教师交流项目"。在大规模学生学业成就测试的影响下，中国和新加坡形成了"东亚教育模式"(East Asian Educational Model)②，他们共同成为了西方国家政策与实践借鉴的"参考社会"(reference society)。③

总之，新自由主义教师教育改革与传统的西方国家主义、全球性的后殖民主义、经济、政治和文化领域的霸权扩张存在千丝万缕的联系。从深层次而言，新自由主义教师教育改革的逻辑特征是欧美国家经济、政治与社会文化变革综合作用的产物。

四、欧美国家教师教育改革的措施与特征

面对以上挑战，欧美国家采取了一系列政策与改革措施来促进教师教育改革。在政策制定方面，不同的利益主体积极参与到教师教育改革的政策制定中。同时，教师教育实践创新的主体日益多样化，市场的力量不断介入改革中。再次，欧美国家在教师教育改革的机制、实践模式、内容和评价体系等方面不断进行创新。

---

① TAN C. Education policy borrowing and cultural scripts for teaching in China [J]. Comparative Education, 2015,51(2):196 - 211.

② TUCKER M S. Surpassing Shanghai: An agenda for American education built on the world's leading systems [M]. Cambridge, MA: Harvard Education Press, 2011:1.

③ TAN C. Comparing High-performing Education Systems: Understanding Singapore, Shanghai, and Hong Kong [M]. London, UK: Routledge, 2018:1.

第一,教师教育政策制定主体的多元化。欧美国家参与教师教育政策制定的主体不仅有政府和大学,私人基金会、智库、社会各类专业团体等非政府组织也通过各种力量,积极影响教师教育政策的制定。在美国,盖茨-梅琳达基金、沃尔顿基金会、陈-扎克伯克基金会等机构通过各种方式影响美国教师教育改革。同时,联邦、州和地方政府、教师专业协会、家长协会、政党和宗教团体等也都积极参与到教师教育的政策制定中来。因此,欧美国家的教师教育政策制定过程呈现出多重利益的诉求与博弈,其政策嬗变具有多元性和活力。

第二,教师教育实践创新的主体日益多样化。在美国,教师教育实践创新不仅有联邦政府和各个州教育部来实现。同时,教师教育专业组织、大学的教育学院、私人基金会、营利教育组织和非政府组织,如美国的"为美国而教"(Teach for America)项目和英国的"教学优先"(Teaching First)项目等都参与到教师教育实践的创新中来。教师教育实践创新的主体日益多样化促进了知识的加速流动和创新成果的共享。

第三,教师教育改革的机制创新。欧美国家的教师教育改革采取了兼顾公平与效率的机制创新策略。各级政府和非政府组织主要负责教师教育改革中的公平目标,比如为了促进教育公平,美国自然科学基金会(National Science Foundation)和美国众多大学联合创设了公平取向的教师教育项目——诺伊斯教师教育改革奖学金项目(Noyce Scholarship Program)。这些教师教育项目,主要通过一系列优惠的奖学金政策,吸引高中生选择美国一些中小学急需的科学、技术、工程和数学(Science, Technology, Engineer, and Mathematics, STEM)学科,并且鼓励他们到薄弱的城中学校任教,以促进学区和种族间的教育公平。同时,市场化改革则注重效率,一些教师专业资格认证公司、教育咨询公司和私人基金会的参与,扩张了教师培养的来源渠道,这些教师资格认证项目,通常注重运用前沿的理论与实践成果,提升了教师培养的效率。

第四,教师教育改革的实践模式创新。针对教师教育课程与课堂教学实践的脱节,欧美国家的教师教育改革者通过各种创新实践模式,来加强职前教师的实践学习经验。这些改革措施包括驻校实习、社区学习、服务学习和跨文化教学实习等。在荷兰乌得勒支大学,科萨根及其教师教育者研究团队发展了"现实主义教师教育模式",该模式通过融通教师专业学习与反思的各个环节,加强理论与实践的联系。[①] 此外,

---

① KORTHAGEN F A. Linking practice and theory: The pedagogy of realistic teacher education [M]. New Jersey: Lawrence Erlbaum Associates Publishers, 2001:20.

美国、加拿大和澳大利亚的一些教师教育项目不断加强大学—中小学—社区之间的相互合作，注重教师的行动改进研究。这些实践创新模式的主要目标是打破教师教育中长期存在的理论与实践脱离的鸿沟，加强与中小学校和社区的联系，注重技术的运用，提升教师教育项目的有效性。

第五，教师教育改革的内容创新。欧美国家在教师教育的内容方面不断更新，注重与实践经验和技术的融合。目前的教师教育内容已经超越了传统上的"学科知识＋教学法＋教育心理学"的简单设置。首先，在教师教育的课程内容上，越来越多的教师教育项目注重学科知识之间的融合，打破传统的分科课程的局限。比如，美国教师教育研究者李·舒尔曼提出的学科教学知识提倡将学科知识、教学知识与情境知识有机融合。① 同时，李·舒尔曼在担任卡内基教学促进会主席的时候，提出了显著教学法，其主要包括表层结构、核心结构和潜在结构。② 帕姆·格罗斯曼及其研究团队在对比分析了临床医学、工程学等专业技能以后，提出了教师教育改革中的"核心实践"(Core Practice)，以此促进职前教师和在职教师在教学的过程中，要掌握这些"核心实践"。③ 随着教育技术不断渗透到教师教育领域中，潘亚·米夏(Punya Mishra)和马修·科勒(Matthew Koehler)提出了基于技术的学科教学知识(Technological Pedagogical Content Knowledge)，引导教师将原来的学科教学知识与多种教育技术知识进行融合。④

第六，教师教育改革的评价创新。欧美国家的教师教育改革者认识到传统纸笔测验在教师评价中的弊端。因为教师的日常工作是复杂、多面的，其包含多个维度。于是，他们将教师评价中的总结性评价与形成性评价相互结合，从多个层面对教师进行真实性评价。美国教师教育改革专家琳达·达林-哈蒙德(Linda Darling-Hammond)及其斯坦福大学研究团队开发了实习教师表现性评价项目(Teacher Performance Assessment, edTPA)，并在美国大多数州实施。⑤ 表现性评价项目是一种基于绩效

① SHULMAN L S. Those who understand: Knowledge growth in teaching [J]. Educational Researcher, 1986,15(2):4-14.
② SHULMAN L S. Signature pedagogies in the professions [J]. Daedalus, 2005,134(3):52-59.
③ GROSSMAN P, COMPTON C, IGRA D, et al. Teaching practice: A cross-professional perspective [J]. Teachers College Record, 2009,111(9):2055-2100.
④ MISHRA P, KOEHLER M J. Technological pedagogical content knowledge: A framework for teacher knowledge [J]. Teachers college record, 2006,108(6):1017-1054.
⑤ SATO M. What is the underlying conception of teaching of the edTPA? [J]. Journal of Teacher Education, 2014,65(5):421-434.

的、特定学科的评估和支持系统,它用于强调、衡量和支持所有教师从第一天上课就需要的技能和知识。实习教师表现性评价项目允许教师将日常的教学实习等视频上传到自己的专业发展平台。此外,欧美国家的教师教育改革者发展了教师的档案袋评价、教师的网络反思日志、教学档案等。这些多元化的评价方式,丰富了教师评价的内涵,促进了教师的专业发展。

五、反思与启示

整体而言,欧美国家教师教育改革是一项多面的、复杂的系统工程。其改革的主要逻辑是新自由主义,即依据人力资本理论、市场经济理论和公共选择理论,通过市场介入和绩效管理等体制,让多元的利益主体积极参与到教师教育改革中,同时综合运用效率和公平杠杆来进行教师教育机制方面的调节、加强联邦和州一级政府的"放权性"集中控制,不断实现教师教育改革实践模式、内容和评价体系的创新。欧美主要国家这些教师教育改革体制与实践创新对我国教师教育改革政策的制定、实践模式的完善具有积极的借鉴意义。

目前,我国在大力进行教师教育改革,在顶层设计方面不断进行创新。2011 年,我国教育部颁布了《中小学教师教育专业标准》,我国中小学教师教育的标准体系逐步建立。《中小学教师教育专业标准》是我国中小学教师开展教育教学活动的基本规范,为引领我国中小学教师在培养、准入、专业发展和考核等方面提供了基本准则和重要依据。2018 年,我国教育部等部门颁布了《教师教育振兴行动计划(2018—2022 年)》,准备采取切实措施建强做优教师教育,推动教师教育改革发展,全面提升教师素质能力,努力建设一支高素质专业化创新型教师队伍。2019 年,中共中央和国务院颁布了《关于全面深化新时代教师队伍建设改革的意见》,提出了深化教师管理综合改革,切实理顺体制机制。这一系列国家级政策文件的颁布,说明我国在不断进行教师教育改革的探索与创新。

他山之石,可以攻玉。在全世界范围内,面对新自由主义教师教育改革的浪潮,我们需要对其进行清晰、全面的认识。新自由主义教师教育改革作为一把双刃剑,有其优势与不足。一方面,我国的教师教育改革可以借鉴欧美主要国家在教师教育改革方面的体制、机制与实践模式的创新。另一方面,我国需要警惕新自由主义教师教育改革中的不良影响,规避其短板与不足之处。

首先,在改革的主体参与方面,我国目前教师教育改革的主体比较单一,主要是由中央、地方政府和大、中小学校来完成。营利和非营利性组织参与的广度与深度不够。在改革的机制方面,我国可以综合运用政府监管、市场介入、教育专业领域中的第三方评估等综合方式来有层次、有步骤地推行教师教育改革。在管理体制方面,我国教师教育改革可以实施"集中管理"与"分权管理"相协调的模式来推动教师教育改革。具体而言,"集中管理"可以运用在全国统一的中小学教师专业标准、全国性的教师教育课程、教师核心素养等方面;"分权管理"可以体现在职前教师与在职教师的地方化、校本化培训,教师教育改革应具有一定的弹性自主权,考虑区域地方和学校的特点。在实践创新方面,我国可以学习欧美国家行之有效的教师教育实践模式。比如,芬兰在小学阶段推行的不分科教师教育模式,对我国发展融合式教师教育具有一定的借鉴意义。同时,美国为了培养薄弱学校和急需学科教师而制定的全国性的罗伯特·诺伊斯(Robert Noyce)教师教育奖学金项目,对完善我国乡村学校特岗教师计划和公费师范生项目有一定的参考价值。从比较借鉴的视角,我国在教师教育改革的过程中,可以借鉴芬兰、新加坡和加拿大(阿尔伯塔省和安大略省)等全球优质教育系统在教师教育方面的创新与特色。如芬兰和加拿大在平衡教师教育的质量与公平方面积累了丰富的实践经验,新加坡在职教师的专业发展道路规划方面进行了成功的探索。

但是,新自由主义教师教育改革始终伴随着争议的声音。美国著名教育史学家戴安·拉维奇认为新自由主义教师教育改革过于注重教育改革中的经济利益,公立教育不断变得私有化,特许学校的创立和教育权的使用,加剧了教育的不平衡性,从而破坏了教育的公共性、民主性和均衡性。^① 为了维护教师教育改革的公益性与民主性,澳大利亚教师教育学者约翰·洛克伦(John Loughran)认为提升教师教育改革的成效,需要中小学、大学、社区等机构之间密切合作,形成一致的合力。^② 此外,英国教育社会学家斯蒂芬·鲍尔(Stephen J. Ball)认为新自由主义教师教育改革滋生了教育系统中的"表演性文化"(performativity culture)和"数字化控制"(controlled by numbers),即各项教育实践越来越依靠学生的学业成绩、学校排名和教师问责等数字化指标来管理教师的日常工作。^③ 进一步而言,新自由主义教师教育改革扼杀了教育的民主性、

① RAVITCH D. Left back: A century of battles over school reform [M]. New York City, NY: Simon and Schuster, 2001:1.

② KORTHAGEN F, LOUGHRAN J, RUSSELL T. Developing fundamental principles for teacher education programs and practices [J]. Teaching and teacher education, 2006,22(8):1020 - 1041.

③ BALL S J. The teacher's soul and the terrors of performativity [J]. Journal of Education Policy, 2003,18 (2):215 - 228.

个性化和创新性。因为新自由主义教师教育改革中对标准化和高效率的过分追求，束缚了教育的深层次改革。这些负面影响，需要我国教师教育改革者在政策制定与实践创新的过程中避免。

第四节　PISA 时代的全球教育治理及其反思

2020 年伊始，新冠疫情不断蔓延并逐渐席卷全球。与此类似，在全球教育改革领域，也有一种"病毒"在世界各国不断肆虐。芬兰著名教育研究者帕思·萨尔伯格认为在全世界范围内，主要国家都在进行"全球教育改革运动"（Global Educational Reform Movement），他将这四个单词的首字母结合起来组成了英文单词"GERM"，即"细菌""病毒"的意思。萨尔伯格认为"全球教育改革运动"像"细菌"和"病毒"一样无处不在，其主要内容有：基于标准的教育改革，共同的课程标准，对阅读、数学和科学素养的日益重视，教学内容多为提前指定的内容，基于标准的高风险测试和总结性评价，教师问责和对学校控制的日益加强。

国际知名教育改革专家安迪·哈格里夫斯和丹尼斯·舍利认为，目前全球教育改革正在经历由"第三条道路"到"第四条道路"的转变。"第三条改革道路"主要发生于20 世纪 80—90 年代，其主要特点是：改良的社会福利体系、更新的专业主义和学校中的参与性专业氛围，代表国家有英国和加拿大等。"第四条改革道路"出现于 2000 年以后，其显著特点是：兼具包容性与创新性的教育改革使命、基于证据的教育改革、注重改革的系统性与持续性，代表性国家有芬兰和新加坡等。[1] 不可否认，随着国际学生评估项目（PISA）和教学与学习国际调查（TALIS）等项目的实施，基于学生学业成就的大数据调查越来越受到教育研究者、实践者、管理者和政策制定者的重视。与之相关，设计与实施这些国际大规模数据测试的国际组织，特别是 OECD，在全球教育政策领域日益崛起并受到广泛关注。OECD 在全球教育政策领域的影响力总是伴随着其定期发布的各类调查报告与政策咨询等文件。有学者形容 OECD 已经成为了"全球教育政策的强有力推动者与权威专家"。OECD 在全球范围内由此建立了以新自由主义为核心价值导向的全球教育治理体系。

首先，从历史—比较的视角出发，"全球教育改革运动"的主要推动者为 OECD，即

---

[1] HARGREAVES A, SHIRLEY D. The global fourth way: The quest for educational excellence [M]. Thousand Oaks, California: Corwin Press, 2012:1 - 11.

以欧美主要发达国家为主导的经济合作与发展组织。OECD制定教育政策的主要依据是人力资本理论、新管理主义和公共选择理论。目前OECD的全球教育政策具有明显的新自由主义特征，即强调竞争、排名、择校、私有化和绩效工资等。OECD整体的教育政策逻辑是运用新自由主义政策杠杆，培养知识经济时代具有竞争力的合格劳动力，即实现OECD所提出的"更好的技能、更好的工作和更好的生活"这一诱人的口号。OECD这种经济导向的教育改革，造成了伯恩斯坦所说的"完全教学化社会"（Totally Pedagogised Society），即市场化逻辑逐渐掌控了教学空间。① 这些以新自由主义为导向的全球教育政策，对不同国家的教育质量、教师专业标准和教学实践不断产生着深刻的影响。

其次，PISA作为目前OECD最为著名的全球大规模学生学业成就测试，加剧了全球教育的排名竞争。PISA的原本目的是测试15岁学生在完成基础学业后，将所学知识用于解决真实生活情境中的问题的能力。但PISA测试一直存在着忽略社会文化情境、效度受到质疑等问题。国际学者认为，PISA不仅仅是一个教育测试，更是一个新自由主义主导的社会、政治和意识形态工程。维持PISA测试的四个主要价值坐标是：金钱、成功、证据和竞争。② 随着PISA和TALIS等大规模学生和教师调查的实施，越来越多的国家（如德国和瑞士等）将PISA测试成绩作为其国内教育政策制定与改革的重要依据之一，并促进排名落后国家向教育表现优异国家（如芬兰、新加坡和韩国等）不断进行借鉴学习。一方面，这种寻求"参考社会"（Reference Society）的教育改革造成了国内教育实践与国际教育改革不断趋同。另一方面，这种单向度的政策借鉴学习往往忽略了不同国家之间社会文化情境的制约。

再次，OECD对全球教育治理的影响在广度、深度与解释力方面不断加强。OECD对全球教育治理体系主要是以"软性治理"（Soft Governance）的方式来渗透。不同于"硬性治理"（Hard Governance）以经济、军事和外交力量为主要手段，OECD传统上在各项国际政策上所实施的"软性治理"主要包括认知（Cognitive）、规范

① BERNSTEIN B. From Pedagogies to Knowledges. In Morais, A., Neves, I., Davies, B. & Daniels, H. (Eds). Towards a Sociology of Pedagogy: The Contribution of Basil Bernstein to Research [M]. New York: Peter Lang, 2001:363-368.
② D'AGNESE V. Reclaiming Education in the Age of PISA: Challenging OECD's Educational Order [M]. London: Routledge, 2017:10-46.

（Normative）、法定（Legal）和缓和（Palliative）。① 在教育领域，OECD 以 PISA、PISA for Schools、TALIS 和国际成人能力评估项目（Program for the International Assessment of Adult Competencies，PIAAC）等全球知名大规模测试工具为依托，不断拓展测试更加广泛的技能与能力领域。在测试的规模方面，OECD 不断吸引更多的国家、地区和教育系统参与测试调查。在解释力方面，OECD 不断为各国教育政策制定者提供基于证据的建议报告。最近几年，OECD 以"知识生产与传播"的方式加强了全球教育治理体系的完善，即通过开发一些新的测试内容（如创造力、全球胜任力和社会—情感学习等），以调查报告、政策咨询、论文和国际研讨会的形式，不断对国际教育研究贡献新的知识。

整体而言，OECD 的全球教育治理机制主要包括：数字化、比较、寻找样例、制造通约、纳入情感要素以及归纳与推广"最优教育实践措施"。通过这些"组合拳"，OECD 在全球主要国家产生的主要政策影响包括：教育的目的变得日益经济化与工具化、教育产出与管理的数字化、"学习"日益成为解决各种教育问题的显著标签、不同国家之间教育体系的改革变得日趋同质化。

最后，回归本真的教育目的，重申 PISA 时代的教育改革。近几年，我国不断重视提升参与全球教育治理的水平与能力。因此，反思 OECD 新自由主义导向的全球教育治理体系，有利于我们坚持教育治理改革中的效率与公平的辩证关系，保持教育的公立性、普惠性与民主性。反对全球教育治理中的过度经济化、排他性与零和效应。国际知名教育学者格特·比斯塔（Gert Biesta）认为，OECD 所实施的一系列新自由主义教育政策和测试，造成了教育目标的失衡，即教育目标中的"资格化"（qualification）功能不断扩大，而"社会化"（socialization）和"主体化"（subjectification）的功能不断萎缩。② 因此，我国在参与全球教育治理的时候，应平衡"资格化""社会化"与"主体化"这三类教育目标，不可顾此失彼。中国教育改革者应当明白，PISA 成绩的全球排名不应是教育改革的最终目标，它应当是教育发展的"仆人"而非"主人"。教育改革者应当审视 PISA 所未能测试到的内容，如学生的高阶思维能力、沟通表达能力、合作与韧性等一系列 21 世纪必备品质。

---

① SELLAR S, LINGARD B. The OECD and the Expansion of PISA: New Global Modes of Governance in Education [J]. British Educational Research Journal, 2014,40(6):917-936.

② BIESTA G. Good education in an age of measurement: On the need to reconnect with the question of purpose in education [J]. Educational Assessment, Evaluation and Accountability, 2009,21(1):33-46.

同时，OECD的全球教育政策造成了学校教学内容的狭窄、教学机械、程式化和贫瘠化、教学缺乏勇气和探索以及教育中的道德真空。这种再生的教学取向，滋生了另一种专制型的教学取向。根据福柯的后现代批判主义哲学，OECD所实施的大规模测试，形成了新的"全景监狱"(panopticon)，通过重构知识与权力的关系，不断进行教育领域中的规训与惩罚。从杜威的教育哲学出发，教育是促进人类成长和创造意义性存在(meaningful existence)的经验改造。学习不仅是掌握确定的事实与规则，而是在未知的世界中运用经验不断探索与验证的过程。杜威认为，勇气和想象对未来的不确定性非常重要，因为教育是促进"生命的再生"(a new life in the world)。同时，哲学家汉娜·阿伦特认为教育是促使自由的产生，进而使"无限不可能的事情"(Indefinite Improbabilities)发生。[①] 在中国参与全球教育治理的过程中，吸收与运用这些不同的教育理论资源，可以矫正OECD时代全球教育政策及其治理中出现的经济化(Economization)和数据化(Datafication)的倾向，使得教育回归其本源目的。

第五节　美国建设高质量教育体系的多维透视

纵观人类世界发展历史，自14—16世纪文艺复兴诞生近代科学以来，全世界科创中心经历了五次大规模转移。分别从16世纪的意大利、17世纪的英国、18世纪的法国位移到19世纪的德国和20世纪的美国。在整个20世纪，美国建设成为了当之无愧的世界教育强国。一个颇具说服力的证据便是美国在所有国家中获得诺贝尔奖的人数一直位居世界第一，并且遥遥领先位居第二至第四位的英国、德国与法国。高质量教育体系是美国成为全球教育强国的坚实基础。在科技领域，美国"强"在持续不断的原创与基础研发能力；在经济领域，美国"强"在高效率的人力资源与全球人才大国；在社会领域，美国"强"在教育体系注重对社会的服务与贡献能力；在文化领域，美国"强"在教育理念与模式不断成为他国教育改革所借鉴的典范。

可见，无论在教育综合实力、教育创新能力、人才培养、教育服务贡献能力、教育治理能力、教育国际竞争力和教育影响力方面，美国都积累了丰富的政策与实践经验。教育强国建设是一个复杂、综合、长期的宏大国家工程，牵涉到社会的方方面面。美国建设成为教育强国的历程，也具有其独特的历史逻辑、理论逻辑、实践逻辑、世界逻辑

---

① D'AGNESE V. Reclaiming Education in the Age of PISA: Challenging OECD's Educational Order [M]. London: Routledge, 2017:98-102.

与未来逻辑。从中国哲学看,美国建设高质量教育体系体现了"道法术器"的辩证统一。正是在不同的历史空间背景下不断促进"道法术器"的协同发展,美国才建立起了体系完备、质量卓越、类型多元、弹性灵活、创新前沿的高质量教育体系。

在"两个一百年"奋斗目标历史交汇点上,党的二十大报告提出加快实施科教兴国战略,强化现代化建设人才支撑,强调"教育、科技、人才是全面建设社会主义现代化国家的基础性、战略性支撑"。从中国哲学"道法术器"的视角来审视美国建设高质量教育体系的多重逻辑,可以为新时代我国建设高质量教育体系,实现中国式教育现代化提供多重镜鉴。

一、高质量教育体系建设的"道"

从中国传统哲学来看,"道"就是核心思想、理念、本质规律,体现在教育发展的理念方面。作为一个种族多样、文化多元的年轻移民国家,美国在建国之初就将教育作为公民的一项基本权利。因此,公立教育系统彰显其公益性、包容性与平等性等基本价值理念,也是个人改变命运、实现社会价值的重要途径。但自从进入 21 世纪后,由于社会不同阶层收入差距的加大、种族矛盾、再隔离化,导致美国不同种族间学生出现根深蒂固的"学业成就鸿沟"。因此,近年来,美国将促进社会公平与正义、增进多元文化、提高教育机会均等作为其建设高质量教育体系的重要发展动力与价值追求。除此之外,美国近年来致力于促进中小学教师队伍的多样化、减少中小学生留级与辍学的比例、提高少数族裔学生大学入学率,将"公平"与"正义"等理念贯穿到其教育体系的建设中。从布什政府的《不让一个孩子掉队》法案、奥巴马政府的《每个学生成功》法案到拜登政府的"重建更好"一揽子改革计划,都体现了美国建设高质量教育体系的公平与多元之"道"。

从国际上看,1957 年,苏联成功发射首颗人造地球卫星,美国举国震惊并在 1958 年通过了《国防教育法》,开展了以培养高科技人才为目标的教育改革。自从 2010 年以来,美国在 PISA 等大型国际教育测试中多次位居"中游"和"平庸"的水平。在看到中国上海、芬兰、日本、新加坡、加拿大等五个教育卓越国家和地区学生的优异表现后,美国全国教育与经济研究中心在 2011 年发布了《超越上海:美国应该如何建设世界顶尖的教育系统》的报告。该报告对上述五个被认为是教育最成功的国家和地区的教育成功经验做了翔实的分析与解读,以期建立更加成功的教育体系。可见,强烈的危机意识与学习借鉴思维也是美国教育改革的重要动力。

二、高质量教育体系建设的"法"

"法"是法律、规章、制度。高质量教育体系建设的"法"主要体现在法律制度层面。美国在不同历史时期出台了相应的教育法案,为美国建设高质量教育体系奠定了坚实的制度基础。1862年的《莫雷尔法案》,大力促进了地方高等教育的发展。1944年的《退伍军人权利法案》,有力保障了大量退伍军人的教育机会。1965年的《初等和中等教育法》,为儿童提供接受公平、公正和高质量教育的机会。1972年的《教育修正法案》,禁止性别歧视。1975年的《全体残障儿童教育法案》,保障残障儿童接受免费、适当教育的权利。1983年的《国家处于危险之中:教育改革势在必行》,力图开展重建学校运动。1991年的《美国2000年:教育战略》和1993年的《2000年目标:美国教育法》,吹响了美国教育标准国家统一化的号角。2021年的《美国救援计划法案》,致力于解决特朗普政府与新冠疫情对美国教育所带来的挑战。

1997年,美国国家教学和美国未来委员会发布了《做最重要的事:投资于优质教学》的报告,将教学质量的提升作为教育改革的重要突破口。1989年兰德公司发布《重新设计教师教育:为新教师打开科学和数学教学的大门》的报告,强调解决美国教育系统中薄弱的数学与科学教育难题。2016年,全美州议会联合会发布《刻不容缓:如何逐州建立世界一流的教育体系》的报告,强调通过建设包容性团队、共享愿景与确定优先事项,来完成教育发展中的重点。这一系列具有里程碑意义的教育法案与报告,凸显了教育在美国国家改革中"战略先行"的地位,且每部法案与报告都具有明确的改革目标,在顶层设计层面为美国建设高质量教育体系提供了方向引导与制度保障。

三、高质量教育体系建设的"术"

"术"是行为、策略、路径与技巧。在美国教育的发展方式方面,美国以"教学质量"与"教师教育"改革等领域为重要切入点,强调抓住教育改革中的"牛鼻子",发挥整体大于部分之和的功能。2021年,美国全国教育与经济研究中心发布了高绩效教育体系蓝图,将"卓越""公平"与"效能"作为美国建设高质量教育体系的核心价值追求。该报告总结了美国建设一流教育体系的四个核心要素:高效的教师和校长、严格和自适应学习系统、公平的教育机会与支持、连贯一致的教育治理体系。这份报告体现了美国精准把脉建设高质量教育体系中的重点工作内容。2022年12月,美国国际教育研究小组发布了《现在是时候了:重新构想世界一流的国家教育体系》的报告,通过学前教育、职业技能教育、教师和校长质量、学习社会建设等领域的详细规划,为美国教育改革探寻可行路径。

在发展方式方面,美国认为建设高质量教育体系需要整合社会不同的核心利益相关者,以形成最大合力。建设高质量教育体系不仅仅是教育工作者的任务,更强调家校社协同育人体系的建设。广大的企业家、社区、家庭等都参与到高质量教育体系的建设中去。埃隆·马斯克、马克·扎克伯格等知名企业家纷纷投入到教育改革中来。同时,美国的基金会、智库、社团组织、志愿协会等都成为了高质量教育体系建设的重要推动者,以经费资助、咨询报告、项目改进、学校合作等多元方式介入到高质量教育体系的建设中来。在基金会支持方面,比尔和梅琳达·盖茨基金会曾投入大量资金用于学校改革与教师评价中。在智库支持方面,斯坦福大学教育机会政策中心与布鲁金斯学会等都积极为美国教育发展提供政策咨询。这充分体现了美国教育发展中力量参与的多元性。

四、高质量教育体系建设的"器"

"器"指技术、工具与设备,体现在教育发展过程中所运用的多重资源与工具方面。美国在建设高质量教育体系的过程中,注重融合各种崭新的信息技术,不断重构学校组织与教学的未来形态。在学校组织方面,美国致力于打破自工业革命以来所形成的"工厂流水线型"学校组织。为了改变传统公立中小学低效的弊端,美国多州建立了特许学校、磁石学校与沉浸式学校等崭新学校组织。在美国备受欢迎的"知识就是力量"项目(KIPP)特许学校,成功将学生所需要的知识、技能和品格发展融合在一起。此外,马斯克的"星际探险"学校、布鲁克林实验学校、高技术高中、加州圣何塞"高峰公学"、光辉作品学校、科技进路大学预科学校等创新学校,注重培养学生的探索精神、创造能力、沟通与合作能力等21世纪的高阶技能,以充分应对ChatGPT等人工智能对教育所带来的严峻挑战。

经合组织在2020年发布了《面向未来教育:未来学校教育四种图景》的报告。该报告擘画了未来教育发展的四种样态:学校教育扩展、教育外包、学校作为学习中心、无边界学习。为了适应信息化和知识经济时代教学的挑战,美国注重将各类前沿技术融合到教学中,不断提升教学的效率。翻转课堂教学模式、计算机辅助学习、自我调节学习、智能反馈等创新教学模式,已经渗透到美国各级各类教育系统中,充分发挥了技术对教育发展的促进作用。正如美国知名教育改革专家、哈佛大学教授理查德·埃尔默所预测的那样,未来教学的变革需要将学习神经科学研究运用到"基于设计"的跨学科学校等多样学习环境中来,充分释放学习的潜能。

　　未来已来,美国未来学家托夫勒在《第四次浪潮》中预示,未来世界经济、政治、文化的中心正在从"纽约—伦敦—巴黎"轴心向"洛杉矶—东京—北京"轴心转移。从教育强国的各项指标来看,我国目前已迈入"准教育强国"行列,但是仍有巨大的发展空间。纵观美国崛起成为世界首屈一指的教育强国的历程,我们可以看到其在不同历史时空中所蕴含的历史逻辑、实践逻辑、世界逻辑与未来逻辑。全面把握美国建设高质量教育体系的"道法术器",可为我国未来建设高质量教育体系找寻发展的时空坐标与锚点。

第六节　拜登政府教师教育改革的政策社会学分析

　　面对特朗普政府教育改革所遗留的诸多社会挑战以及新冠疫情对美国教师队伍的冲击,与美国中小学教师队伍离职率高、缺乏多样性等问题,拜登政府将教师教育改革纳入其"重建更好"一揽子改革计划的重要组成部分。"公平"价值转向、从"缺陷"到"优势"的政策话语转变和弗雷泽三维社会公正理论构成了拜登政府教师改革政策的重要理论基础。拜登政府采取的教师教育改革措施主要包括:修改大学和高等教育的教师教育援助计划;实施"培植你自己"教师教育项目;完善一年制教师驻校培养模式;加大对少数族裔学校的资助力度;提高教师工资与专业发展水平。拜登政府的教师教育改革凸显了社会公平与多元种族和谐相处的政策价值导向,其政策机制体现了联邦政府协调角色的不断增强和市场化教师教育改革方式的适度消退。

一、引言

　　早在 2019 年竞选美国总统的时候,拜登就深刻洞悉到了美国中小学教师的重要性和他们面临的挑战,拜登政府自上任伊始所面临的是一个"脱轨""假新闻"(fake news)、"后真相"(post-truth)和"另类事实"(alternative facts)肆虐的美国教育系统。特朗普政府使美国教育进入了民粹主义改革时代,体现出了典型的"市场化""竞争化"与"小政府"治理模式。批判教育学者迈克尔·阿普尔(Michael Apple)发现美国教育改革进入了"保守现代化"(conservative modernization)的发展轨道,特别是特朗普政府时期的教育不公平现象在保守政治时代被逐渐合法化。① 这种市场化改革方式强

---

① APPLE M W. Doing things the 'right' way: Legitimating educational inequalities in conservative times [J]. Educational Review, 2005,57(3):271-293.

化了教育改革中的统一性和集中权威①,并造成了美国教师教育改革领域的私有化、市场化、绩效化,教师在新自由主义改革浪潮中被塑造成为"有进取心的个人"(enterprising individual)。

自拜登上任美国总统以来,他所领导的内阁通过扩大联邦政府对教育改革干预的范围,加大了对美国教师教育改革的力度,以期重建美国的教师队伍。为了更详细地阐明其在教师教育改革上的主张,拜登政府在当时的总统竞选网站上公布了 49 项教育行动计划,表明了他对教育变革和教师队伍建设的承诺。② 这些改革政策在价值取向上注重社会公平与种族多元,试图消除学生教育成就差距过大、教育过于市场化等诸多弊端。总体上看,拜登政府的教师教育改革措施由一系列复杂综合的政策构成,需要在交错的社会渊源和教育背景中,进一步对其逻辑特征进行脉络厘定,以便更精确地勾勒美国教师教育改革的当下步调与未来动向。

二、拜登政府教师教育改革的背景

拜登政府的教师教育改革实践缘起于两方面的动因。一方面是外部的制度结构因素,包括前任政府所遗留的教育体系矛盾和新冠疫情引发的教师队伍危机;另一方面是内在的现实行动窘境,也即来自美国教师队伍数量、质量等方面亟需改善的迫切需求。其具体改革的背景呈现为以下四方面。

第一,特朗普政府教育改革所带来的诸多社会挑战。前任总统特朗普团队从共和党利益出发,撤销了奥巴马政府所发起的旨在促进系统性种族平等、保护学生权利并加强州和地区能力的举措。同时,"黑人的命也是命"(Black Lives Matter)运动推动了种族正义的议程,对公立学校产生了明显的连锁反应。③ 因此,作为一名民主党总统,拜登政府的教师教育改革带有明显的"拨乱反正"的色彩。

第二,新冠疫情对美国教师队伍的冲击。根据美国教育部 2020—2021 学年的数据,到数据统计时为止,有 43 个州报告数学教师短缺,42 个州报告科学教师短缺,44

① APPLE M W. Comparing neo-liberal projects and inequality in education [J]. Comparative Education, 2001,37(4):409-423.

② BIDEN J. The Biden Plan for Educators, Students, and our Future [EB/OL]. (2021-08-21) https://joebiden. com/education/.

③ BROOKINGS. The Biden Presidency and a New Direction in Education Policy [EB/OL]. (2021-12-17) https://www. brookings. edu/blog/brown-centerchalk board/2020/12/17/the-biden-presidency-and-a-new-direction-in-education-policy/.

个州报告特殊教育教师短缺。① 与此同时,地方和州层面的决策者正在为未来预算削减和随之而来的裁员做好准备,这一问题正在动摇着教师队伍。总之,随着新冠疫情所导致的美国学校关闭、教学工作环境恶化与心理压力增大等问题,美国教师队伍遭遇了难以预测的新挑战。

第三,美国中小学教师队伍缺乏多样性。美国中小学教师队伍长久以来存在着人种、阶层、性别与文化单一的现象,拜登政府发现,尽管接触到有色人种教师对所有学生都有利,对有色人种学生的学业发展与人格培养的影响尤其强烈,但全美只有大约五分之一的教师是有色人种,而公立学校的学生中有一半以上是有色人种。② 这就造成了教师与学生在构成背景方面的不匹配,进而难以对少数族裔学生带来正向的影响。

第四,美国教师工作量大而待遇差。拜登特别强调了当前美国教师所面临的严峻挑战。他发现美国各地的许多教育工作者都在经历工资停滞不前、福利大幅削减、班级规模不断扩大的情况。太多的教师不得不做兼职来维持家庭生计。而且,教师和学校工作人员往往不得不承担远远超出课堂的额外责任。因此,拜登政府承诺将支持美国的基础教育工作者,给予他们应得的报酬和尊严。

三、社会公平理论框架

教育政策通常是由具有合法性和合法权力的机构作出的正式决定,它一般包含目标、规定、计划和框架四大构成部分。③ 国际知名教育政策社会学者斯蒂芬·鲍尔认为在"大政策/小世界"(Big policy/Small world)的治理格局中,教育政策具有三重属性:政策作为话语、政策作为文本与政策作为权力。④ 政策不仅是文本,更是不同利益群体互相协商而形成的话语与权力。⑤ 从政策社会学视角看,作为民主党总统,拜登

① U.S. Department of Education. Teacher Shortage Areas. [EB/OL]. (2021-12-17) https://tsa. ed.gov/#/reports.

② U.S. Department of Education. A report about The State of Racial Diversity in the Educator Workforce [EB/OL]. (2016-07-10) https://www2.ed.gov/rschstat/eval/highered/racial-diversity/state-racial-diversity-work force.pdf.

③ AASEN P, PRØITZ S, SANDERBERG N. Knowledge regimes and contradictions in education reforms [J]. Educational Policy, 2014,28(5):718-738.

④ BALL J. Big policies/small world: An introduction to international perspectives in education policy [J]. Comparative Education, 1998,34(2):119-130.

⑤ BALL J. What is policy? Texts, trajectories and toolboxes [J]. The Australian Journal of Education Studies, 1993,13(2):10-17.

政府的教师改革政策充分体现了美国教师教育改革中的"公平"价值转向、从"缺陷"到"优势"的政策话语转变和弗雷泽三维社会公正理论。这也构成了拜登政府教师改革政策的重要理论基础。

(一)教师教育改革的"公平"转向

近10年来,美国教师教育改革政策呈现明显的"公平"转向。[①] 越来越多的美国大学教师教育项目与各种类型的替代性教师教育项目将"社会公平""民主"与"文化回应"作为其项目发展的重要价值诉求与使命。[②] 这些教师教育学者和改革者依据批判种族理论、多元文化理论、社会冲突理论与文化再生产理论等,将促进社会、种族与地区间的教育公平作为首要目标。[③] 他们把种族、性别、阶层、贫困、家庭收入、文化资本等概念放在核心分析位置,努力为薄弱学校培养急需学科的教师,改变以往社会对少数族裔与低收入群体儿童的忽视。[④] 社会公平关照下的教师教育学者致力于通过注重学生优点、公平和正义导向的教学法、文化回应性教学、真实性关怀、社区文化财富、利用知识储备和身份储备等一系列教学策略[⑤],扩大美国传统上被压迫群体的边缘化声音,以全纳的态度包容多元文化与族群,从而促进社会的公平与正义。[⑥]

(二)从"缺陷"到"优势"的政策话语转变

同时,社会公平视野下的教师教育政策话语,体现了从"赤字"到"优势"的转变。[⑦] 美国知名批判教育学者格洛丽亚·拉德森-比林斯(Gloria Ladson-Billings)认为美国社会中白人与有色人种儿童之间存在的"学习成就差距"是美国教育界谈论最多的问题之一。表面看"学习成就差距"指的是黑人和白人、拉丁裔/非洲裔和白人以及新近移

① 祝刚,章晶晶.教师教育发展五大国际转向[N].中国教育报,2021 - 06 - 24.
② COCHRAN-SMITH M, SHAKMAN K, JONG C, et al. Good and just teaching: The case for social justice in teacher education [J]. American Journal of Education, 2009,115(3):347 - 377.
③ COCHRAN-SMITH M. Toward a theory of teacher education for social justice [M]//HARGREAVES, A. (EdS) Second International Handbook of Educational Change. Springer, Dordrecht, 2010:445 - 467.
④ ZEICHNER K. Competition, economic rationalization, increased surveillance, and attacks on diversity: Neo-liberalism and the transformation of teacher education in the US [J]. Teaching and Teacher Education, 2010,26(8):1544 - 1552.
⑤ LADSON-BILLINGS G, TATE F. Toward a critical race theory of education. Teachers college record. [J]. 1995,97(1):47 - 68.
⑥ ZHU G. "Educate your heart before your mind": The counter-narratives of one African American female teacher's asset-, equity- and justice-oriented pedagogy in one urban school [J]. Urban Education, 2023, 58(6):1151 - 1179.
⑦ LADSON-BILLINGS G. From the achievement gap to the education debt: Understanding achievement in US schools [J]. Educational Researcher, 2006,35(7):3 - 12.

民和白人学生之间标准化考试成绩的差异。但是从社会公平的角度看,只关注这一差距反而具有误导性。相反,拉德森-比林斯认为美国教育改革者需要认真审视随着时间的推移而在美国公立教育系统中所累积形成的"教育赤字"(education debt)。它涵盖了美国历史、经济、社会政治和道德四个重要组成部分,形象说明了美国不同种族儿童间学业成就的差距是由美国长期存在的历史、经济与社会政治等因素造成的。教育研究者因此需要从之前的"缺陷"视角转变为"优势"视角,不断加大对少数族裔儿童教育的投入,提升其社会政治地位。

(三)弗雷泽三维社会公正理论

拜登政府教师教育改革政策的另一个重要理论来源为当代著名的女性主义政治哲学家南茜·弗雷泽(Nancy Fraser)的三维社会公正理论。弗雷泽的社会正义理论深刻透视了全球化运动中正义的实质、主体以及路径选择,她重构了全球化视域下从"单维"到"多维"的社会正义尺度。① 弗雷泽在一个包括道德哲学、社会学和政治分析的跨场域理论框架内,提出了一种融合经济、文化和政治互动的三维公正观。这一社会公正理论认为社会公平有三个重要维度,即社会—经济再分配(Redistribution)、法律或文化方面的承认(Recognition)与政治代表权(Representation)。②

在其所著的《正义的尺度》一书中,弗雷泽认为社会是由不同相互交往、相互作用的利益共同体组成的,不同的阶级、出身、种族、性别必然会导致社会共同体的地位与权力分化,形成不同甚至冲突的利益诉求。不同的人或者团体在某些情况下,对再分配、承认与代表权会产生竞争性诉求。③ 因此,弗雷泽用"平衡"与"地图"来阐释她对正义的独特洞见。"平衡"是对经济、文化和政治三方面竞争性诉求的全面衡量与评估。"地图"代表正义的边界,即谁的利益存在具有合理性。④ 弗雷泽指出"参与平等"是正义的最一般、最基本的含义。⑤ 它意味着所有人在当前这种全球性的社会关系中具有共同的道德立场,道德关注和从属范围一致,在一个共同的关系互动支配结构中面对正义分配的问题。⑥ 在

① 张笑扬. 图绘乌托邦——南茜·弗雷泽正义理论的三个向度[J]. 攀登,2013(4):51—56.
② 肖巍. 论弗雷泽的三维公正观[J]. 马克思主义与现实,2011(4):188—193.
③ 南茜·弗雷泽. 正义的尺度——全球化世界中政治空间的再认识[M]. 欧阳英,译. 上海:上海人民出版社,2009:3—28.
④ 高洁. 对南茜·弗雷泽正义理论的研究[J]. 河北能源职业技术学院学报,2017(3):19—21.
⑤ 茅根红. 从社会正义到性别正义——论南茜·弗雷泽的"二维"性别正义观[J]. 华南师范大学学报(社会科学版),2013(4):7—12+161.
⑥ 孙海洋. 当代资本主义批判与社会主义理念重塑——南茜·弗雷泽的批判理论新视界[J]. 国外社会科学,2020(4):5—10.

教育中,"参与平等"意味着所有儿童享有平等的教育机会;不同族群与文化背景的学生群体有权利参与到与自己从属共同体和社会结构相关的决策事项中来,他们的教育机会不应该被排斥。

四、社会公平视野下拜登政府教师教育改革政策

鉴于对教师教育改革重要性的认识与美国教师队伍在疫情之前和之后所面临的种种挑战。拜登政府将教师教育改革纳入"重建更好"一揽子改革计划,该计划是拜登政府致力于拯救、恢复和重建国家的三部分议程。它致力于重建一个每个美国人都能享受公平的工作回报和平等的晋升机会的更具活力和更强大的经济体。"重建更好"计划包括美国救援计划(American Rescue Plan)、美国就业计划(American Jobs Plan)与美国家庭计划(American Family Plan)。其中,《美国救援计划法案》是一项史无前例的 1.9 万亿美元的一揽子援助措施,受益者包括全美的中小学(包括公立与私立)、无家可归儿童和青少年印第安裔儿童。[①]

从以上宏观的政策框架聚焦到教师教育领域的改革可以发现,拜登政府希望打破前任特朗普政府过于市场化的改革基调,将美国教师教育改革纳入到国家层面的整体变革计划中。在此愿景下,拜登政府采取的教师教育改革措施主要包括:(1)修改大学和高等教育的教师教育援助计划(Teacher Education Assistance for College and Higher Education Grant Program);(2)实施"培植你自己"(Grow Your Own)教师教育项目;(3)完善一年制教师驻校(Teacher Residency)培养模式;(4)加大对少数族裔学校教师教育项目的资助力度;(5)提高教师工资、福利和专业发展水平。

(一) 修改大学和高等教育的教师教育援助计划

大学和高等教育的教师教育援助计划是在 2007 年根据《大学成本降低和获取法案》首次批准生效的,该项目是美国唯一一个直接惠及在高需求领域和薄弱学校工作的学生教师援助计划。[②] 随着拜登政府提议通过"美国家庭计划",该计划得到了进一步的加强。2021 年 7 月,美国联邦教育部将大学和高等教育的教师教育援助计划经

---

① The WHITE HOUSE. FACT SHEET: Biden-Harris Report: "Advancing Equity Through the American Rescue Plan"[EB/OL]. (2022 - 05 - 24) https://www. Whitehouse. gov/briefing-room/statements-releases/2022/05/24/fact-sheet-biden-harris-report-advancing-equity-through-the-american-rescue-plan/.

② U. S. Department of Education. A report about Study of the Teacher Education Assistance for College and Higher Education (TEACH) Grant Program. [EB/OL]. (2018 - 05 - 24) https://www2. ed. gov/rschstat/eval/highered/teach-grant/final-report. pdf.

费翻了一番。① 该计划将使大三、大四和研究生的教学补助金增加一倍,从每年 4 000 美元增加到 8 000 美元,大一和大二学生则将获得 4 000 美元。拜登政府时期的美国联邦教育部部长米格尔·卡多纳(Miguel Cardona)认为,通过向该计划投入更多资金,能够提高学生进入教育行业的比例,支持教师留任,并解决严重的教师短缺问题,从而让美国各地的中小学生都能由准备充分且优秀的教师来教育。

此外,计划还增加奖励金额使补助金与本科教育的平均成本保持一致,并确保职前教师能够学习支持有效教学的综合课程,确保他们能够进入并留在该行业,而无须背负沉重的贷款或债务。2019—2020 学年,740 多所院校的近 27 000 名学生通过该补助计划获得了奖励。到 2022 年,这些变化将使获奖人数增加 50% 以上,达到近 40 000 人。这对低收入水平的少数族裔群体的受教育机会而言无疑是巨大的激励,向实现弗雷泽的"参与平等"迈进。

(二)实施"培植你自己"教师教育项目

"培植你自己"计划是美国联邦政府为了缓解美国不少州教师短缺、增加教师队伍种族和语言多样性的一项本土化教师教育改革战略,体现了美国教师教育改革政策的"公平"转向。通过在教师教育项目、大学、学区、社区组织和慈善组织之间建立合作伙伴关系,"培植你自己"计划旨在招募并培养当地社区成员进入教育行业并在其所在社区的薄弱学校工作。该计划由联邦政府、州、学区、高等教育机构和社区组织之间协作管理,致力于培养与社区有联系的教师,鼓励教师与学生分享生活经验。该计划的核心要素如表 1-4 所示。

表 1-4 "培植你自己"教师教育改革计划核心要素

具体目标	(1)教师队伍多元化;(2)促进社区平等和社会公平;(3)补充短缺科目教师的资格证。
目标参与群体	(1)高中和大学学生;(2)家长和社区成员;(3)未获得资格证的学校员工(如准教育工作者)。
项目牵头者	州、学区、大学和中小学。
项目合作者	学区、社区组织、大学和社区学院、教师工会和联合会、慈善组织、研究者。
主要支持系统	(1)财政支持(奖学金、补助、有条件贷款);(2)学术支持(咨询、辅导、指导、测试准备);(3)社会支持(群体模式等)。

① U.S. Department of Education. Department of Education Implements TEACH Grant Program Changes to Benefit Teachers and Students [EB/OL]. (2021-07-01) https://www.ed.gov/news/pressreleases/department-education-implements-teach-grant-program-changes-benefit-teachers and-students.

项目设计	初、高中学生	中学生参加实地调查和课程,这些课程可能与职业和技术教育途径相一致和/或提供双重入学学分。学生可以获得资助,以获取大学的教学学位。
	成年人	准教育工作者、学校工作人员或社区成员接受周密的支持,以接受教师准备项目,有时也在合作大学中获得学士或硕士学位。准教师在参加该计划期间可以在学校工作。
项目后期要求		参与者承诺在指定的时间段内在特定内容领域、高需求学校或地区或州内的特定区域进行教学。

各州"培植你自己"计划有一个共同的目标,即从社区中为社区招募教师。有些课程的对象是高中生,他们在计划实施中能够接触到教育职业。其他课程则侧重于帮助准教育工作者获得教学学位。美国几个州实施了竞争性赠款计划,促进学区和教师培训项目之间的合作,以制定符合当地社区需要的"培植你自己"计划。而其他州提供奖学金和有条件贷款,以支持个人获得教师资格证书。

"培植你自己"计划具有四个典型特征。第一,"培植你自己"为如何改善教师准备工作提供了一个框架(图1-3),即将"招聘—培养—发展—支持—留任"这些关键环节作为一个系统工程来对待并加以协同解决,以形成造福教师教学的共同体。

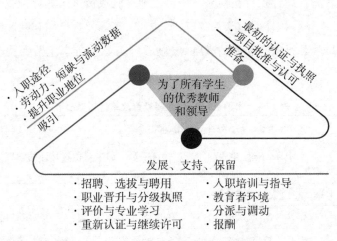

图1-3　"培植你自己"教师专业发展框架

第二,"培植你自己"计划聚焦于薄弱学校、紧缺学科和少数族裔教师的发展,满足了当地学校的多重现实需求。

第三,通过跨界合作的方式来培养教师。与大学承担教师教育的主要责任不同,计划通过州、学区、大学和中小学作为项目牵头者,社区组织、社区学院、教师工会和联合会、慈善组织和研究者作为项目合作者来系统进行教师的选拔、培养与发展(图1-4)。

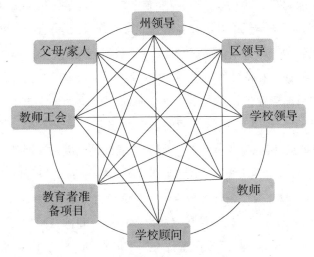

图1-4 "培植你自己"教师教育项目参与者

第四,培养方式更具灵活性与实践性。部分"培植你自己"计划采用了"2+2"培养模式,允许学生在社区学院开始前两年的学习,并在四年制学院完成后期学业。同时,相比于传统的大学教师教育模式,项目采用了教师驻校和学徒制教师培养模式,强调发展职前教师的临床经验和对其的教学实践指导。

(三) 完善一年制教师驻校培养模式

拜登政府将投资创办、完善一年制教师驻校培养模式作为其教师教育改革创新的一个重要突破口。拜登政府将教师质量合作(Teacher Quality Partnership)赠款计划的近四分之一用于改善教师驻校培养项目。2016年,在联邦政府和慈善机构的支持下,美国大约有50个教师驻校项目,规模从每年5—100人不等,且主要集中在研究生层次,这意味着只有持学士学位的个人才能获得资助。拜登政府时期,新的资助将用于支持本科生一年带薪实习驻校培养项目的开发和实施,以便为更多教师候选人提供参与高质量临床实践的机会。

拜登政府加大教师驻校培养项目的投资力度,主要原因是目前美国的教师培训模式是让新任教师在完成学士学位后直接领导课堂教学,而这些教师有时只经历了几周或几个月的校本专业培训。教师驻校培养则可让每位教师参与高质量的教师实习,但这意味着更大的资金投入。正如医学生的培养,联邦政府每年至少投资 160 亿美元用于医学生的驻院实习。加大投资力度之后,驻校教师在学习教学时获得生活津贴和学费支持。作为交换,驻校教师承诺在实习期结束之后在该学区执教三到四年。

教师驻校培养模式不仅提升了教师的任职要求,而且在促进种族间的公平正义方面大有裨益。在教师招聘方面,调查研究发现,驻校培养模式为教师队伍带来了更大的性别和种族多样性。在留任率方面,教师驻校培养项目中毕业生的留任率明显高于常规教师培养项目的毕业生。在教学效果方面,波士顿地区的一项研究发现,驻校教师在完成第四年的教学后,在数学方面的教学效果超过了新教师和资深教师。① 总之,拜登政府在进行教师教育改革时,认为驻校培养教师是满足美国各地区招聘需求的一个有效的长期解决方案,允许地区在培养未来教师队伍方面发挥直接的促进作用。②

(四) 加大对少数族裔学校教师教育项目的资助力度

拜登政府声称,白人和非白人地区之间以及高贫困和低贫困地区之间每年有 230 亿美元的资金缺口。同时,教育信托基金会(Education Trust)2018 年的一份报告发现,最高贫困地区在州和地方各级获得的每名学生资助比最低贫困地区少 7%。③ 因此,拜登政府将提供有意义的激励措施,以检查和解决学校资助系统中的不平等现象。"美国家庭计划"的目标是投入 4 亿美元用于黑人学院和大学、部落学院和大学以及少数民族服务机构的教师培训,更加关注少数族裔的发展前景而非缺陷。美国教育部还支持超过 10 万名现任教师响应号召,去获得特殊教育和双语教育等高需求领域内的额外教师认证。

2021 年 8 月,美国教育部通过印第安人教育专业发展计划(Indian Education Professional Development),该计划共计发放了 29 笔拨款,总额为 1 000 万美元。④ 这

① GUHA R, KINI T. Teacher Residencies: Building a High-Quality, Sustainable Workforce [EB/OL]. (2016 - 01 - 19) https://learningpolicyinstitute. org/product/teacher-residencies-building-high-quality-sustainable-workforce.

② LISTAK A. Residencies are a key tool to diversifying the nation's teacher force [EB/OL]. (2021 - 04 - 08) https://thehill. com/opinion/education/547185-residencies-are-a-key-tool-to-diversifying-the-nations-teacher-force?rl=1.

③ THE WHITE HOUSE. FACT SHEET: How the Biden-Harris administration is advancing educational equity [EB/OL]. (2021 - 07 - 23) https://www. Whitehouse. gov/briefing-room/statements-releases/2021/07/23/fact-sheet-how-the-biden-harris-administration-is-advancing-educational-equity/.

④ OFFICE OF ELEMENTARY, SECONDARY OFFICE. Indian education professional development (PD) [EB/OL]. (2022 - 06 - 10). https://oese. ed. gov/offices/office-of-indian-education/indian-education-professional-development/.

些拨款授权高等教育机构、地方教育机构、印第安部落或组织以及州教育机构开展以下专业活动:(1)增加在学区(包括特许学校和印第安教育局学校)服务的专业合格的土著教师的数量;(2)为合格的本地人提供职前和在职培训与支持;(3)提高在教育领域服务的土著教师的技能;(4)制订和实施两年期入职服务计划。① 该计划有助于制定和实施旨在培养和留住土著教师和管理人员的举措,同时也将满足土著学生独特的学术和文化需求。这些拨款将促进教师和管理人员的专业发展,以支持他们帮助成绩较差的土著学生提高学业成绩并为高等教育或就业做好准备。

(五) 提高教师工资、福利和专业发展水平

拜登政府调查发现,2018 年,美国公立学校教师的收入比具有类似教育和经验的员工低 21.4%。公立学校教师的平均周工资自 1996 年以来一直没有增加。为此,拜登政府将通过若干方式的拨款努力改变这一问题。

第一,针对性地提升教师薪酬。拜登将美国联邦政府计划资助的低收入家庭学生比例高的"一类学校"(Title 1 School,即美国最薄弱的学校)的资金增加了三倍,并要求各区优先将该资金用于其他事务之前,使用这些资金为教育工作者提供工资。这种给教师加薪的方法并不是采取一刀切的策略,而是根据学区和教育工作者真正的需要所在,针对性地进行大幅拨款。而且,它将确保那些一直公平对待教师但仍未满足一类学校需求的州能够从这些资金中受益。

第二,提供资金用于教师的专业发展。拜登政府制订了 16 亿美元的"回应使命"(Answer the Call)财政预算计划,旨在帮助 10 多万名急需领域的教育工作者(如特殊教育、双语教育、职业和技术教育、STEM 教育)获得额外的专业发展机会。同时,拜登政府还提议在四年内提供 2 亿美元的专用资金,用于新教师领导力和发展机会的扩大计划,以支持经验丰富、效率高的教师继续留任的同时,在职业生涯中取得进步并获得额外补助。②

第三,帮助教师和其他教育工作者偿还学生贷款。由于受到经济不景气和新冠疫

---

① U.S. Department of Education. U.S. Department of Education Awards $10 Million in Projects to Train and Recruit Qualified Native American Educators [EB/OL]. (2021 - 08 - 03). https://www.ed.gov/news/press-releases/us-department-education-awards-10-million-projects-train-and-recruit-qualified-native-american-educators.

② NEW AMERICA. Biden's Vision for How to Strengthen the Teacher Workforce [EB/OL]. (2021 - 06 - 08). https://www.newamerica.org/education-policy/edcentral/bidens-vision-for-how-to-strengthen-the-teacher-workforce/.

情的影响,美国不少在职教师在大学就读时期,常常背负着沉重的联邦贷款负担。即便毕业后,很多美国教师需要通过多年的工作来偿还大学期间的贷款。由于美国教师工资收入不高,这也影响了很多美国学生选择教师职业的积极性。鉴于此,拜登政府将帮助教师们在忙于教育下一代的同时,不必担心如何偿还学生贷款。

五、拜登政府教师教育改革政策的特点

传统的政策实施过程是一项与价值无涉的教育活动,而政策社会学视野下的政策运作涉及多个且经常相互冲突的社会、文化和意识形态群体的建构,因此教育政策是一种"话语—权力"实践体系。[①] 从知识社会学的视角看,教育政策是一种"知识生产体系"(knowledge-production-regime)。"知识体系"指对教育政策治理内容、治理方式和核心议题的理解和定义,包括教育政策的内容、结构和实施过程。[②] 不同背景的改革者,如保守主义者或自由主义者,因持有不同的教育价值和理念,将产生不同的政策知识体系。西方学者认为教育政策中蕴含着互相冲突的四类"知识体系":社会民主知识体系、社会批判知识体系、文化保守知识体系和市场自由主义知识体系。这四种知识体系体现了对教育与社会关系、教育改革的目标和组织的分野。这四类"知识体系"之间的联合或冲突,不断推动着教育政策的演变与发展。

拜登政府首先分析了美国教师所处的多重挑战及特朗普政府和新冠疫情时期所产生的不公平现象,这体现了其教育政策中的"社会批判知识"价值立场。据此,拜登政府将主要的教师教育改革政策都纳入"重建更好"一揽子计划中,并将教师教育改革政策上升到国家层面。同时,拜登政府扭转了特朗普政府时期注重实施教育私有化的教育改革策略,削弱了文化保守知识体系和市场自由主义知识体系在教育政策中的运作。拜登政府在加大联邦政府对美国教师教育改革干预力度的基础上,遵循了弗雷泽社会—经济再分配、法律或文化方面的承认和政治代表权的三维社会公正理论,实现了从"缺陷"到"优势"的政策话语转变,凸显了"社会公平"与"文化回应"的政策价值导向,向政策中的社会民主知识体系倾斜。综上所述,拜登政府教师教育改革政策彰显如下四个特点。

第一,更加体认教师在教育系统中的重要性。不仅将教师教育的公平正义作为首

---

① LEVISON A, SUTTON M, WINSTEAD T. Education policy as a practice of power: Theoretical tools, ethnographic methods, democratic options [J]. Educational Policy, 2009, 23(6): 767 - 795.

② 祝刚,章晶晶. 教师教育发展五大国际转向[N]. 中国教育报, 2021 - 06 - 24.

要目标,拜登政府教师教育改革的一个重要出发点是充分认识到教师在美国教育系统中所扮演的重要角色与发挥的作用。拜登及其政府认为教师的素质及其教学能力是影响学生学业成就的重要因素之一。同时,美国长久以来面临着巨大且日益严重的教师短缺与流失。新冠疫情加剧了美国中小学教师的缺口。针对上述种种挑战,拜登政府承诺支持美国的基础教育工作者,给予他们应得的报酬和尊严。

第二,推进社会公平与种族多元相处的局面,消除特朗普政府时期所造成的种族冲突与社会撕裂现象。特朗普由于其个人众多争议性言论,特别是其所推行的"美国优先"与"孤立主义"政策,造成了美国社会前所未有的种族冲突与社会撕裂现象。此外,由于警察暴力执法与新冠疫情所引起的仇恨亚裔情绪,也进一步加剧了美国社会的内部矛盾。因此,针对上述问题,拜登政府加大对少数族裔学校教师和一类中小学的资助力度,向黑人学院和大学、部落学院和大学以及少数民族服务机构的教师培训项目倾斜,提升少数族裔儿童的受教育质量,实现从"缺陷"到"优势"的政策话语转变。另外,拜登总统还准备了专项资金用于印第安人教育专业发展计划,致力于解决为土著学生服务的教师数量过少的问题。

第三,减少教师教育改革中过于市场化的色彩。教育市场化改革策略,一方面难以解决美国社会长久以来存在的教师流失、教育资源投入不均等问题,另一方面加大了不同种族和家庭背景学生间的教育成就差距,教师工会和大学教师教育项目的地位也因此被削弱。[①] 私有化的最终结果往往是使财富更加集中在少数人手中,使公众为其需求支付更多的费用。拜登政府为了促进教师教育改革的"公平"转向,加强了联邦政府在教师教育改革中的干预角色,不断减少教育过于市场化的可能性,如修改大学和高等教育教师教育援助资助计划等。而市场力量减小的同时意味着联邦政府干预角色的增强,这凸显了民主党政府一贯的"联邦行动主义"(federal activism)政策实施立场。[②]

最后,本节对其教师政策的分析,主要聚焦在联邦政府层面,还未系统考察各州和特区是如何贯彻落实这些政策。政策社会学关照下的教师政策将教师视为政策的积极参与者与能动实施者,教师从自身与环境互动的多重参照系中,再理解教育政策与

---

① HORN R. Moments or a movement? Teacher resistance to neoliberal education reform [J]. Forum, 2014,56(2):277 - 286.

② MCGUINN P. From no child left behind to the every student succeeds act: Federalism and the education legacy of the Obama administration [J]. Publius: The Journal of Federalism, 2016,46(3):392 - 415.

选择性实施教育政策的某些方面,甚至会产生政策执行的偏差。① 教师不断(或重新)通过"他们先前存在的知识和实践的视角"来解释、调整或转变新的教育政策理念。② 目前,拜登政府所出台的多项政策还留在文本与计划中,因此,其落地情况如何还需要从机构复杂性与组织逻辑来进一步追踪。

---

① SPILLANE J. Standards deviation: How schools misunderstand education policy [M]. Cambridge, MA: Harvard University Press, 2009:168 - 186.
② COBURN C. Shaping teacher sensemaking: School leaders and the enactment of reading policy [J]. Educational Policy, 2005,19(3):476 - 509.

第二章　不同取径下的教师专业发展理论与路径

第一节　教师专业身份建构：教师专业发展的重要路径

在一项关于中国与美国职前教师在教学实习中进行专业身份建构的叙事探究中，笔者发现美国职前教师更多从"内部动机"来选择教师职业，如热爱儿童、希望改变学生的人生、对学科教学充满热情。在教学实习期间，他们与指导教师更多形成了"民式"的合作指导关系，教学实践也更具有探究性与开放性。相比之下，中国职前教师更多因"外部动机"来选择教师职业，如教师职业的稳定性、寒暑假与较高的社会尊重程度。在教学实习中，他们与指导教师更多形成了"师徒式"的合作指导关系，其专业身份也更加传统。[①]

在另一项关于公费师范生初任教师离职的叙事探究中，笔者发现以往学者对教师离职大多从"个体"与"情境"视角来探究离职背后的原因，并且两种研究视角之间缺乏有效的整合，将教师离职视作一次孤立的、脱离情境的事件。而从互动论的视角出发，教师离职可被视为在不断转换的专业知识场景中，教师进行动态的身份建构和解释的过程。而教师离职往往与教师的"身份冲突"有关，即他们内在动机、身份、实践与环境之间的矛盾。[②] 在这两项研究中，教师专业身份成为了透视教师职业选择动机、教学

---

① ZHU G. Narrative inquiry of Chinese and American student teachers' professional identities in their teaching practicums: a story constellations approach [D]. College Station: Texas: Texas A & M University, 2018: 2 - 3.

② ZHU G, RICE M, RIVERA H, MENA J, VAN DER WANT A. 'I did not feel any passion for my teaching': a narrative inquiry of beginning teacher attrition in China[J]. Cambridge Journal of Education, 2020, 50(6), 771 - 791.

实践与教师离职的重要视角。

一、教师专业身份研究的背景、内涵与特征

进入新世纪以来,世界越来越多国家大学教师教育项目将教师专业身份构建作为专业发展的重要路径。教师专业身份建构这一议题之所以受到重视,是因为它有力回应了目前国际上不少国家教师教育项目存在的诸多问题,如教师何种特质会影响学生的学业成就,如何提高教师培养的有效性,什么样的教师可以被称为"专业能力强"与"课堂教学准备充分"的教师等。荷兰知名教师教育学者科萨根提出了"现实主义教师教育模式",在他构建的教师专业发展洋葱模型中,教师的使命与身份处于教师发展的核心层,而教学环境与行为则处在外层。[①] 和教学环境与教学策略等各种外在因素相比,教师专业身份这一核心特质更能预测和影响教师专业发展与实践状况。

教师专业身份或教师职业认同,是教师在专业工作场景中,对自我形象与职业角色的认识,它是教师进行意义建构与教学决策的重要基础。与教师专业身份相关的概念包括:教师角色、自我概念、专业能动性、专业韧性等。近年来,国际上研究教师专业身份的理论视角日益活跃与多元化,呈现出后现代主义、社会生态理论、复杂性理论、话语分析理论等。从对话性—自我理论出发,教师专业身份的建构过程是教师在动态的社会环境中,不断构建不同的"自我位置"(I-position)的过程。典型的自我位置包括:提升位置、元位置、反思性位置等。[②] 为了整合教师身份中的语言、行为与关系三大要素,"实践架构"理论认为教师专业身份建构是在历史性形成和生态协调的主体间性空间中实现的,它涉及"文化—话语""物质—经济"和"社会—政治"三重发展维度,"实践架构"理论有力弥合了教师专业发展过程中所蕴含的话语(即教师所说)、实践(即教师所做)与关系(即教师的存在)。

国际学者普遍认为教师专业身份具有如下特征:1)它是教师不断解释和再解释个人经验与专业经验的持续过程;2)它与教师作为一个人以及他/她所处的多重情境相关;3)它由或多或少相互协调(或冲突)的"子身份"构成,并处于不断发展中;4)它是教

① KORTHAGEN F, VASALOS A. Levels in reflection: Core reflection as a means to enhance professional growth[J]. Teachers and Teaching, 2005, 11(1), 47 – 71.

② ZHU G, CHEN M. (2022). Positioning preservice teachers' reflections and I-positions in the context of teaching practicum: A dialogical-self theory approach[J]. Teaching and Teacher Education, 2022, 117, 103734.

师自身积极主动建构的过程,教师能动性是教师专业身份的核心组成部分。① 美国教育学者詹姆斯·吉(James Gee)从话语分析的视角区分了不同类别的身份,包括自然—身份(自然物理特征)、机构—身份(所属的机构)、话语—身份(语言表达与体系)和亲和—身份(显性或隐性的成员关系)。

同时,教师专业身份也可以分为"想象的"(imagined)与"实践的"(practical)专业身份。教师专业身份建构的两个重要因素是"话语"与"实践",因此,"话语中的身份"与"实践中的身份"就成为目前教师身份研究的两个重要维度。

二、教师专业身份建构的机制

教师如何建构自己的专业身份是国内外学者关注的重要话题。贝加德(Beijaard)认为教师学习的过程实质上是专业身份不断建构的过程。"身份学习"意味着教师在专业学习的过程中,不仅成为"应用型学习者",更成为"意义导向型学习者"。与此类似,教师在不同的教学实践中,通过使用能动性工具在多个专业情境中来确认和维持自己的身份,从而成为"身份代理人"。这些能动性工具包括:展示情境知识、掌握实践守则,以及在学校中与其他教师建立多重关系,以获得作为新来者的身份合法性。常见的教师专业身份建构机制有:在与工作环境的互动中定位自我,在不同的教育政策与教学实践中进行协商。

在实践社群理论中,合法性边缘参与理论有力解释了在不同实践背景下教师专业身份形成的机制。教师在实践中运用三种形式的"身份—能动性"来建构他们的专业身份。第一种是扩展型能动性,其特点是教师在新的教学实践、想法和概念的基础上变革他们的专业身份。第二种是减少型能动性,教师利用自己的经验质疑自己是否有能力成为自己想要成为的教师,是否有能力抵制环境中不认同的实践或想法。第三种是专注型能动性,它表明教师识别其原始信仰中的悖论,提出潜在的重要主题,积极监测并认识环境中的实践和信仰以及预测和思考未来身份建构时的活动。②

为了连接个体与群体视角,荷兰教育学者吉赛尔(Geijsel)与梅耶斯(Meijers)建构

① BEIJAARD D, MEIJER P C, VERLOOP N. Reconsidering research on teachers' professional identity [J]. Teaching and Teacher Education, 2004, 20(2), 107 - 128.

② COBB D J, HARLOW A, CLARK L. Examining the teacher identity-agency relationship through legitimate peripheral participation: A longitudinal investigation [J]. Asia-Pacific Journal of Teacher Education, 2018, 46(5), 495 - 510.

了"身份(认同)学习"(identity learning)模型,并认为"身份(认同)学习"是教育变革的核心。吉赛尔和梅耶斯认为今天的教育创新需要改变教师的专业身份。"身份(认同)学习"涉及新意义的社会认知建构(话语意义获取)与新体验的个体情感感知(直觉意义获取)之间的不断互动。[①] 教师的学习不仅应被视为一个社会建构的过程,而且还应被视为一个个体意义建构的过程。只有当社会建构和个体意义建构彼此密切相关时,教师职业身份的变化,即创造性身份学习的过程才可能发生。认知和情感之间的这种互动需要一个强大的、支持性的学习环境。问题的关键是学校是否可以提供这些必要的、启发性的学习环境。

三、不同取向的专业身份对教育改革的影响

当今世界不少国家教师专业发展存在理论与实践割裂、教师教育课程与临床实践脱轨、模式僵化、缺乏情境性与发展一致性等诸多问题,造成了费曼·奈姆瑟(Feiman-Nemser)所说的"两个世界的陷阱"(Two-world pitfall),即理论逻辑与实践逻辑截然不同,导致教师在教育工作环境中产生无所适从感。[②] 目前教师专业发展中的工具理性与技术理性膨胀,过于注重证据、数据、概念和理论的摄入,而忽视经验、反思与情绪的考量,教师的个人经验与专业经验最终被割裂开来,忽视了教师专业发展中的主体性和能动性。而积极构建职前与在职教师的专业身份,有助于透视教师专业发展的复杂性、独特性和多维性,深入理解教师个性、教学实践与教育情境之间的互动关系。

国内外教育学者越来越认识到教育改革能否取得成功,在很大程度上取决于教师专业身份与教育改革要求之间的匹配程度。从政策互动论视角看,教育政策不仅是文本的堆积,更体现了话语体系与权力关系的不断重构。教师的专业身份会通过他们的行动区间,不断影响其教学实践核心的重构。教师的行动区间指的是教师理解教育改革者提出的理念并将其付诸实践的空间。[③] 课程学者施瓦布认为教师不仅是课程的被动实施者,更是课程的主动创生者。在课程设计、实施与评估等诸多环节,教师都可以在不同的专业知识场景中调动自己的个人实践性知识。教师不同取向的专业身份,如

① GEIJSEL F, MEIJERS F. Identity learning: The core process of educational change[J]. Educational Studies, 2005, 31(4): 419-430.
② FEIMAN-NEMSER S, BUCHMANN M. Pitfalls of experience in teacher preparation[J]. Teachers College Record, 1985, 87(1): 53-65.
③ 祝刚,朱利兵.詹姆斯·斯皮兰分布式教育领导理论:结构内涵与未来研究路向[J].外国教育研究,2022,49(2):17-37.

知识建构主义社会变革取向等,都会对相应的课程改革产生重要的影响。因此,在国内外不断进行教育改革的浪潮中,教师需要不断建构自己的专业身份。教师专业身份不仅是教师专业发展的重要路径,更是一项聚焦于高质均衡教育体系的系统社会工程。

第二节　专业资本:教师专业发展的新视野

近年来,受实证教育改革运动的影响,教师专业知识、技能与素养成为国际上教师教育改革的重要议题。各种教师专业发展标准不断出台,教学督导制度不断完善,教师面临着多重评价压力,这构成了教师发展的外部环境。为了将教师培养成为"准备好课堂教学"与"专业发展充分"的专业人士,教师的专业知识受到了国内外教育研究者的重视,如学科教学法知识、基于技术整合的学科教学法知识、核心实践等。

但是教师的专业知识在现实中遭遇了一些考验。一个典型的例子是不少教师在职前教育阶段所学习的多为个性化教学、建构主义教学等"理想主义"教学模式,然而进入现实教育情境后,由于受各种教育政策与学校条件的限制,只能采取"机械重复训练"等应试化教学方式。上述症状构成了美国教育学者肯尼斯·蔡克纳(Kenneth Zeichner)和罗伯特·塔巴什尼克(Robert Tabachnick)所说的"冲刷效应"("wash out effect"),即教师在大学的专业学习经验被教学实践经验所抵消。[①]

产生上述问题有两方面的原因。首先,教师的专业知识与教师的个性特征及其所处的工作环境缺乏有效整合,教师难以将其培养阶段所学习的各种专业知识有效转化为相应的教学实践。其次,目前主流的教师专业知识研究遵循"研究—开发—推广"的模式,即专家所生产的教育知识占据主导地位,这些知识构成了教师专业学习与培训的主要内容。[②] 而教师的实践经验与智慧处于被忽略的地位,培训者没有将教师在实践中遭遇的疑惑与挑战作为切入点,也没有充分调动教师已有的经验。因此,教师所学的专业知识、个体经验与实践智慧难以在具体的教育情境中得到有效整合。

一、教师专业发展的专业资本视角

受新自由主义教育改革政策的影响,目前不少国家采取了标准化、问责制、增值性

---

① ZEICHNER K M, TABACHNICK B R. Are the effects of university teacher education 'washed out' by school experience?[J]. Journal of Teacher Education, 1981, 32(3), 7-11.
② 祝刚,史可嫒,吴天一.教师教育者的角色、专业素质与专业发展——对话荷兰教师教育学者鲁能伯格教授[J].教师发展研究,2023,7(2):35-45.

评价等市场化改革方式。为了减少传统"企业资本"模式对教师专业发展所带来的负面影响,知名教师教育学者安迪·哈格里夫斯(Andy Hargreaves)和迈克尔·富兰(Michael Fullan)提出了重振教师专业发展的"专业资本"范式。专业资本视角超越以往教师专业发展的"企业资本"模式,对充满挑战的全球化知识经济时代的有效教学产生了促进作用。在专业资本理论的观照下,哈格里夫斯和富兰提出了教师专业发展的三种专业资本,即人力资本、社会资本和决策资本。①

人力资本是教师随着时间的推移所获得的各种人才称号、专业技能和资格;社会资本是教师通过教研组、集体备课等协作方式所积累的专业发展资源;决策资本是教师在课程决策、教学实践和班级管理等方面做出正确教学判断的能力。同时,哈格里夫斯和富兰认为,这三种样态的资本不是固定的,而是教师在不同情况下以不同方式表现的一组动态并且不断发展的能力和资源。一个教师的有效专业发展,需要综合平衡人力资本、社会资本与决策资本。在实践中,教师要以人力资本为基础,通过实践社群与专业学习共同体来提升社会资本,从而不断积累在专业自主权、个性化发展等方面的决策资本。

二、微观政治视野下的教师专业资本

教师的专业发展离不开具体的"工作情境",这些情境会构成教师专业发展过程中所需要的多种"专业利益"。以往的教师专业发展理论与模式,对学校组织与教师所处的"微观情境"如何影响其专业发展研究不够充分,没有认识到教师专业发展过程中所需要的各种"专业利益"。从微观政治学的视角出发,比利时知名教师教育学者格特·凯尔克特曼(Geert Kelchtermans)认为,教师在理想的工作条件下,需要考虑以下专业利益:物质和基础设施(物质利益)、工作场所的社会关系质量(社会职业利益)、个人在组织中的地位或角色(组织利益)、良好教育的规范性观点(文化—意识形态利益),以及个人的任务感知及所期待成为的教师类型(自我利益)。② 可见,微观政治视角下的专业利益有助于我们认识到不同情境下教师专业发展中所涉及的权力和利益问题。

① 祝刚,丹尼斯·舍利."第四条道路"关照下的教育领导变革与教师专业发展:理论进路与实践样态——祝刚与丹尼斯·舍利教授的对话与反思[J].华东师范大学学报(教育科学版),2022,40(2):114-126.
② 祝刚,王语婷,申亮等.微观政治视角下的教师个人解释框架与专业脆弱性——与比利时鲁汶大学格特·凯尔克特曼教授的对话[J].中国电化教育,2022,(2):91-97.

除了上述三种类型的专业资本外,中国台湾教育学者刘怡华和挪威学者艾丝特·卡尼努斯(Esther Canrinus)认为,社会结构资本、社会关系资本、社会认知资本和情感资本对于教师的专业发展也具有重要价值,这些专业资本近年来在国外教师专业发展过程中受到了很大重视,然而在国内教育界还未被充分关注。[①]

社会结构资本是指教师在不同社会网络中的地位,其基础是教师个人与他人的关系模式,以及这些关系在社会网络中形成的整体结构。在中国教育背景下,教师所担任的班主任、教研组组长、年级组长等角色都是教师所体现的社会结构资本。

社会关系资本指教师所形成的社会关系的质量,如同事之间的信任与学科组共享的教学目标等,通过这种专业联系可以维持、发展或加强教师个人的社会资本。

社会认知资本是指促进教师之间知识交流、反思、整合和创造所需要的共享语言、规范、信仰、沟通和目的。社会认知资本可以促进教师朝着共同的目标发展,增强教师之间的合力。

情感资本指教师对人际关系的一种情感投入,它可以积累和发展教师所处的特定人际关系中固有的积极情感体验。情感资本是教师专业发展的润滑剂,可以转化为教师对教育的持久热情与不竭的发展动力。

社会结构资本、社会关系资本、社会认知资本与情感资本提出的重要出发点,是教师的专业发展总是要依存于一定的"微观社会政治"背景。从微观政治学的视角看,教师的专业发展难以忽略"微观政治"维度的影响,即学校等组织中的规范、权力、控制、影响与合法性等因素,总会对教师的专业教学实践与发展的方向产生一定的影响。[②] 如果要成长为一名合格、优秀的教育家型教师,就要在"保持合法性"与"产生影响"之间保持动态平衡,这就需要考虑教师专业发展过程中所涉及的"微观政治素养",即教师要学会根据学校中不同的利益和权力运作过程来解读、参与和应对学校情境的不同要求,以此提升专业发展的有效性与针对性。

三、从专业资本的视角促进教师的专业发展

社会结构资本、社会关系资本、社会认知资本与情感资本这些概念的提出,对教师

① LIOU Y H, CANRINUS E T. A capital framework for professional learning and practice [J]. International Journal of Educational Research, 2020, 100, 101527.

② KELCHTERMANS G, BALLET K. Micropolitical literacy: Reconstructing a neglected dimension in teacher development[J]. International Journal of Educational Research, 2002, 37(8), 755-767.

的专业发展有着积极的意义。首先,上述概念跳出了教师专业发展过程中过于强调教师各种专业知识的困境,填补了以往总是忽略教师的专业发展、教学实践总是在具体的教育情境中展开并与环境产生多种互动作用的认识空白。其次,在教师专业发展过程中,如果一味向教师传授"是什么"和"如何做"的专业知识,没有深入考虑教师如何在变动、复杂的教育情境中运用这些知识,就难以将"专业知识"升华为教师专业发展所需要的各种"专业资本"。长此以往,可能会抑制教师发展的能动性与主体性。

从专业资本的视角来看,教师专业发展的过程也是其不断资格化与社会化的过程。无论是人力资本、社会资本和决策资本,还是社会结构资本、社会关系资本、社会认知资本与情感资本,上述不同类型资本的有效形成,需要教师、教育管理者、教师培训者与政策制定者等协同努力,创造各种有利于教师专业发展的条件,为教师不同专业资本的积累不断赋权增能。同时,教师培训者与管理者需要认识到,教师专业发展不仅仅意味着知识与技能的增加,还需要考虑教师的专业自主性、学校中的地位等级、人际关系的质量、教学目标的分享、组织规则的认同等方面。

总之,专业资本弥补了目前教师专业发展视角的缺陷,以更加整合的视角来审视教师专业发展的规律,剖析了教师专业发展的多维度与发展性,强调了教师专业发展过程中的合作、互信、组织认同及知识与资源的共享。从个体与组织互动的角度,微观政治视角透视了教师专业发展过程中所需要的必要专业利益与资本。专业资本也有利于消除传统教师培训中所存在的"情境空白"弊端,认识到教师专业发展对不同专业群体与学校等组织的依赖性,为教师思想与行为的改变提供了新的抓手。

第三节　知识社群:教师专业发展的新路径

我国教师专业发展的路径大致经历了早期的教研组模式与目前方兴未艾的教师专业社群模式。在教研组发展模式中,教师们通过集体备课、说课、公开课、赛课等活动促进自身的专业发展。教研组专业发展模式以提升课堂教学的有效性与技能为旨归,以学科组和年级组为主要活动单位,促进不同年龄阶段教师在学科本体知识、学科教学知识与个人实践知识等领域之间的融通互动。

从 2001 年新课程改革开始,教师专业学习社群(Professional Learning Community)

作为一个舶来品,在中国教育理论界与实践群体中开始备受关注。[1] 中国教师和教育管理者对其进行了一系列本土化改造,形成了名师工作室、校本教研、名师综合能力提升等具有中国社会文化特色的多种教师发展实践样态。教师专业学习社群发展模式虽然可以促进教师作为跨界能动者、课程创生者、反思实践者而适应新课程改革的要求,但是教师专业社群的具体实施主要依靠区县教育局、教育学院与学校管理者等上层行政力量来推动,教师专业社群的主要目标是赋予专家事先厘定的指标,专业互动的开展往往按照既定的轨迹来进行,教师进行创造性活动的空间被压缩了,而且受中国社会等级秩序文化传统的影响,教师发展的专业自主性受到一定程度的限制。

一、"知识社群"是教师分享教育故事的地方

国际知名教师教育和叙事探究学者、美国得州农工大学教育与人类发展学院讲座教授谢丽尔·克雷格(Cheryl Craig)从教师个人实践知识、多重教育情境和叙事探究的角度,对美国、加拿大、中国、韩国等国的教师进行了长达二十多年的深入、系统的实证研究。克雷格教授特别注重从教师自身的视角、语言和经历以讲故事的方式,分析教师在联邦、州、学区等多层面教育改革中的实践知识与经验反思。

从 1995 年起对美国和加拿大新任教师的专业发展研究开始,克雷格教授创造性地提出了"知识社群"(Knowledge Communities)这一概念来透视教师专业发展过程中所建构的经验分享与意义主动生成的世界。克雷格教授认为"知识社群"是教师对他们所经历的教育故事和经验进行协商讨论的地方。在这些小组中,教师通过与其他初任教师的对话来公开分享他们的知识、信念与实践。[2]

在接下来的数十年期间,克雷格教授与其同事不断对"知识社群"这一创新概念进行了深化研究,他们发现教师在不同的知识社群中通过讲述和复述他们的故事或经验来培养他们的"叙事权威"(Narrative Authority),即教师通过身体力行的实践经验,从自己独特的视角出发,用亲身感悟的鲜活的语言(如隐喻、俗语和个人实践性知识等)来解释自己的教学知识发展与实践状态。教师的"叙事权威"不受作为"局外人"的专家、教育管理与问责制等外部情境的肆意干扰,教师得以从自己所处的教育脉络与多

① DUFOUR R. What is a "professional learning community"?[J]. Educational leadership, 2004, 61(8), 6-11.
② CRAIG C J. Knowledge communities: A way of making sense of how beginning teachers come to know in their professional knowledge contexts. Curriculum Inquiry, 1995, 25(2), 151-175.

重情境中不断叙述自身的教育故事,因而促进了教师的自主、自为与自恰发展。

在 2009 年的一篇经典学术论文中,克雷格教授和其同事对"知识社群"进行了更加完整和成熟的定义。他们认为"知识社群"是每个教师的"叙述权威"得到承认和发展的地方。因此,个人可以试探性地表达他们是如何理解教育情境与实践,解释自己的行为,并与他人一起审视自己的故事。在知识社群中,个体的"叙述权威"有可能根据他人的经历和他人对本人经历的反思和反馈而被阐明、检验、确认、扩展或修正。[①] "知识社群"的一个重要实践价值在于它肯定了教师专业发展与实践中的主动性、合作性、反思性与向善性。教师教学实践与专业发展的过程不仅仅需要外部专家的"灌输"与"指导",他们本身有自己独特的视角、丰富的实践经验与反思改进的倾向。

二、知识社群与专业学习社群的区别

后来在研究结构化学校改革背景下的教师群体时,克雷格教授发现了不同性质教师群体之间的张力与冲突,特别是"知识社群"与"教师专业学习社群"之间的诸多不同之处(表 2 - 1)。[②]

表 2 - 1 "知识社群"与"教师专业学习社群"比较

知识社群	教师专业学习社群
有机组织的	行政化推进的
可以被发现或构造	预计展现
经验的共性	聚焦在学习而非教学上
合作会在个人与群体不同关系的逐渐发展中形成	一开始就预期教师之间的合作
知识社群可能存在于不同群体的成员之间,也可能发生在为共同的目的而互动的教师之间	教师专业学习社群存在于学校和组织中任何可见的团体
对实践与经验的叙述	对结果负责
由实践知识观驱动	由正式知识观驱动

① CRAIG C J. Research in the midst of organized school reform: Versions of teacher community in tension [J]. American Educational Research Journal, 2009, 46(2), 598 - 619.

② CRAIG C J. Research in the midst of organized school reform: Versions of teacher community in tension [J]. American Educational Research Journal, 2009, 46(2), 598 - 619.

不同于教师专业学习社群,教师知识社群具有三方面的独特理论价值与现实观照。首先,教师可以构建多重知识社群,即教师在与不同背景的同伴、教研员、教育管理者等进行互动的过程中,可以建构不同的知识社群。教师知识社群的发展是教师主动、自主发展的产物,而非外部行政力量所强迫的,因此,教师知识社群审慎考虑了教师所处的教育情境、面临的问题与共同的教育目标,有利于教师将缄默知识显性化,同时促进了教师能动性、专业身份、专业脆弱性和韧性等共性经验的分享。

其次,教师在知识社群中的合作是逐渐自然形成的,而非硬造合作的。国际著名教师教育学者安迪·哈格里夫斯发现教师群体中存在着"硬造合作"(Contrived Collegiality)现象,硬造合作与教师之间的真正合作截然相反,它具有如下五个特征:行政规范性、强制性、执行导向性、时空固定性、可预见性。[①] 可见,教师知识社群有利于培植教师之间的真正合作,促进教师对基于实践共性经验的阐明、检验、确认和扩展。

再次,教师知识社群促进教师个人发展与专业发展向度的统一。长期以来,受技术理性和工具价值的影响,我国不少教育学者与实践者将教师专业发展等同于教师知识、技能与能力的发展,忽略了教师的动机、情绪、需求、脆弱性与韧性等重要维度,割裂了教师的个人生活世界与专业实践世界。任何目的与形式的教师发展活动,面对的都是作为"完整生命个体"的教师,这也是为什么我国学者一直呼唤教学要"回归生活",实现个体生命成长与专业生命发展的深度对话。

三、教师专业学习从 1.0 升级为 3.0

在核心素养改革时代,特别是伴随人工智能、大数据与深度学习的纵深发展,教师专业学习需要从之前的 1.0 和 2.0 升级为 3.0。教师专业学习 1.0 认为教师需要先掌握学科教学法知识等事实性和程序性知识,即以理论指引实践为目标,其中的一个重要弊端是教师难以将专家学者所生产的情境无涉的、抽象的学术知识运用到具体的教育情境中,难以在深层次上触及教师的日常教学行为。教师专业学习 2.0 将实践放在教师发展的核心位置,教师教育机构与中小学建立紧密的合作关系,教师专业学习的重点转向工作场所学习,但潜在的一个问题是实践经验难以回溯到相应的理论依据,

① HARGREAVES A, DAWE R. Paths of professional development: Contrived collegiality, collaborative culture, and the case of peer coaching[J]. Teaching and Teacher Education, 1990, 6(3), 227-241.

造成了"人—理论—实践"之间的割裂。教师专业学习3.0从格式塔心理学视角出发，认为教师专业学习涵盖了认知、感觉与欲望等理性思维与无意识行为，其实践逻辑起点是教师在现实情境中遇到的真实情况和重要问题，而非抽象的、概念化的学术型知识。①

教师知识社群与教师专业学习3.0具有内在一致性，都凸显教师个体与专业发展的完整性与不可分割性，强调教师发展中认知因素与非认知因素的协同及优化发展，进而构建以实践经验为导向的教师群体发展生态。教师专业学习3.0也是教师知识社群学理合法性与实践可行性的重要依据。展望未来教师专业发展的方向，基于教师专业学习3.0的教师知识社群将为后疫情时代的教师发展提供新的理论支撑与实践路径。

第四节 实践架构理论视角下的教师专业学习

越来越多的教师认识到，教师专业学习是教师专业发展的核心内容。教师核心素养的提高，需要教师不断开展有效的专业学习活动。而有效的教师专业学习需要从"外铄型"转化为"内生型"，即从教育专家的信息灌输、一站式讲座培训转变为内在反思、自我驱动的专业成长。在教师专业学习整体"校本化"转型的背景下，教师专业学习不仅意味着教师知识的增长、视野的扩展与能力的提升，更意味着教师话语的演变、身份的改变与所建立专业关系的优化。

随着国内外教育学者对教师专业学习本质、特征认识的深化，教师专业学习的多维性日益凸显。国外教育研究者认为，教师专业学习具有多重属性，主要包含教师知识与技能的掌握、参与专业学习社群、开展合作研究、不断进行新的身份建构等。② 可见，教师专业学习的本质具有复杂性与多样性，它蕴含着多重维度，包括教师在言语（所说）、行为（所做）、关系（所属）方面的协同发展。随着对教师专业学习本质与特征研究的不断深入，其理论视角也日趋丰富。近年来，澳大利亚知名教育专家斯蒂芬·凯米斯（Stephen Kemmis）所提出的"实践架构"（practice architectures）理论可以深化

---

① KORTHAGEN F. Inconvenient truths about teacher learning: Towards professional development 3.0 [J]. Teachers and Teaching, 2017, 23(4), 387–405.

② 祝刚，王语婷，韩敬柳等.如何认识教师专业学习的多重本质与多元层次——与世界知名教育学者弗雷德·科萨根教授的对话[J].现代远程教育研究,2021,33(3):32-43.

我们对教师专业学习独特性的认识。① 由于其良好的理论解释力与适应性,实践架构理论被越来越多的国际教育学者用来分析教师专业学习、教学实践、教学领导与教师研究等一系列专业活动中。

一、实践建构理论

在亚里士多德与马克思关于实践的论述的基础上,斯蒂芬·凯米斯进一步明确了实践的构成要素及其发生的多重情境,从而实现了对实践认识的"本体论"转向。此外,在借鉴社会人类学家简·莱夫(Jean Lave)和埃蒂安·温格(Étienne Wenger)所提出的情境学习与实践社群的基础上,斯蒂芬·凯米斯认为,实践架构理论是表征不同社会文化背景下个体所说、所做和所属的相互联系的主体间空间。这些主体间空间构成了实践发生的多重情境化背景,它们可能促进或限制实践的发展。具体而言,实践架构包括"文化—话语"(cultural-discursive)、"物质—经济"(material-economic)和"社会—政治"(social-political)三个维度方面的安排。同时,这三个方面的安排紧密联系在一起,共同构成了实践发生与进行的多重空间。斯蒂芬·凯米斯认为,上述三个维度的不同组合,预先决定与影响着实践的产生与新实践的发展方向。②

斯蒂芬·凯米斯认为,"文化—话语"方面的安排指的是伴随着实践的发展,所形成的不同形式的语言媒介。"文化—话语"方面的安排通常发生在语义空间中。凯米斯等学者认为,我们可以从"什么语言或专业话语适合描述、解释和证明实践"的角度来看待"文化—话语"的特点。比如,教师可能对"教师主导的"教学模式进行合理化阐述,教师通过使用"教学效率高""课堂秩序良好""学生学习效果好"等话语体系来论述他们所采用的"教师主导的"教学模式和合理性与适切性。"文化—话语"方面的安排也与教师的专业身份认同紧密相关。美国知名教育学者詹姆斯·吉(James Gee)区分了四种身份类别,即自然身份、组织身份、话语身份与附属身份。不同类型的"文化—

---

① KEMMIS S, WILKINSON J, EDWARDS-GROVES C, HARDY I, GROOTENBOER P, & BRISTOL L. Changing practices, changing education[M]. Singapore: Springer Science & Business Media. 2013: 25-41.

② KEMMIS S, MAHON K. Coming to 'practice architectures': A genealogy of the theory// MAHON, K, FRANCISCO S, KEMMIS S. (Eds). Exploring education and professional practice: Through the lens of practice architectures[M]. Singapore: Springer Singapore. 2017: 219-238.

话语"系统,形成了教师话语身份的不同表达方式。①

斯蒂芬·凯米斯将"物质—经济"方面的安排定义为人们在不同物理空间中的所作所为,同时蕴含了构成人类各种活动的物质基础,如空间布局、设施、技术设备等。任何人类实践活动的开展,都离不开一定物质经济方面的支持。这些多样化的"物质—经济"方面的安排,预先设定了人们活动的内容与方式。在日常的教育活动中,"物质—经济"方面的安排可能促进或限制教师的教学实践活动,主要取决于教师如何认识和参与他们与同事们之间的"物质—经济"方面的安排。近年来,随着法国社会学家拉图尔的行动者网络理论(Actor Network Theory)被越来越多地运用到教育研究中,研究者愈加认识到社会和自然世界中的事物都处在不断变化的关系网络中。② 影响教学效果的因素,不仅有教师的教学信念、职业认同、效能感、职业承诺等"人为"因素,还有学校的教学空间、教学设备、教育技术等"非人为"因素。超越当前的"人类中心主义"视野,这些"人为"与"非人为"因素在多个层面影响教师的教学实践。

斯蒂芬·凯米斯提出的"社会—政治"方面的安排,指的是实践过程中所涉及的权利与合作等多重社会关系,这也表明个体实践的发生,总是依托于多重层次的社会政治背景。"社会—政治"方面的安排可以在组织的愿景、职能、规则和角色的运转中看到,也可以在一群实践者关于在特定情况下对该做什么的共同理解和实际协议中看到。从微观政治的视野看,不同的学校具有不同的组织规则、校园文化与教育实践惯例。这些不同的制度文化安排,需要教师不断调整自己的观念与行为,做到与学校所倡导的发展理念相一致。同时,教师会在实践中与其他教师建立不同的合作关系,如集体备课组、年级组、教研组、课题组等。这样教师就在专业关系、权力等方面参与了"社会—政治"方面的安排。"社会—政治"方面的安排也凸显了教育实践具有社会性和政治性。

斯蒂芬·凯米斯所阐释的"文化—话语""物质—经济"和"社会—政治"三个维度方面的安排构成了完整的实践架构。这三个维度形成了个体进行实践活动的生态系统,斯蒂芬·凯米斯将此称之为"实践生态"。

---

① GEE J P. Identity as an analytic lens for research in education[J]. Review of Research in Education, 2000, 25(1), 99 - 125.

② FENWICK T, EDWARDS R. Actor-network theory in education[M]. Abingdon, UK: Routledge. 2010: 144 - 164.

二、实践架构理论视角下的教师专业学习

目前,国内外学界主要从学习心理学、实践社群与历史文化活动三大理论视角透视教师专业学习的本质。学习心理学视野下的教师学习观认为教师学习的目的是通过理解、模仿、建构等方式,促进自身学习观念与行为的改变。[①] 实践社群侧重教师通过合法的边缘化参与,以共同体中身份习得的方式,促进学习观念的转变。[②] 历史文化活动理论视野下的教师学习观意味着教师通过运用不同的认知工具,以情境性、扩展性学习的方式,促进认知与行为的改变。[③] 虽然这三种理论视野突出了教师学习的不同本质特点。但是,他们没有从言语、行为、关系三个层面系统整合教师专业学习的不同维度。

实践架构理论视角有利于把握教师专业学习的多重性与多元特点。实践架构扩展了我们对实践多重特征的认识,也深化了我们对教师专业学习本质的认识,因此具有丰富的理论价值与实践启示。首先,实践架构理论认为教师专业学习是一项综合的、涉及多个维度的实践活动。教师专业学习不仅意味着认知水平或实践行为的改变,更涉及教师所处的多重社会关系。教师专业学习过程中的所说、所做与所属都是构成整体教师专业学习活动的有机组成部分,如果忽略了其中一个维度,就会造成教师专业学习活动的不完整。其次,实践架构理论有利于我们剖析教师在专业学习活动中产生的一系列困境。在教师专业学习的过程中,教师之所以产生"知""情""意""行"层面上的分裂,很重要的原因是没有考虑教师专业学习所蕴含的多重维度,特别是要促进教师在言语、行为、关系三个层面上发展的一致性。再次,在我国的本土教师教育实践中,虽然涌现出了集体教研、现场学习、师徒结对、名师工作室、研修学习、教研学习等多种教师学习实践样态,但是如何明晰教师专业学习的内在机理,从而提升教师学习的有效性与持续性,一直是我们需要不断打开的"黑箱"。实践架构理论观照下的教师专业学习观,把握了影响教师专业学习的三个维度,分析了影响教师专业学习活动的相关因素,有助于我们把握教师专业学习的规律。

---

① BORKO H. Professional development and teacher learning: Mapping the terrain. Educational Researcher [J]. 2004, 33(8), 3 - 15.

② WENGER, E. Communities of practice: Learning, meaning and identity [M]. Cambridge, MA: Cambridge University Press. 1996: 51 - 94.

③ ROTH W M, LEE Y J. "Vygotsky's neglected legacy": Cultural-historical activity theory [J]. Review of Educational Research, 2007, 77(2), 186 - 232.

第五节　教师集体学习:内涵、价值与发展路径

近20年来,西方教育学者越来越认识到教师专业学习是教师专业发展的核心组成部分。教师专业学习不仅包含教师知识、技能与品质的改变,更涉及教师的专业愿景与专业身份建构。在理论与实践的互动观照中,国际教育学者构建了不同类型的教师专业学习模式,如路径模式、社会认知模式与复杂理论视域下的教师专业学习模式等。这些不同的教师专业学习模式,在理论基础、构成要素、哲学范式与实施路径等方面,不断扩展着对教师专业学习特点与规律的认识。教师集体学习(Teachers Collective Learning)作为一种崭新的教师专业实践模式,近年来在国际上引起了越来越多的关注。

一、教师集体学习的内涵与表现形式

荷兰教育学者罗德斯(Lodders)将集体学习定义为集体成员协作并有意识地争取共同学习和(或)工作成果时的学习过程。[①] 集体学习会促进学习者知识、技能、态度和学习能力的长期变化,从而促进工作过程或结果的提升。社会互动作为集体学习的重要组成部分,有助于使学习者隐性知识显性化。教师集体学习与合作学习的相似点在于在这两种学习过程中,教师共同开展一系列学习活动。然而不同点在于,合作学习过程侧重于个人学习成果,而集体学习过程侧重于共享学习成果。教师集体学习鼓励教师转向以学习者为中心的教学方法,并有利于教师构建专业身份。与此同时,教师集体学习打破了传统教师教学实践中的"孤立主义"与"个人主义",引导教师之间相互学习,体验更深入的同事互助关系。格罗斯曼(Grossman)等教育学者发现教师集体学习可以有效提升学生的学习成绩。[②]

按照集体学习的类型不同,教育学者德拉特(de Laat)和西蒙斯(Simons)将集体学习分为组织和专业相关的集体学习。组织相关的集体学习是指在工作场所或组织内学习的过程和预期结果。小组决定在学习中进行合作,重点关注的是共同的学习活动

---

① ASSEN J H E, OTTING H. Teachers' collective learning: To what extent do facilitators stimulate the use of social context, theory, and practice as sources for learning?[J]. Teaching and Teacher Education, 2022, 114, 103702.

② GROSSMAN P, WINEBURG S, WOOLWORTH S. Toward a theory of teacher community [J]. Teachers College Record, 2001, 103(6), 942-1012.

和过程,或与工作相关的共同成果。专业相关的集体学习由在不同组织工作但从事同一职业的专业人员组成,他们决定从不同的实践中共同学习。[①] 按照集体学习的载体不同,集体学习可以分为社交网络集体学习、团队集体学习与社群集体学习。在社交网络中的学习是最松散的集体学习形式。社交网络中的人们有着共同的兴趣,交流思想,互相帮助。当他们有需要解决的问题或提供的东西时会进行互动。团队中的集体学习有更结构化的模式并且以任务为导向。团队是围绕必须解决的特定任务或问题发起或创建的,因此,团队学习的特点体现在团队的临时性,当任务完成后,团队便解散了。社群集体学习的形成和成员身份是在活动过程中出现的,而不是为了执行任务而产生的。社群围绕着志愿成员共同感兴趣的话题而出现。社群可以是一个从人们自发的互动中产生的非正式的群体。

教师集体学习具有不同的表现形式,典型的有实践社群(Communities of Practice)、学习社群(Communities of Learning)、知识建构群体(Knowledge Building Communities)和专业学习社群(Professional Learning Communities)等。荷兰教育学者万格里肯(Vangrieken)区分了与教师集体学习有关的三种类型的教师社群。第一,正式教师社群,它关注教育标准设定并致力于实现这些标准和目标。第二,以成员为导向的教师社群,在这些社群中有预先设定的议程,目的是分享关于实践教学的挑战,交流教学策略和知识的想法和观点。第三,形成教师社群,它旨在鼓励教师分享需要支持且有兴趣讨论的紧迫问题。[②]

二、教师集体学习的构成要素

教师集体学习的重要价值在于在社会环境中,教师以群体的方式学习和构建集体知识。为了确保高质量的教师集体学习,罗德斯认为教师集体学习有四个构成部分:探究性对话、共同愿景、集体行动以及评估和反思。[③]

第一,探究性对话。探究性对话的特点是教师分享有关教育实践和经验的信息,

---

① SIMONS P R J, LAAT M D. Collective learning: Theoretical perspectives and ways to support networked learning[J]. European Journal for Vocational Training, 2002, 27, 13 - 24.

② VANGRIEKEN K, MEREDITH C, PACKER T, & KYNDT E. Teacher communities as a context for professional development: A systematic review[J]. Teaching and Teacher Education, 2017, 61, 47 - 59.

③ LODDERS N M P. Teachers learning and innovating together: exploring collective learning and its relationship to individual learning, transformational leadership and team performance in higher vocational education[D]. Enschede, Netherlands: University of Twente. 2013.

从而采用基于问题的专业学习方法,提出开放性问题,以了解彼此对教学的基本信念。同时,教师通过探究性对话对共享信息进行批判性分析,促进彼此之间的深度学习。与不同观点和冲突进行探究性对话对于形成共同愿景非常重要,它会激发教师探究其潜在的教育信念和教学方式。

第二,共同愿景。探究性对话对于教师共同愿景的发展至关重要。共同愿景是教师群体对他们希望共同发展和构建内容之间所形成的共同的理解。通过对"为什么"和"如何做"等问题的持续关注,共同愿景支持教师在集体学习中发展合适的教学方法,以完成共同的任务。

第三,集体行动。探究式对话的目标不仅是促进共同愿景的形成,还应支持教师在集体学习过程中的相互理解和共同承诺,促使教师采取集体行动,从而促进教学行为的改变。教师的集体行动围绕共同的目标、理解与承诺,通过教师团队协作的方式来进行教学实践。

第四,评价和反思。评价和反思是教师集体学习过程中重要的一个环节。对集体行动的评价和反思对于实现集体学习的理想成果至关重要。教师集体评价和反思他们的实践经验和教学方法,会发现他们的共同愿景和彼此的教学实践之间的联系。研究发现,当教师进行教学创新的时候,对个人实践经验的评估和反思最为有力。

三、教师集体学习的来源与影响因素

教师集体学习发生在不同的环境中,它包含个人、专业和情境以及经验、同伴支持和理论学习的维度。科夫曼(Koffeman)和斯诺克(Snoek)区分了教师集体学习的三个来源:社会情境、实践和理论。[①]

第一,社会情境作为集体学习的来源。教师集体学习发生在一个安全、合作并感受到信任的社会环境中。在合作与安全的社会环境中,教师通过交流教学经验和观摩彼此的教学实践来开展学习。社会环境对教师的能动性、动机、合作与专业实践自主性有着紧密的联系。作为一个信息开放、物质与能量不断交换的专业实践群体,社会情境是教师进行探究性对话的先决条件。

第二,实践作为集体学习的来源。教师群体从实践中学习,他们的教学经验是其进行集体学习的重要源泉。教师从自己的教学经验中发现问题,并制定有效的教学策

---

① KOFFEMAN A, SNOEK M. Identifying context factors as a source for teacher professional learning [J]. Professional Development in Education, 2019, 45(3), 456-471.

略来提高学生的学习成绩。在对教学方法进行实验尝试后,他们根据学生和同事的反馈来评估教学策略的有效性。实践经验与智慧的共享,有利于消除教师个人主义教学所带来的发展隔阂,从而成为变革教学实践模式的重要方式。

第三,理论作为集体学习的来源。集体学习的理论来源包括新的课程与教学理念等,它们以"经验学习"与"实践学习"的方式,不断更新教师的知识和见解。集体学习过程中的理论学习和实践经验之间的互动,有利于激发教师的探究性对话和以解决问题为导向的态度,减少教师的偏见,并促进教师的建构性学习。深度探究与理论发现对于循证决策来说越来越重要。理论背景知识的学习,促使教师在集体学习的过程中超越浅层的教学问题解决方案,从而形成一个关于教学和学习的共同愿景。

为了促进教师集体学习的顺利开展,协导员的角色与作用机制至关重要。熟练、有效的协导员可以是教师团队的内部成员,也可以是团队的外部成员。荷兰教育学者艾森(Assen)和奥廷(Otting)认为协导员在教师集体学习的过程中具有三方面的作用。[1]

第一,协调者。协导员需要确保向教师提供适当的资源(分配的时间、安排的会议、教育管理层的许可)。此外,他们还肩负着组织会议、传播知识、分享信息、提供反馈并与学校领导沟通的职责。除了协调操作支持之外,协导员还应建立一个共同的参考框架,并理解不同学科背景的教师所需要开展的集体团队工作,以便以新的教学方法执行共同的教学任务。

第二,团队建设。心理安全是团队建设的必要条件,它为教师表达自己的观点提供了可能性。分歧和建设性冲突是集体学习的有利机会,而不仅仅是障碍。教师自由地谈论不同的观点,对彼此的贡献持批评态度,是达成共同愿景的必要条件。此外,协导员和教师分享关于教学的知识和想法有助于教学团队的运作。因此,协导员必须创造一个安全的学习环境,让教师愿意展示他们对教学创新的感受。皮德斯(Pieters)和伏欧特(Voogt)发现外部协导员更能够创造这样一个安全的学习环境。[2]

第三,监督集体学习。协导员的一项重要任务是支持和监督教师集体学习,并鼓励教师就他们的实践经验以及他们关于教与学的基本信念进行探究性对话。通过提

① ASSEN J H E, OTTING H. Teachers' collective learning: To what extent do facilitators stimulate the use of social context, theory, and practice as sources for learning?[J] Teaching and Teacher Education, 2022, 114, 103702.
② PIETERS J M, VOOGT J M. Teacher learning through teacher teams: what makes learning through teacher teams successful?[J]. Educational Research and Evaluation, 2016, 22(3-4), 115-120.

出深入的问题，协导员促使教师意识到他们的教学行为，以及行为背后的逻辑原则。协导员采用元认知提问的方法来激活教师参与持续的探究性对话，以确定和研讨共同的问题，设计干预措施，采取集体行动，并评估和反思这些行动。此外，协导员也可以鼓励教师使用实践、社会和理论资源进行集体学习。

第六节　重构教师专业学习——德勒兹后批判人文主义视角

国际教师专业学习受"过程—结果"线性论、理论应用型等"树状思维"的宰制，集中表现为陷入人类中心主义的思维困境。德勒兹后批判人文主义理论提出的聚集、块茎思维与线喻理论为重构教师专业学习思维与实践路径提供了理论支持，有利于打破教师专业学习的二元对立、静止、割裂的思维模式，寻求思维活动的连续性、多元化、异质性。教师专业学习因此面临三方面的视角转变：在本体论层面，教师专业学习被视为一种涉及多种要素的、高度中介的"人类共存主义"活动；教师专业学习活动不仅是一种存在，更是一种生成，具有政治性和情境性特征；规避克分子线的束缚，运用分子线和逃逸线进行教学活动创新。

一、问题提出

目前，学术界主流的教师专业学习范式为"理论应用型"，即荷兰教育学者杜韦·贝加德提出的"教师专业学习1.0模式"。该模式认为职前教师需掌握由教育学、心理学和不同学科专家所生产的大写的"T理论"，将普适、抽象、客观的学术知识运用到具体教学情境，以理论"指引"实践为目标，把学术性知识转化为情境化实践。[1] 其背后暗含了教师专业学习的"思维"与"实践"实际上仍受以主客二分法为内核的实证主义和人类中心主义思维宰制。

这些理论基础构成了法国后现代结构主义哲学家吉尔·德勒兹（Gilles Deleuze）所诟病的"树状思维"。该思维追求复杂流动表象下的静止"本质"，缺乏对自然界和人类社会复杂性、流动性、异质性、开放性和不确定性的考量。[2] 因此，德勒兹与伽塔利

① 祝刚，王语婷，韩敬柳，等. 如何认识教师专业学习的多重本质与多元层次[J]. 现代远程教育研究，2021，33(3):32—43.
② STROM K J, VIESCA K M. Towards a complex framework of teacher learning-practice [J]. Professional Development in Education, 2021, 47(2-3):209-224.

以"精神分裂分析"(Schizoanalysis)为理论工具,对"树状思维"进行了深刻批判,创造性提出了"块茎思维"(rhizomatics)概念,以超越树状思维在层级、秩序、同一性等方面的机械限制。①

然而,国内学者尚未充分运用德勒兹后批判人文主义审视主流教师专业学习思想、实践及其弊端,缺乏富有解释力的理论框架检视教师专业学习实践的困境及未来出路。德勒兹提出的富有创造力的非线性、生成性(becoming)理论体系,致力于打破二元对立、静止、割裂的思维模式,寻求连续性、多元化、异质性,为重构教师专业学习思维与实践提供了理论支持。本文从德勒兹后批判人文主义理论视角出发,运用聚集(assemblage)、块茎思维及线喻理论[主要包括:克分子线(molar line)、分子线(molecular line)、逃逸线(line of flight)]重构教师专业学习思想与实践路径。

二、德勒兹后批判人文主义理论

后批判人文主义对启蒙时代以来人文主义形成的理性思维、二分法等作了鞭辟入里的剖析,实现了哲学上的本体论转向。这种思维模式以对立、值等级化的二元论为特征,以欧洲为中心的白人作为构成人类社会文明发展的模板与参考系。② 随着历史的发展,人文主义已成为一种等同于"常识"的意识形态框架,成为主导社会、政治和文化发展模式的基础,包括对教育和教学实践的理解。③ 人文主义理念虽然在历史上为人类认识世界和开展活动提供了进步视角,但忽略了人类社会经验的复杂性,剥夺了源于多元文化的种族人性的全面性及其相关权利和特权,并使源自西方的知识霸权和帝国主义在全球范围内不断合理化。④

后批判人文主义思想包括广泛的理论取向、概念分析和哲学批判路向。尽管作为异质的思想体系包含不同程度的思想差异,但后批判人文主义致力于批判以等级、二元、线性、因果关系和理性主义为特征的人类中心主义逻辑,弥补了传统人文主义视角的不足,将权力分析的批判视角与关系、多元、流动、过程的世界观融合在一起,因此超

① 德勒兹,伽塔利.资本主义与精神分裂(卷2):千高原[M].姜宇辉,译.上海:上海书店出版社,2010:23—106.

② 祝刚,丹尼斯·舍利."第四条道路"关照下的教育领导变革与教师专业发展:理论进路与实践样态——祝刚与丹尼斯·舍利教授的对话与反思[J].华东师范大学学报(教育科学版),2022(2):114—126.

③ STROM K J, MARTIN A D. Becoming-teacher: A rhizomatic look at first-year teaching [M]. Rotterdam, The Netherlands: Sense Publisher, 2017:5-106.

④ WYNTER S. Unsettling the coloniality of being/power/truth/freedom: Towards the human, after man, its overrepresentation — An argument [J]. CR: The New Centennial Review, 2003,3(3):257-337.

越了教育的其他复杂理论视角。例如,系统理论和活动理论等常无法引入权力分析,将能动性归因于人类行动者,或将要素理解为单独而不是共同生成的。① 此外,后批判人文主义提供了许多与认识论相关的转向。这些视角的转变充分解释了教学的复杂性、情境性和动态性。德勒兹创造性提出的聚集、线喻、块茎思维等理论,在政治学、哲学、文学、传媒学等学科得到了广泛讨论与持久的关注。德勒兹后批判人文主义理论视角也因此构成了本文重构教师专业学习思维和路径的着力点。②

(一) 聚集

后批判人文主义意味着对目前"人类世"社会活动关键参照物的超越。在传统人文主义思想中,社会活动的关键参照物是离散的、个体化的"人"。而后批判人文主义视野下的关键参照物变为"聚集",即一种解释现实的、复杂的、关系性的、糅合的、临时性的、动态性的、连通性的要素集合。聚集由各种元素(如社会、话语、文化、心理、近距离、历史、情感、物质等)组成,这些元素暂时聚集在一起并产生某种效果。③ 从聚集视角出发,课堂集合包括人的因素(如教师、学生)、物理空间和物体(如课堂空间、黑板、课桌)、话语因素(如学校规范、教学内容),以及文化历史、经济和政治因素(如学校传统、考试评价政策、教学资源、父母参与等)。同时,聚集还指一种特殊的多重性发挥作用的方式(如教和学的种类)。后批判人文主义视角下教师是一种集合性存在,同时是自身背景、职前学习经验和教学实践经验的集合,也是课堂系统的一部分,即学生、物理空间、教学内容和语境条件的聚集。④ 将教师视为具有嵌入功能的集合和多样性连接,有助于克服线性思维教育研究和评估方案存在的问题。⑤ 例如,国内外众多学校通过基于学生成绩的增值性评价评估教师的教学效果(或质量),没有充分考虑教师的

---

① KAYUMOVA S, BUXTON C. Teacher subjectivities and multiplicities of enactment: Agential realism and the case of science teacher learning and practice with multilingual Latinx students [J]. Professional Development in Education, 2021, 47(2-3):463-477.

② 美国教育学者凯瑟琳·斯特罗姆(Kathryn Strom)认为教师专业学习可称为"学习实践"(learning-practice)。由于教师学习与实践紧密联系,且"学习"与"实践"互相影响,因此,教师专业学习应全面表征为教师"专业学习实践"。

③ STROM K J, MARTIN A D. Toward a critical posthuman understanding of teacher development and practice: A multi-case study of beginning teachers [J]. Teaching and Teacher Education, 2022, 114: 103688.

④ STROM K, MARTIN A, VILLEGAS A M. Clinging to the edge of chaos: The emergence of novice teacher practice [J]. Teachers College Record, 2018, 120(7):1-32.

⑤ STROM K J. Teaching as assemblage: Negotiating learning and practice in the first year of teaching [J]. Journal of Teacher Education, 2015, 66(4):321-333.

教学效果受到物质、经济、社会、政治、文化、话语等多重因素的共同调节作用。

聚集概念也强调差异性和杂糅性,超越了人文主义。德勒兹和伽塔利认为,差异可以促使群体的元素更加多元,形成新的空间、领地、观念和存在方式。因为多样性是差异的混合体,这些不同元素进入聚集中产生新的东西,是异质连接产生的前提条件。在特定情况下,结果总是多种聚集的混合产物。在教学领域,教师在落实国家政策时,因缺乏弹性工作制度与自主发挥空间,在课堂情境中为了适应变革而修改课程目标或课程内容的行为常不被鼓励。"聚集"概念为教育系统存在的"一刀切"的课程、标准化、统一化的教师评价和教师课程实施的忠实取向等现象提供了"解药"。

与"聚集"概念紧密相关的另一个重要概念是分布式能动性(distributive agency)。这一概念表明,人不是自主、自我调节、有意识的行动者,而是与集合中所有人和非人元素共享能动性。分布式能动性分散了集合中的人类行动者(或参与者),并突出了人与人之间的关系性,强调非人类的作用和影响及物质本身的生命力。在教学领域,分布式能动性提出了一个重要的反驳论点,驳斥人们认为理所当然的教育观念,即教学是教师对学生所"做"的单向交易。相反,教学是一种集体活动,由"教师—学生—空间—内容—情境"聚集体协同活动共同产生。[①] 然而,"后人类"(posthuman)并不意味着没有人类的参与。教师构建教学确实需要发挥自身的能动性。从后批判人文主义视野看,分布式能动性是一个"人类与"(human and)的视角,即教学是由教师和物质因素(如可用的物理空间和资源)、隐形因素(如学校常规和社会历史条件)共同调节的。

后批判人文主义视角下,世界、现实和现象不是先验存在的,相反,是由元素通过交互作用或共同创造的方式在"聚集"中共同作用而产生的。在德勒兹看来,"事物"不仅代表自身,是通过聚集的作用而存在的,特别是其内部的要素或集合之间的相互作用。交互作用为超越客观主义和建构主义两个认识极端的不足提供了可能,即世界和知识一方面是固定的、可知的,另一方面是完全建构的。相反,社会和自然界、现实的物质和话语要素都由多元素共同构成。因此,内部行动从根本上来说是合作的创造过程[②],教师主体性和教学实践的发展不是线性的过程,也不是师范生完成教师职前培

---

① STROM K J. Teaching as assemblage: Negotiating learning and practice in the first year of teaching [J]. Journal of Teacher Education, 2015,66(4):321-333.

② STROM K J, MARTIN A D. Toward a critical posthuman understanding of teacher development and practice: A multi-case study of beginning teachers [J]. Teaching and Teacher Education, 2022,114: 103688.

养、获得教师资格证和在学校实践的最终结果。相反,成为一名教师是交互作用的过程:教师培养项目、学校和政策的聚集共同促进了教师主体性的生成。

(二) 线喻理论

线喻理论是德勒兹后批判人文主义理论的重要特色与贡献,也是解读后结构主义与精神分析理论的钥匙。德勒兹和伽塔利对不同的线喻理论作了多角度的探讨与分析。"我们自身只是一条抽象的线,就像是一支穿越空间的箭……我们像所有人……那样进入到生成——动物之中,进入到生成——分子之中,最终进入到生成——难以知觉之中。"①逃逸线与生成始终贯穿于德勒兹的精神分析法,这些不同的线生动描绘了块茎思维如何工作。"线"因此构成了德勒兹非理性认识论的"中枢"。线喻理论也体现了德勒兹善于运用隐喻等术语建构其哲学理论。

德勒兹和伽塔利的思想聚焦在事物如何彼此联系,而不是单纯讨论事物静止的存在状态;关注的是创新变异的演化倾向,而不是所谓的"真实性""存在性"与"同一性"。他们倾向于通过揭示各种"力"来理解事物。"无论是作为个体还是群体,人们都被线所穿透""我们由线构成""更准确地说,我们由线簇构成,因为每种线都具有多样性"。② 线是生成的轨迹,生成是线要达到的效果。"精神分裂分析既不依赖于要素或整体,也不依赖于主体、关系和结构。它只着眼于线,后者既贯穿着群体,也贯穿着个体"。③ 由此观之,"线"这个概念变成了用来观察、阐释人和事情的最佳工具。德勒兹和伽塔利提出"线"存在的三种主要形式:

第一种线是克分子线,也被称为"分层"(stratification),是相对于分子线的一个概念。该概念原本指的是"对意识进行辖域化或者殖民的力量"所形成的线。经过他们的哲学化阐释,克分子线实际意指一种固化的、严格切分的节段线。这种线"通过二元对立的符码对社会关系加以划分、编序、分等和调整,造成性别、种族和阶级的对立,把现实分成了主体和客体"④,从而能在不同的社会形态和机制中构成某种稳定的、规范化的心理结构。克分子线代表了不断强化现存社会规则、等级秩序与机制的宏观社会力量,自启蒙时代以降就在人类社会思维中占据根深蒂固的支配地位。克分子线可具体表征为教育体制结构、现有公约或教育规章规范性文件。任何有助于维持当前权力

---

① 德勒兹,伽塔利.资本主义与精神分裂(卷2):千高原[M].姜宇辉,译.上海:上海书店出版社,2010:23—106.
② 朱立元,胡新.线与生成:德勒兹文学创作理论的两个主要概念[J].文艺研究,2012,(1):20—29.
③ 陈食霖,潘梦雯.论德勒兹的"线喻"[J].社会科学战线,2018,(3):34—70.
④ 曾静.论吉尔·德勒兹的逃逸线[J].重庆交通大学学报(社会科学版),2017,17(4):98—101.

平衡的"纠正功能"都可以被视为克分子线。① 僵硬的克分子线形成了分层的空间，或一种包含许多阻碍创造性或不一致性的因素。学校空间存在多条克分子线，如自上而下的教育政策、上课时间表和考试重点。这些克分子线形成条状空间，限制教师实施更包容、公平与创新的教学方法。②

第二种线是分子线，这是与克分子线相对应的概念。在德勒兹和伽塔利看来，分子线是一种柔韧但仍不失节段性的线，它总是冲撞和干扰克分子线的结构和规范化图式。"两条线不停地相互干扰、相互作用，彼此将一股柔顺之流或一个僵化之点引入到对方之中。"③分子线是参与克分子线"规范化"工作的力量，发挥维持现状的、实际微观政治的作用。这条线的主体在"固守"和"逃逸"之间犹疑不定，不愿再受第一种线的支配，但没有完全决定逃离。克分子线是刚性的，分子线是柔韧的，可以朝两个不同的方向发展。分子线可能会强化克分子线的功能，复制正常的行为模式，现实运作常指向强化现状。然而，分子线的灵活性意味着它可以挣脱束缚，形成一条逃逸线。④ 教师的日常教学实践由分子线构成，许多克分子线创设了分层空间来规制教师实践，但教师的能动性可以帮助其与学生形成暂时的逃逸线，以应对学校的官僚组织、课程规范和话语体系。

第三种线是逃逸线，是三种线的最高形式，即欲望冲击社会编码的"解辖域运动轨迹线"，"这条线根本不能容忍节段，更像是两个节段性的系列的爆裂"。逃逸线不是逃避世俗事务，而是破除二元对立、被欲望占据的思想轨迹，是一条积极、创造性的线，"更具游牧性质，能越过特定的界限而达到未知的目的地，构成逃逸路线：突变，甚至量的飞跃"。⑤ 逃逸线指打破由克分子线和分子线形成的绵密的社会规则和编码，目的在于创造有颠覆作用的新的生命形式与轨迹。这些生命流不是沿着既定的路径流动，而是与之交错、碰撞，从而生产新的、差异的、富有生命力的东西。逃逸线是颠覆性的，

① STROM K J. Teaching as Rhizomatic Activity [A]. Paper presented at the American Educational Research Association annual meeting, Philadelphia, PA, 2014.
② STROM K J, MARTIN A D. Putting philosophy to work in the classroom: Using rhizomatics to deterritorialize neoliberal thought and practice [J]. Studying Teacher Education, 2013,9(3):219-235.
③ 德勒兹,伽塔利.资本主义与精神分裂(卷2):千高原[M].姜宇辉,译.上海:上海书店出版社,2010:23—106.
④ STROM K J, MARTIN A D. Putting philosophy to work in the classroom: Using rhizomatics to deterritorialize neoliberal thought and practice [J]. Studying Teacher Education, 2013,9(3):219-235.
⑤ 德勒兹,伽塔利.资本主义与精神分裂(卷2):千高原[M].姜宇辉,译.上海:上海书店出版社,2010:23—106.

像破除惯例一样打破规则,允许生命朝不同方向流动,从而让生命逃脱社会的压制性约束,实现"解辖域"。与"辖域化"把欲望抑制或禁闭于一定范畴内以达到规训欲望的破坏和创造力的目的和过程不同,逃逸线描述的是突破欲望和挣脱上述管控与制约的过程。[1]

德勒兹和伽塔利认为这三种线并存,克分子线通过固化、分割、编码等,形成稳定、规范化的主客体二元结构;分子线在"固守"和"超越"之间保持灵活性;逃逸线通过"解辖域"实现积极的质变和飞跃。这三种不同类型的线相互交织在一起,共同构成块茎思维的运作机制。人类的思想与活动总是被各种社会公理、法律、规范和习俗等编码,编码后的生命流被束缚在严密的网络世界里,将之导向特定的活动路线和方向。[2]

(三) 块茎思维

美国实用主义哲学家理查德·罗蒂(Richard Rorty)提出了传统西方哲学的"镜喻"理论,即真理是主体对客体的准确表征。[3] 德勒兹以隐喻的方式,运用"块茎"对"镜喻"理论进行解构与抨击,并提出"树喻"理论。"块茎"是德勒兹后现代理论体系的重要基石。在生物学意义上,"块茎"指在土壤浅表层呈匍匐状蔓延生长的平卧茎,如日常生活见到的马铃薯或红薯之类的植物块茎和鳞茎。在哲学层面,"块茎"指一切去除了中心、结构、整体、统一、组织、层级的后现代意义的实体。这一术语在德勒兹的著作中成为不同于传统形而上学的"树状"思维模式的思想文化隐喻。[4] 如果说"树状"思维模式代表的是中心论、规范化和等级制等特征,"块茎"思维则象征了非中心、无规则、多元化的形态。[5] 简言之,"块茎"意指"一切事物变动不居的复杂互联性"。[6]

"块茎"思维具有接续和异质性相混合、繁殖性等特征。[7] 接续和异质性相混合的原则指"根茎上的任何一个点都能够而且必须与其他任何一个点相联系"。块茎思维

① 曾静.论吉尔·德勒兹的逃逸线[J].重庆交通大学学报(社会科学版),2017,17(4):98—101.
② 曾静.论吉尔·德勒兹的逃逸线[J].重庆交通大学学报(社会科学版),2017,17(4):98—101.
③ 理查德·罗蒂.哲学和自然之镜[M].李幼蒸,译.北京:商务印书馆,2009:12—69.
④ 韩桂玲.从树状思维到块茎思维——德勒兹创造型思维方法研究一个视角[J].郑州大学学报(哲学社会科学版),2009,42(2):5—8.
⑤ 白海瑞.奔跑的竹子:论德勒兹的生成理论[D].西安:陕西师范大学,2011:4—19.
⑥ 郗蓓.德勒兹生成思想研究[D].北京:北京外国语大学,2014:127—137.
⑦ 韩桂玲.从树状思维到块茎思维——德勒兹创造型思维方法研究一个视角[J].郑州大学学报(哲学社会科学版),2009,42(2):5—8.

与教育有很强的适配性,意味着教师的学习实践具有超文本与超时空的性质,不同学习要素之间互相连接。繁殖性原则指通过线的接续形成的多样性,即多种元素通过不同联系形成新的组合样态。针对教师专业学习领域,繁殖性原则指教师可以通过多种路径实现专业发展,在知识、技能与品质方面不断进步。无意指断裂原则指任意的切断和曲折都是可能的,且断裂之后可以重新随意连接。针对教师专业学习,无意指断裂原则指教师的不同专业发展活动之间具有不连续性。教师受不同教育理念的影响,可以朝不同的方向发展。一个块茎对任何结构或生成模式没有明确的原因。教师专业学习实践的切入点有众多的入口和出口,有自己的逃逸线,可以随意与其他块茎建立连接。

三、重构教师专业学习的思维与路径

在新自由主义主导的全球教育改革运动中,以追求竞争、绩效与数字化督导为主要政策杠杆的教育政策,往往采取"结果导向"发展策略。按照德勒兹后批判人文主义的理论逻辑,国际主流教师专业学习模式主要受"过程—结果"思维驱动,忽略了多重政策情境对教师专业学习与实践的影响,导致很多大学教师培训项目仍将教师视为向学习者传授知识的专家,将学习视为"银行储蓄式"的被动参与过程,在根本上认为学校教育、课程和教学本身是非政治化的。[1] 线性的、简单化的教师专业发展思维,错误地认为教师有充分的能动性开展专业学习,并将其所秉承的教学理念完整地付诸课堂教学,没有考虑多重情境因素的调节作用。[2][3] 旨在追求普遍规律的"情境无涉"(context irrelevant)和"起作用"(what works)的理论框架,难以解释为什么新手教师日常教学实践中无法实施职前教育所习得的"探究式教学模式"。这种理想与现实之间的差距,造成了费曼-奈姆瑟(Feiman-Nemser)和布赫曼(Buchmann)所描述的"两个世界的陷阱"(Two-world Pitfall),即理论逻辑与实践逻辑的分野形成了情境、理论与实践之间的三层皮现象。[4]

① FREIRE P. Pedagogy of the oppressed [M]. New York, NY: Bloomsbury, 2018:2−59.

② SIMMIE G M. Teacher professional learning: A holistic and cultural endeavour imbued with transformative possibility [J]. Educational Review, 2021, 75(3):1−16.

③ STROM K J, MARTIN A D. Becoming-teacher: A rhizomatic look at first-year teaching [M]. Rotterdam, The Netherlands: Sense Publisher, 2017:5−106.

④ 祝刚,丹尼斯·舍利."第四条道路"关照下的教育领导变革与教师专业发展:理论进路与实践样态——祝刚与丹尼斯·舍利教授的对话与反思[J].华东师范大学学报(教育科学版),2022(2):114—126.

为了解决教师教育"情境—理论—实践"之间存在的割裂与线性思维问题,近二十年来国际教师教育研究领域出现了"复杂性转向"(complex turn)。维果茨基的文化历史活动理论(cultural historical activity theory),戴维斯(Davis)和苏马拉(Sumara)提出的以"嵌套性"(embeddedness)、"自组织"为主要特征的复杂性理论(complexity theory),布鲁诺·拉图尔(Bruno Latour)发展的行动者网络理论(actor-network theory)和保罗·克鲁岑(Paul Crutzen)发展的人类世(Anthropocene)等理论不断被用来阐释教师专业学习思想、实践与情境之间的互动关系,不断深化对教师专业学习与发展的认识。①

这些不同的理论视角也预示着教师专业学习与发展的多元性与动态性。德勒兹的后批判人文主义思想主要体现在以"块茎"为核心概念的生成论、以变化为过程的集合论、以"逃逸"为主线的线喻理论。② 这些理论思想有助于促使理论视角的转向,即从教师学习实践的"过程—结果"线性论、二元论、同一论转换为复杂论、生成论与差异论(见表2-2),为重构教师专业学习思维与实践带来新的突破口。

表2-2 教师专业学习实践视角转换及启示

视角转换	启　示
从二元论到内在性(immanence)	1) 教师学习和教学实践是紧密联系的过程。 2) 这些过程通过与多个其他人类、非人类和无形元素的连接和互动而发生。
从个体性到多元化	1) 教学活动不是由个人完成的,而是一种高度中介的活动,它与更多的多重因素积极协商。 2) 教师本身是多样性的一部分,教师学习也是多样性的一部分。
从自主性到集体(collective)和分布式能动性	1) 整个集体要素促使教学活动的发生。 2) 能动性是集体实施的,并在多样性中分配,尽管不一定是均等的。
从人类中心主义到人类共存主义	教学不仅由人类行动者塑造,还由非人类/物质和话语体系塑造。
从价值中立和普遍性到政治性和情境性(situated)	塑造教学的因素不是中性的,而是与特定情境的政治、文化、历史和物质条件以及权力流动相联系的,特别需要关注微观政治互动。

① STROM K J, VIESCA K M. Towards a complex framework of teacher learning-practice [J]. Professional Development in Education, 2021,47(2-3):209-224.
② 陈永国. 德勒兹思想要略[J]. 外国文学,2004(4):25—33.

视角转换	启　示
从存在(being)到生成(becoming)	1) 教学和学习是至关重要的持续过程。随着教学集合中不同元素进入聚集,并相对于集合中其他元素进行不断转换。 2) 教学是一种突现的现象或生成,是教学集合的联合、暂时的产物。 3) 教师发展是一种非线性活动,不以稳定的轨迹发生,而是作为一系列"生成"——教师自我的实践实现、学习实例和/或实践事件,在持续"差异化"过程中作为"阈值"发生。
从同一性到差异性	1) 教学是由异质要素共同活动产生的集体成果,因此学习实践的实例必然是混合、异质的。 2) 教师学习实践的显著特征是差异性。

第一,按照德勒兹理论,我们需要扩展并升级教师专业学习观:在本体论层面,需要认识到教师专业学习不是一项"人类中心主义"活动,而是一种高度中介的"人类共存主义(human and)"活动,它涉及众多人类、物质与情境要素。与社会生态学观点类似,教师专业学习受教育政策、社会文化、学校环境、人际关系、学生背景、教学设备等多重因素影响。教师专业学习的自主性与能动性的发挥也受上述因素的调节。运用"聚集"概念来分析,教师专业学习是一种具有嵌入功能和多样性连接的集合性存在,具有差异性和杂糅性。国际众多实证研究结果表明,有效的教师专业学习具有如下特征:教师专业学习是积极的、参与性的、以对话为基础的,聚焦于对学生重要的发展议题,并以包容和赋能的态度,承认和利用学生的多元经验与才智。[①] 因此,无论是"国培计划"还是校本研修中的教师专业学习,需要打破标准化教师教育课程的束缚,规避统一化教师评价,关照教师专业学习的独特性、差异性、情境性和变化性。

第二,教师专业学习不仅是一种存在,更是一种生成,具有政治性和情境性特征。根据德勒兹的块茎思维,教师专业学习是一种非线性、非本质的活动,没有预设的轨迹,是教师在不同时空中的一系列"生成"。进一步说,教师专业学习实践活动是不断涌现和生成的暂时"现象",是教师集合的联合、暂时的产物。随着不同元素进入教学集合,教师的专业学习实践也在不断发生转换。因此,我国教师在进行专业学习实践活动时,需要充分考虑其持续性、异质性、融合性的特征。以琳达·达林-哈蒙德等为

---

① GUSKEY T R. What makes professional development effective? [J]. Phi Delta Kappan, 2003, 84(10): 748 - 750.

领导的学习政策研究所发现①,有效的教师专业发展需要具备如下特征:(1)以内容为中心;(2)将成人学习理论融入主动学习;(3)在嵌入工作的环境中支持协作;(4)使用有效实践的模型和模拟;(5)提供指导和支持以及反馈和反思的机会;(6)持续的时间。据此,无论职前还是在职教师的专业学习,都需要注意学习的多维度、多层次与生成性。有效的教师专业学习需要从教师的心理、情感与社会需求出发,注意正式与非正式专业学习活动的互动,以教师的专业需求、隐喻、情绪、关键事件、反思等为切入口,引导教师主动生成新的想法与模式。

第三,规避克分子线的束缚,运用分子线和逃逸线指导教学活动创新。克分子线表征为固化的、严格的编码与对立。在专业学习过程中,教师教育者需要引导教师突破教育体制结构、教育规章制度与政策所形成的稳定的、因循守旧的、规范化的心理结构,从这些束缚中解放出来。分子线通过在“固守”和“逃逸”之间的摇摆不定,发挥维持现状的作用。因此,教师教育者可以通过教学反思、行动研究、自我叙事研究等方式,使教师专业学习的思维与实践向“创新性”方向发展。逃逸线绝不是提倡消极逃避社会,而是思想的绝对解辖域,即敢于质疑、批判社会主流思想的局限性,摆脱社会的负面决定条件,强调主体的潜在革命心理。它可以勾勒出主体挣脱社会压抑性限制、获得精神解放的运动轨迹。② 在我国“核心素养”导向的教师专业学习活动中,教师应利用逃逸线努力走向他者,与他者合力,生成他者,善于从常规教学束缚中超脱出来,通过“顿悟”“反思”“交流”“抵抗”等进行变革与突破,为创新教师专业学习样态带来新的可能。

第七节 教师教育中的隐喻:理论内涵与价值意蕴

自 20 世纪 90 年代以来,国外教育研究中兴起了从隐喻(metaphor)的视角来探究教师的自我理解与专业发展。在此之后,隐喻在教师反思、教师专业学习、教师情绪等领域得到了广泛的应用,成为了教师教育研究范式中一条独特的路径。近年来,国际上对教师专业身份建构的研究从行为主义和认知主义逐渐转移到社会文化理论视角,学者也将隐喻运用到教师的专业身份建构中去,这与隐喻在教师教育领域的变革性功

① DARLING-HAMMOND L, HYLER M E, GARDNER M. Effective teacher professional development [R]. Palo Alto, CA: Learning Policy Institute, 2017.
② 钟雨晴.逃逸线:吉尔·德勒兹文学思想研究[D].上海:上海大学,2021:13—34.

能不谋而合。

一、隐喻的内涵、分类与功能

在美国语言学家乔治·莱考夫（George Lakoff）和美国哲学家马克·约翰逊（Mark Johnson）于 1980 年出版的经典语言学著作《我们赖以生存的隐喻》（*Metaphors We Live By*）中，两位学者认为隐喻是"从另一种事物的角度理解和体验一种事物"。[①] 隐喻在我们的日常生活中无处不在，不仅体现在语言中，而且贯穿于我们的思维及行动中。他们对隐喻的本质、产生、结构、特点、种类等进行了深入系统的分析，认为人类的认知与思维过程是隐喻性的，隐喻形成了我们用来理解事情和做出决策的基础和原型模式。《我们赖以生存的隐喻》为通过隐喻来研究教师提供了理论基础。同时，美国著名哲学家唐纳德·舍恩（Donald Schön）论述到，当隐喻对理论的形成至关重要时，科学家们使用隐喻作为解释理论的手段。因此，人类与世界的关系具有深刻的隐喻性。[②]

隐喻也与美国知名教育哲学家马克辛·格林（Maxine Greene）所倡导的"看到大的事物或人"（To see things or people big）这一教育研究立场相吻合。在格林看来，基于大数据的量化研究是一种"把事物或人看得很小"的研究立场，这一研究范式选择从一个客观、离身的角度来关注社会现象。格林认为，要想"看到大的事物或人"，就必须抵制将其他人视为纯粹的、置身事外的物体。并以真诚的态度看待他们，尤其是他们的独特性。[③] 遵循格林的思路，隐喻促使我们采取审慎的、往复的态度来理解教育政策和长期发展的领域，同时还要注意对特定、不可测量的和独特的社会文化情境的理解。按照格林的观点，隐喻使我们透过表面的统计数字，明晰教育系统、社会结构和教师实践之间的动态关系，剖析教师的真实想法与行动逻辑。

从不同的视角看，隐喻具有不同的类型。除了莱考夫和约翰逊所区分的结构隐喻、方位隐喻和本体隐喻外，美国教育学者瑞贝卡·奥克斯福德（Rebecca Oxford）及其同事发现语言教师所采用的隐喻可以分为四种类型：社会秩序、文化传播、以学习者为

---

① LAKOFF G, JOHNSON M. Metaphors we live by[M]. Chicago, IL: University of Chicago Press. 2008: 3 - 25.

② SCHON D. Generative metaphor: A perspective on problem setting in social policy// A. Ortony (Ed.), Metaphor and thought. Cambridge, England: Cambridge University Press. 1979: 254 - 283.

③ GREENE M. Releasing the imagination: Essays on education, the arts, and social change[M]. San Francisco, NC: Jossey-Bass. 1995: 10 - 11.

中心和社会改革。① 在一项与教学相关的不同类型隐喻的研究中,大卫·陈(David Chen)总结出了五种教学隐喻:艺术隐喻、商业隐喻、科学隐喻、权力隐喻和个人动态隐喻。② 玛丽亚·马丁内斯(María Martínez)与其同事总结出了行为主义者/经验主义者、认知主义者/建构主义者和情境/社会历史隐喻。透过这些不同类型的隐喻,可以发现教师背后所秉承的教育价值观与教学理念。③

美国教育学者还提出并运用了视觉隐喻(Visual Metaphor)与具身隐喻(Embodied Metaphor)等一系列概念。关于视觉隐喻,美国教育学者珍妮特·阿尔苏普(Janet Alsup)在其广受赞誉的著作《教师身份话语:个人和专业空间的协商》(*Teacher Identity Discourses:Negotiating Personal and Professional Spaces*)中发现,职前教师表达的视觉隐喻在抽象理念(即教师的教育哲学陈述)与他们的个人成长经历、教学张力及其与家人和朋友的叙事间建立了有机联系。④ 此外,美国教育学者谢丽尔·克雷格认为具身隐喻促进学界从教师程序性知识转向教师的实践性知识。具身隐喻代表了教师的认识、实践与存在,它通过融合教师的内部和外部意义而创造世界,将连贯性引入混乱的改革情境,促进了教师的知识创造过程。⑤

隐喻在教师教育领域的功能不断得到众多国际教育学者的确认。土耳其教育学者艾哈迈德·萨班(Ahmet Saban)发现隐喻为研究教师的专业思维和认知等复杂、内隐的领域提供了一扇非常具有启发性的窗口。在综述国际教师教育领域对隐喻的应用研究后,萨班发现隐喻具有十大功能:(1)隐喻作为教师专业思维的蓝图;(2)隐喻作为教师专业身份的原型;(3)隐喻作为教师的教学手段与方式;(4)隐喻作为教师反思的媒介;(5)隐喻作为教育评估工具;(6)隐喻作为研究工具;(7)隐喻作为课程理论;(8)隐喻作为心理模型;(9)隐喻作为教师探究发现的工具;(10)隐喻作为教育变革的

① OXFORD R L, TOMLINSON S, BARCELOS A, HARRINGTON C, LAVINE R Z, SALEH A, LONGHINI A. Clashing metaphors about classroom teachers: Toward a systematic typology for the language teaching field[J]. System, 1998, 26(1), 3-50.

② CHEN D D. A classification system for metaphors about teaching. Journal of Physical Education, Recreation & Dance[J], 2003, 74(2), 24-31.

③ MARTiNEZ M A, SAULEDA N, & HUBER G L. (2001). Metaphors as blueprints of thinking about teaching and learning. Teaching and Teacher education, 17(8), 965-977.

④ ALSUP J. Teacher identity discourses. Negotiating personal and professional spaces. New York, Routledge. 2006: 1-38.

⑤ CRAIG C J, YOU J, ZOU Y, VERMA R, STOKES D, EVANS P, & CURTIS G. The embodied nature of narrative knowledge: A cross-study analysis of embodied knowledge in teaching, learning, and life[J]. Teaching and Teacher Education, 2018, 71, 329-340.

跳板。① 鉴于隐喻在教师专业发展与学习中的重要作用,萨班呼吁更多的教师教育者、教师在教师教育项目与教学实践中运用隐喻来透视教师的教学信念、教学反思与职业认同。隐喻成为了教师专业发展的创新路径与方式。

二、隐喻的价值意蕴

隐喻在教师教育领域的价值意蕴不断得以彰显。首先,隐喻给教师提供了用自己的话语系统来表达他们的认知、信念、反思与身份的媒介。这与那些客观主义、量化学者仅从调查问卷的单一方式来审视教师的认知与行为更加全面与系统。与李克特量表中抽象、冰冷的数字相比,隐喻更能接近教师的思维原型。在国际教育测量与强问责时代,以经合组织(OECD)为代表的国际组织所进行的许多关于教师教育的比较研究都是脱离具体社会文化背景的,容易陷入历史虚无主义的泥淖,其目的是寻求从高绩效国家和地区的教育系统中得出"最佳实践"(Best Practices),并将其合法化和传播推广。这种抽离出来的教师专业发展模式往往站在"把事物或人看得很小"(To see things or people small)的立场来对待教师和教育政策制定者,忽视了与教师身份密切相关的特定、不可测量的和独特的社会文化情境的理解,因此难以把握教师的真实感悟与行动逻辑。为了改变上述问题,谢丽尔·克雷格通过隐喻与叙事的途径(如"学校问责作为学校后院的一条龙")来透视教师对教育改革的体认,这成为了近年来国际教师教育研究的一大亮点。②

其次,隐喻不仅彰显了教师的认知状态,更与教师所处的工作情境紧密相关。从社会文化的视角看,隐喻是教师所思、所做与其所处的历史、社会政治与文化共同作用的产物。在对我国和西班牙职前教师在教学实习过程中专业身份建构的研究中,笔者让参与研究的教师使用隐喻与叙事来表达自己在教学实习前后的身份认知状况。通过对他们的隐喻进行分析,笔者发现在教学实习前,这些实习教师对自己的专业身份认知聚焦在以下三个方面:1)对教学保持乐观的心态,但对自己的教师角色有简单化的认知;2)担心自己难以胜任教学工作,3)担心自己难以与实习指导教师建立融洽的师徒指导关系。实习结束后,这些教师产生了如下改变:1)对教师角色的正向转变性

---

① SABAN A. Functions of metaphor in teaching and teacher education: A review essay[J]. Teaching Education, 2006, 17(4), 299-315.
② CRAIG C J. The dragon in school backyards: The influence of mandated testing on school contexts and educators' narrative knowing[J]. Teachers College Record, 2004, 106(6), 1229-1257.

认知增加;2)专业知识与技能得到提升;3)在与学生建立关系的过程中遭遇了一系列挑战;4)实习学校的文化环境对他们的专业身份认知有较大的影响。[①] 通过对隐喻及其叙述的分析,笔者还发现了实习教师建构专业身份的机制:确认/巩固、阐述/扩展、矛盾/不平衡和稳定/微小变化。可见,隐喻可以以更加整全、动态的方式探索教师的身份认知与情境化实践。[②]

三、结语

总之,隐喻对教育研究者来说是一种崭新的研究手段,而对被研究的教师来说,是他们反思、成长与改变的一条可行路径。隐喻为教师教育研究开辟了新的天地,为教师提供了心理模拟的机会,它允许教师将先前的个人与专业经验具体化,从而产生新的概念知识。隐喻还将教师复杂的教育理念和行动简化为可理解的具体形象。隐喻具有多重理论与实践价值。一方面,隐喻使研究者与被研究者以"互动性""参与性""情境性"与"叙述性"的方式从事教育研究。另一方面,教师可以通过隐喻来表达自己的所思、所说、所属与所做。因此,隐喻对教师而言具有"赋权增能"的价值,它使得研究者不仅扩展理论视角,更以共感、共鸣的方式理解被研究教师的内心世界。

第八节 西方教师伦理研究:回溯与评论

西方教师伦理研究分为四大研究领域。第一,西方教师伦理研究的前提假设。这主要包含三个层面的意涵,首先,教师是道德或伦理代言人。其次,教育(或教学)内在上是一种德性实践。再次,教师伦理是教师"新专业化"发展的重要基础。第二,西方教师伦理研究的概念基础与理论框架。主要包括四个方面的理论纬度:规范伦理学(义务论、结果主义、美德主义)、相对与绝对主义、多元文化主义以及其他代表性的理论视角(道德心理学、女性主义和价值学理论)。第三,西方教师伦理研究催生了一系列代表性的实证研究及所衍生的社会伦理问题域研究,主要包括教师伦理教学方式、

---

① ZHU G, RICE M, LI G, ZHU J. EFL student teachers' professional identity construction: A study of student-generated metaphors before and after student teaching[J]. Journal of Language, Identity & Education, 2022, 21(2), 83-98.

② ZHU G, CHEN M. Positioning preservice teachers' reflections and I-positions in the context of teaching practicum: A dialogical-self theory approach[J]. Teaching and Teacher Education, 2022, 117, 103734.

教学中的伦理判断、教师伦理冲突和道德想象力。最后,西方教师伦理研究呈现出自己独特的特点与未来研究路径。

一、西方教师伦理研究的背景与流变

(一)西方教师伦理的研究背景

教师伦理的研究历史可以用"漫长的过去,短暂的历史"来形容,在 20 世纪 80 年代以前,关于教师伦理的研究可谓凤毛麟角,仅有的一些研究也是比较零散,仅从哲学层面上(主要是认识论方面)进行了规范性(normative)探讨与研究,并没有形成完整的理论体系。究其原因,正如加拿大教学伦理学学者坎贝尔(Elizabeth Campbell)所总结的那样,教育的伦理性总被其他研究者视为一个理所当然的、蕴含在教育活动中的本质。[①] 另一方面,相比于教师的专业知识、专业技能等显性的、可操作的外在研究领域,教师伦理因为其内隐性、相对性和复杂性等特征,对其研究相对比较薄弱。特别是进入教师专业化发展时期,关于教师知识、技能等的研究可谓汗牛充栋,而关于教师伦理的研究则显得"门前冷落鞍马稀"。

教师伦理研究的缘起,一方面受到美国教师专业化运动的影响,特别是第一次教师专业化运动过于注重教师知识和技能的弊端显现出来之后,第二次教师专业化运动更加注重教师的道德与伦理规范。在此背景下,美国国家教育协会(National Educational Association,简称 NEA)于 1975 年专门修订了针对教师的《教育专业伦理行为规则》。[②] 另一方面,教师伦理研究与美国道德与品德教育产生的弊端紧密相关,特别是美国传统学校教育中所发生的道德危机。瑞茨(Reitz)于 1998 年在《学校中的道德危机:家长和教师应当知道的》(*Moral Crisis in the Schools:What Parents and Teachers Need to Know*)中对美国学校教育中的道德危机敲响了警钟。[③] 同时,珀普尔(David Purpel)在《教育中的道德恐慌》(*Moral Outrage in Education*)中也指出了美国学校教育中存在的道德缺失现象[④],这引发了教育理论者和实践者对教师伦理的关

① CAMPBELL E. The ethics of teaching as a moral profession [J]. Curriculum Inquiry, 2008,38(4):357 - 385.

② STRIKE K A, SOLTIS J F. The ethics of teaching [M]. New York, NY: Teacher College Record, 1985:1 - 20.

③ REITZ D J. Moral crisis in the schools: What parents and teachers need to know [M]. Baltimore MD: Cathedral Foundation Press, 1998:1 - 10.

④ PURPEL D E. Moral outrage in education [M]. New York City, NY: Peter Lang, 1999:1 - 8.

注,使得教师伦理研究从20世纪90年代末开始,在理论和实践方面不断取得新的研究进展。瑞典教育学者科尔纳德(Gunnel Colnerud)认为,目前,教师伦理作为一个研究问题,已经在四个方面取得了广泛的研究共识,即:(1)公正和关怀的关系;(2)美德性伦理和规范性伦理之间的冲突;(3)道德教育和专业伦理的关系;(4)教师专业中道德的重要性。但同时,科尔纳德提出了两个新的问题:第一,如何回答"成为一个道德上良好的教师是困难的";第二,教师对所教内容的道德责任。①

(二)西方教师伦理研究的流变

西方学者关于"教师伦理"这一概念域的使用具有传承与延续的特点,西方学者大多使用"教师伦理"(teacher ethics)、"教师专业伦理"(teacher professional ethics 或 professional ethics for teachers)、"教师伦理守则"(code of teacher conduct)、专业伦理守则(professional codes of ethics)等,与此同时,西方学者有时也在"教学专业伦理"(professional ethics in teaching)、"教学的伦理道德维度"(the moral dimension of teaching)或"教育专业伦理"(professional ethics in education)的框架内讨论教师伦理问题。在不同的历史时期,所使用的主流概念不一样,因此,呈现出鲜明的时代烙印与特点。

自从20世纪90年代以来,关于教师伦理的研究逐渐拓展与深入。西方学者提出了伦理型教师(ethical teacher)、伦理型学校(ethical school)和伦理型知识(ethical knowledge)、教师美德(teacher virtue)等新的概念,并对教学中的伦理困境(ethics dilemma in teaching)和教学中的伦理判断(ethics judgment in teaching)等领域进行了探索。与此同时,在相关概念的使用上进一步丰富,有学者使用了教学方式(manner in teaching)、学校的道德生活(moral life of school)等新的概念。

自20世纪90年代以降,西方教师伦理逐渐引起哲学研究者和教育研究者的共同关注,在具体的研究操作上,不仅有了哲学视角(philosophical perspective)的深化,更有学者进行了实证研究(empirical study)。目前,关于教师专业伦理的研究仍以理论研究为主导,但是研究的视角日益多元化。从阶段序列看,关于教师专业伦理的研究可以划分为启蒙时期、萌芽时期、成熟时期和多元化时期四个阶段。各个时期的代表人物、研究特点及主要研究成果详见表2-3。

---

① COLNERUD G. Teacher ethics as a research problem: Syntheses achieved and new issues [J]. Teachers and Teaching: theory and practice, 2006,12(3):365-385.

表 2-3　各个时期的代表人物、研究特点及主要研究成果

阶段划分	时间	代表人物	研究成果与主要观点
启蒙时期	20世纪50年代以前	亚里士多德(Aristotle)、赫尔巴特(Herbart)、康德(Kant)、杜威(Dewey)等	1.教师专业伦理研究尚未成为一个独立的研究领域,没有出现直接关于教师专业伦理的研究。2.通过研究教育的目的等其他领域来论述教师与教育活动的德性。3.研究方式主要是哲学与伦理学领域的思辨式探讨。西方的研究如《普通教育学》和《民主主义与教育》;东方的研究如《学记》等。
萌芽时期	20世纪60—90年代	彼得斯(R. S. Peters)、罗杰斯(Rogers)、斯特里克(K. A. Strike)、索尔蒂斯(J. F. Soltis)等	1.教学伦理成为一个独立的研究领域,产生了一批专著,如《伦理学与教育》(*Ethics and Education*)和《教学伦理》(*Ethics of Teaching*)等。2.研究方式主要是教育哲学家与伦理学家进行的思辨研究。3.人本主义心理学者和批判教育学者针对教育伦理提出了各自的主张。4.各种教师专业组织颁布了各自的教师专业标准。
成熟时期	20世纪90年代—21世纪初	芬斯特马赫(Gary Fenstermach)、杰克逊(Philip Jackson)、汉森(David Hansen)、古德莱德(Iovr Goodlad)等	1.关于教师伦理的研究受到关注,理论研究日益成熟。2.实证研究方面,有"教学礼仪研究"(Manners in Teaching)和"学校的道德生活"(The Moral Life of Schools)两个代表性研究项目,基于这些项目产生了丰富的研究成果。
多元化时期	21世纪初至今	诺丁斯(Nel Noddings)、坎贝尔(Elizabeth Campbell)、卡尔(Carr)等	1.教师专业伦理的研究受到教师专业化发展的驱动与影响。教师专业伦理研究成为教师专业发展的一个重要构成部分。2.教师专业伦理的研究更加系统与多元化,如应用伦理学与女性主义的视角。3.与教师专业伦理相关的研究领域拓展,如伦理型教师、伦理型知识、教学中的伦理判断和伦理困境等。

从研究视角方面看,教师伦理研究的视角不仅有批判主义,如批判教育学者亨利·吉鲁(Henry Giroux)认为教师应当成为促进民主社会的知识分子而不仅仅是学校里面的技术雇员。[①] 还有女性主义理论日益受到关注,如教育哲学家内尔·诺丁斯(Nel Noddings)在《关怀教学的主题》(*Teaching Themes of Care*)一文中,从女性主义的立场出发,以关怀为其理论体系的逻辑出发点,构建了关怀伦理的层级体系,并以此来重组中小学校课程。诺丁斯所构建的关怀伦理体系从内到外依次是:对自我和亲密他人的关怀、对陌生人和地球上其他人类的关怀、对自然世界和非生命物质的关怀、对

---

① WEBB L D, METHA A, JORDAN K F. Foundations of American education [M]. Merrill, 2000:1-100.

人造世界和思想的关怀。①

在实证研究层面,关于教师伦理的研究主要以田野调查等质性研究为主。在教师伦理研究的成熟时期,以芝加哥大学教育学教授菲利普·杰克逊(Philip Jackson)为首的研究团队以"学校的道德生活"(The Moral Life of Schools)为课题,对美国中西部地区六所代表性中小学校(共18个课堂)进行了为期两年半的实证研究(从1988年1月到1990年6月),他们的研究问题聚焦于学校的道德问题,即学校情境中与教师教学和学生学习有关的"道德复杂性"(Moral Complexity)。② 1997年到2000年,以美国教育学者盖瑞·芬斯特马赫(Gary Fenstermacher)为首的研究团队还开展了"教学行为"(Manner in Teaching Project)的研究,基于这项实证研究课题,他构建了系统的教学思想伦理体系。

综上所述,教师伦理属于应用伦理学(applied ethics)的范畴体系,即它是一般性伦理学原理在教育领域中,特别是教师教育与课堂教学研究领域中的具体运用,教师伦理的内涵主要有两方面,一方面是指教师的品德与行为在何种程度上是符合伦理规范的,即教师在何种意义上是向善德行的代理人与促进者;另一方面,教师伦理指的是在教育情景中,教师的教学行为所遵循的公平性与正当性等伦理原则。与教师伦理研究密切相关的研究领域是伦理学、教师(教育)专业化、道德和品德教育、课堂教学等。通过系统梳理文献发现,教师专业伦理的研究总是与以上四方面紧密交织在一起。目前,关于教师专业伦理的研究仍以理论研究为主导,但是研究的视角日益多元化。通过梳理相关文献,本文将西方教师伦理的研究归结为四大研究领域:(1)西方教师伦理研究的前提假设。这主要包含三个层面的意涵,首先,教师是道德或伦理代言人。其次,教育(或教学)内在上是一种德性实践。再次,教师伦理是教师"新专业化"发展的重要基础。(2)西方教师伦理研究的概念基础与理论框架。这部分主要包括以下主流的、横向的理论纬度:规范伦理学(义务论、结果主义、美德主义)、相对与绝对主义、多元文化主义以及其他代表性的理论视角(道德心理学、女性主义和价值学理论)。(3)本文审视了西方教师伦理研究中的代表性实证研究及教师伦理研究所衍生的问题域研究。这主要包括教师伦理教学方式、教学中的伦理判断、教师伦理冲突和道德想象力的研究。(4)本文系统分析了西方教师伦理研究的特点与未来研究方向。本文各部分的研究关系如图2-1所示。

① NODDINGS N. Teaching themes of care [J]. Phi Delta Kappan, 1995,76(2):670-675.
② JACKSON P W. The Moral Life of Schools [M]. Jossey-Bass Inc, 1993:1-20,20-30,30-50,100-150,200-352.

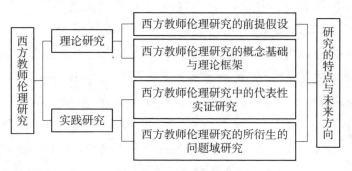

图 2-1　各部分的研究关系

二、西方教师伦理研究的前提假设

西方学者关于教师伦理研究的前提，或者说教师伦理研究的前提性假设主要集中在三个方面：第一，就教师的角色而言，其应该是道德代理人；第二，从教师的教学方面讲，教学内在上是一种德性实践；第三，教师伦理是教师"新专业化"发展的重要基础。这三方面构成了西方教师伦理研究的前提，也就是说西方学者是在这三个方面取得共识的基础上来研究教师伦理的。下面分别对其进行论述。

（一）教师是道德或伦理代言人（moral/ethical agent）

在批判教育学领域，保罗·弗莱雷（Paul Freire）和亨利·吉鲁（Henry, A. Giroux）将教师的伦理角色与社会变革联系在一起。代表性人物吉鲁认为，教师应积极参与到教育政策和学校改革的辩论中，他极力反对教师作为只是简单听从他人命令的技术人员（technician），主张教师应当承担知识分子的劳动（intellectual labor），而不只是技术层面的工作（technical or instrumental labor）。并且，吉鲁认为，教师扮演着独特的政治角色（distinctive political role），因为教师有更多的道德责任去质疑他们所教的课程以及怎么去教它，而非不加批判地将一切知识灌输给学生。同时，吉鲁认为，教师也不能仅仅被归类为"仅是雇员"的地位（mere employee status），教师应当将他们的专业知识与教育的目标——民主社会联系在一起。[1]

在关于教师伦理角色的实证研究方面，挪威教育学者伯盖姆（Trygve Bergem）对挪威 286 名职前中小学教师进行了长期的调查研究，在教师关于自己角色和行为的专

---

[1] FREIRE P. Pedagogy of freedom: Ethics, democracy, and civic courage [M]. Rowman & Littlefield Pub Incorporated, 1998:1-125.

业认识方面,发现有49％的职前教师认同自己应当成为学术的道德示范者(role-models),而29％的教师不确定自己的道德角色,22％的教师不认同自己的道德角色。因此,职前教师在对自己的角色认识方面存在显著差异。① 面对教师伦理专业化的挑战以及以往教师专业发展的不足,加拿大教学伦理学者伊丽莎白·坎贝尔提出了伦理型教师(ethical teacher)这一新型教师范式,在其专著《伦理型教师》(*The Ethical Teacher*)一书中,伦理型教师主要包含两方面的内容,第一,教师作为一个道德人(The teacher as a moral person);第二,教师作为一个道德教育者(The teacher as a moral educator)。这两个方面有机联系在一起就构成了伦理型教师的范式。② 此外,教育哲学家大卫·汉森(David Hansen)研究了教师风格的道德重要性,汉森评述了以往关于教师教学方面的个人维度,认为教学如被视为一种反思和道德实践,其内容将更加丰富,教师的个人行为可被转译成公认的社会价值,如礼貌(civility)、努力(efforts)和对学科知识的喜爱(appreciation of subject-matter)。因此,从道德的重要性来讲,要重视教师的个人风格。③

韦伯(L. Dean Webb)和麦莎(Arlene Metha)等学者在《美国教育的基础(第七版)》(*Foundations of American Education*)中认为,每一个职业都有反映其活动和责任的伦理规范,教师作为公共人物的角色和其与学生的特殊关系使得教学具有不同于其他职业的特殊伦理考虑,正如美国全国教学专业标准委员会(National Board for Professional Teaching Standards)在2001年所阐明的那样④,委托人需要接受义务教育的这一特点使得教育产生了独特的要求,更重要的是,这些委托人是儿童。因此,小学、初中、高中的教师需要承担严格的伦理标准。其他的伦理要求源自教师作为受教育人的模范这一角色。教学是一项公共活动;教师在日常的教育活动中,与他(或她)的学生在一起,并且学生在学校持续的生活对教师的行为施加了特殊的义务。学生很早就学会了根据他们教师的特点来进行学习,因此,教师必须规范他们那些学生容易模仿的行为。而教师没有践行他们所宣扬的行为会很快被学生、家长和他们的同行所觉察到。教师在心中铭记并在行为中践行这些额外的要求需要他们特别注意自己的

① BERGEM T. The teacher as moral agent [J]. Journal of Moral Education, 1990,19(2):88-100.

② CAMPBELL E. The ethical teacher [M]. Open University Press, 2003:1-130.

③ HANSEN D T. The moral importance of the teacher's style [J]. Journal of Curriculum Studies, 1993,25(5):397-421.

④ WEBB L D, METHA A, JORDAN K F. Foundations of American education [M]. Merrill, 2000:1-170.

举止和行为所产生的后果。因此,教学的专业标准需要强调它的伦理本质。

(二) 教育(或教学)内在上是一种德性实践

根据英格索尔(Ingersoll)的观点,专业是指以"知识为基础"的职业(knowledgebased occupations)①,据此,教学明显属于专门的职业,因为教学需要具备在一定时期内习得的专门知识,通常是在职前教师培养项目中获得。韦伯和麦莎等在《美国教育的基础(第七版)》中认为,教学如果要成为一种专业(profession),它必须具有以下六个方面的内容:专业知识和准备(Specialized Knowledge and Preparation)、对社会的必要服务(Provision of Essential Services to Society)、执行判断(The Exercise of Discretion)、直接监督下的自主和自由(Autonomy and Freedom from Direct Supervision)、专业标准守则(Code of Professional Standards)和专业伦理规范(Professional Codes of Ethics)。②

虽然,教学是一种专门职业这一观点是被广为接受的,但是与律师、医生等其他职业不同,教学具有其独有的特征。派瑞(Perry)认为公共学校教师与其他职业不同的两个显著特征是:(1)教师所工作的环境;(2)教师所教育的学生的本质。③ 同时,教育哲学家盖瑞·芬斯特马赫认为教学实践从根本上区别于医学或法律专业的三个要素是:知识的神秘化(Mystification of knowledge)、社会距离(Social distance)、交互努力(Reciprocity of effort),正是这三个要素使得教学从根本上不同于医生和律师这样的专业,对这三个要素的分析如图2-2所示。④

认识到伦理(或道德)是构成教学这一完整活动不可或缺的要素时,教育哲学家大卫·汉森比较了教学的几种定义,即教学作为工作(job)、职业(career)和专业(profession)的不足之后,最后将教学定义为"具有丰富传统的道德与智力实践",只有顾及智力与道德两方面的教学才是完整意义上的教学。⑤

① BALLANTINE J H, SPADE J Z. (Eds.). Schools and society: A sociological approach to education [M]. Pine Forge Press, 2011:185.
② WEBB L D, METHA A, JORDAN K F. Foundations of American education [M]. Merrill, 2000:1-170.
③ PERRY C C. A code of ethics for public school teachers [R]. Annals of the American Academy of Political and Social Science, 1955:297,76-82.
④ GOODLAD J I, SODER R, SIROTNIK K A. The moral dimensions of teaching [M]. San Francisco: Jossey-Bass, 1990:63-68.
⑤ HANSEN D T. Exploring the moral heart of teaching: Toward a teacher's creed [M]. Teachers College Press, 2001:1-19.

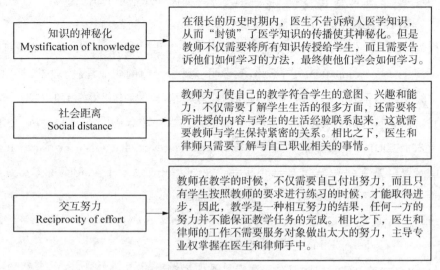

图 2-2　教学实践区别于医学或法律专业的三个要素

（三）教师伦理是教师"新专业化"发展的重要基础

教师"新专业化"的前提是传统教师专业化在理论和实践方面存在的"悖论"。罗杰·索德（Roger Soder）考察了医学专业化的发展历程和启示，对照医学专业化的发展历程，有六个因素促进了医学向专业化的方向发展：（1）新技术（New Technology）；（2）与新技术相联系的培训（Training Linked to the New Technology）；（3）公众对限制性行为的支持（Public Support for Restricted Practice）；（4）公众对教育的重视（Public Valuing of Schooling）；（5）对服务的碎片化要求（Fragmented Demand for Services）；（6）权威的分歧（Bifurcation of Authority）。对比医学专业化发展的这六个标准及其模式，教师专业化无论从理论还是实践方面，甚至从大的社会背景方面讲，都难以达到这六个标准中的任何一个。总结这六个因素，罗杰·索德认为最根本的原因是教师专业化缺乏医学专业化所拥有的"合法的复杂性"（legitimate complexity）——这一专业权威、力量和声望的重要基础与来源。[①]因此，教师专业化的"悖论"在于其不具备医学专业化的历史条件与现实基础，因此将教师专业化与医学专业化类比并试图取得与医学那样的专业化程度从逻辑上讲是错误的。

---

① GOODLAD J I, SODER R, SIROTNIK K A. The moral dimensions of teaching [M]. San Francisco: Jossey-Bass, 1990:63-68.

关于教师专业化的传统,其所使用的论证思维主要有三种:定义(definition)、相似(similitude)和情境(circumstance)。定义主要是指根据类、属或种所固有的特征来论述;相似是指在同一类中某两类之间具有相似的特征;情境是指通过评价现有的情境来决定政策或作出结论。在这三者之中,教师专业化的逻辑论证主要是通过"相似"来进行的,比较常见的论断有"我们将达到医生的地位,因为我们正在做与医生类似的行为"。但是,这样的逻辑思维使得教师专业化陷入了"两难的境地",即模仿医生专业化的模式;同时与医生专业化相关的因素对教师专业化而言是不相关和不现实的。而教师专业化应有自己的独特性——即道德(或伦理)基础,具体而言,道德(或伦理)基础是指某一职业的道德感而使得公众愿意将荣誉赋予这一职业。由于儿童的本性和教师、学生和家长之间的关系,教师可以合法地要求其被尊重。①

同时,艾瑞克·霍尔(Eric Hoyle)认为,目前教师专业化发展过于倚重理论知识,而忽视与实践的联系,造成了理论与实践之间的隔阂。同时,教师专业化忽视了教师专业的独特性,即教育教学过程中所蕴含的道德责任。针对教师专业化的不足,特别是忽视教师专业发展中"缺失的一个重要维度",艾沃德·特哈特(Ewald Terhart)提出了教师专业发展的新模式,将以往传统的教师专业发展两维模式发展成了三维模式,即从通常的认知与实践发展维度扩展到认知、实践与道德维度(详见图2-3)。②

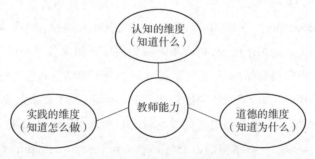

图 2-3 教师发展的模式

针对传统教师专业化的不足,特别是由于教师专业伦理匮乏所造成的教师专业发展只是局限在技术层面,我们需重新寻求教师的"新专业化"基础。据此,英国教育学

① HOYLE E. The professionalization of teachers: A paradox [J]. British Journal of Educational Studies, 1982,30(2):161-171.
② TERHART E. Formalised codes of ethics for teachers: between professional autonomy and administrative control [J]. European Journal of Education, 1998,33(4):433-444.

者休·索克特（Huge Sockett）在《教师专业化的道德基础》（*The Moral Base for Teacher Professionalism*）一书中认为教师专业化具有四个维度：（1）专业社群；（2）专业知能；（3）专业问责；（4）专业服务。其中，专业社群是教师所形成的遵循共同伦理原则的互助性发展集体；从伦理的角度讲，专业知能可被视为是诚实、勇气、关怀和公平等实践智慧；同时，专业问责是教师对学生道德成长与发展所应尽的义务；专业服务是规范教师履行这一义务的守则。以上四个维度决定了道德是教师专业化的重要基础。①

三、西方教师伦理研究的概念基础与理论框架

随着阿兰·汤姆（Allan Tom）在 1984 年出版《教学作为一种道德技艺》（*Teaching as A Moral Craft*）和斯特瑞克（Strike）和索尔蒂斯（Soltis）于 1986 年出版《教学伦理》（*The Ethics of Teaching*）一书，肯尼斯·霍伊（Kenneth R. Howe）认为有必要提供一个关于教师伦理的概念框架。同时，肯尼斯·霍伊认识到了教师伦理领域中的三个代表性理论（应用伦理理论、道德认知发展理论和价值澄清理论）都有各自的不足。因此，肯尼斯·霍伊将"批判性反思"（critical reflection）作为教师伦理探究的核心，基于教师经常面临的伦理困境，他提出了教师伦理的六个核心要素：对道德省思的尊重（Appreciation for Moral Deliberation）、共情（Empathy）、人际关系技巧（Interpersonal Skills）、知识（Knowledge）、推理（Reasoning）和勇气（Courage）。并且，对道德省思的尊重是道德行为和决定的根本前提，共情和人际关系技巧用来找寻和陈述他人的利益，通过知识进行推理而得到结论，而勇气是将不同情境下的结论转变为行动。②

关于教师伦理的特点，罗伯特·纳什（Robert Nash）为了促进教师做出关怀和谨慎的道德决定，提出了关于教师伦理的概念性分析框架，即规则/原理的方式（Rules/Principles Approach）、品德/结构的方式（Character/Structure Approach）和信念/理想的方式（Beliefs/Ideals Approach）三组概念。关于这三组概念之间的关系，罗伯特·纳什认为他们在逻辑上是相互支持的，教师伦理的规则/原则只有深植于信念和理想之

---

① SOCKETT H. The moral base for teacher professionalism ［M］. Teachers College Press, 1993：36，91 - 120.

② HOWE K R. A conceptual basis for ethics in teacher education ［J］. Journal of Teacher Education, 1986, 37(3)：5 - 12.

中,并且与教师的品德和结构一致时,它才能提升教师的伦理。① 同时,艾沃德·特哈特认为教育中一直存在着行政控制与教师自主二者之间的冲突,而教师专业伦理可以视为平衡控制与教师自主的重要因素。此外,艾沃德·特哈特对比研究了美国教育协会(NEA)于1952年和1975年颁布的正式的教师伦理守则、德国在1993年和瑞典在1994年颁布的教师伦理守则,他认为这些伦理的不足多于他们的优势,即教师面临着只是口头上遵守这些伦理守则的危险,同时在学校管理者手中,这些伦理规则容易失去其作为自主和教师自我义务的特征而沦为行政控制的工具。②

首先,本部分从横向的理论角度,即规范伦理学(义务论、结果主义、美德主义)、相对与绝对主义、多元文化主义等理论视角对西方教师伦理研究进行评述。最后,本部分简要梳理了西方教师伦理研究中的其他主要理论视角,这主要包含道德心理学、女性主义和价值学理论。

(一)规范伦理学视角下的教师伦理研究

关于教师伦理中的目的论与义务论,目的论者主要对某一行为感兴趣;而义务论者主要对某一标准感兴趣。目的论与结果主义和实用主义类似,其信奉的原则是"追求最大多数人的最大幸福"。而义务论者与非结果主义类似,他们注重的是标准、规则本身,而非某一行动所带来的结果。③

1. 义务论教师伦理

义务论教师伦理又被称为以义务为基础的教师伦理。义务论教师伦理认为,人们的(教师的)决定和行为应该被他们自己的权利和义务所指引,同时,也应该被其他人的权利和义务所引导。具体而言,教师的决定或行为如果从外在和内在都符合个体和社会机构(如学校)的义务,它就被判断为是道德的。例如,教师的行为会被认为是道德的,如果他(或她)满足儿童接受教育的普遍权利。重要的是,教师的职责和义务是由一系列规则和行为原则来决定的,而不是由他们行为的后果来评价的。换言之,教师被期望做某事是由于该事情本身是正确的(或教师被避免做某事情是由于这些事情本身是错误的),而与他们所产生的好处或好的结果无关。此外,义务论教师伦理认为

① NASH R J. Three conceptions of ethics for teacher educators [J]. Journal of Teacher Education, 1991, 42(3):163－172.
② TERHART E. Formalised codes of ethics for teachers: between professional autonomy and administrative control [J]. European Journal of Education, 1998,33(4):433－444.
③ GOODLAD J I, SODER R, SIROTNIK K A. The moral dimensions of teaching [M]. San Francisco: Jossey-Bass, 1990:230.

必须要区分特殊情境下的义务,比如拒绝某人的上级领导、传递国家价值和绝对性的义务,比如促进智力自由和不分阶级、肤色和信仰平等对待学生等。绝对价值需要教师超越国家与特殊的文化背景来履行。

2. 结果主义教师伦理

结果主义(又被称为以后果为基础的教师伦理)是通过正面的或负面的结果来判断其行为。结果主义最常见的形式是实用主义。实用主义认为一个道德上正确的行为是给每个人带来益处的行为(这与以自我为中心的实用主义不同,自我中心的实用主义关心的只是自己或某个群体的利益)。诺丁斯的关怀伦理学通常被认为是以结果主义的方式来论述教学和教育,因为它集中讨论了一个非常重要但是被忽略的问题:在自由民主国家中,教育在何种程度、通过何种方式可以促进个人的幸福?诺丁斯认为具有活力的、积极的、平等的、以促进对学生关怀的教学实践可以达到这一目的。她的核心理念是"好的教学应该给所有人带来幸福"。"所有人的幸福"作为道德教育的目的具有以下几个基础。首先,幸福的人都是善良的,他们较少具有暴力倾向和残酷无情。第二,对幸福的强调可以促进学生的学习动机和学校的正面感受经验。第三,以往将学习成功作为幸福的关键因素限制了学生在更广领域中的自我实现,而将幸福作为教育目标,学校和教师可以促进学生的发展与生存境况。[1]

3. 美德主义教师伦理

美德主义伦理试图定义什么样的人构成一个好人。在教育情境下,美德主义教师伦理界定应该达到的教师的个人和人际特征,同时,美德主义伦理学者认为教师的这些伦理美德应处于教学伦理的核心。因此,美德主义伦理学者强调个性的培养并且试图描述在文明的社会背景下一个有美德的人应该具有什么特征。与医生和律师相比,教师的个人道德尤为重要,因为他们负责学生个体的和道德的发展。[2] 索克特认为有五种专业美德构成了教师处理教师教学实践中的道德困境:(1)智力诚实。它指的是引导学生学习知识和真理的能力,教师能区别事实与假象,同时能在学生中获得信任。(2)勇气。即在困难、动荡和麻烦的情景下有目的地教学实践。这意味着教师要做好维护其教学原则的准备,即使他自己遭受损失。(3)关怀。这种美德指的是个人怎样对待他者(包括其他人及非生命的东西以及思想等)。它强调共情性理解和基于相互

[1] NODDINGS N. Happiness and education [M]. Cambridge: Cambridge University Press, 2003:220-239.

[2] CARR D. Professional and personal values and virtues in education and teaching [J]. Oxford Review of Education, 2006,32(2):171-183.

性的关系上而非理性的、正式的和抽象的原则。(4)公平。这种美德意味着教师要公平地对待学生,无论这些学生是在学校中还是在社会上的其他机构中。(5)实践智慧。这种美德要求实践性反思,从而使得教师能够审慎地评价和反思自己行为中的其他美德。①

(二) 教师伦理中的相对主义与绝对主义

关于教师伦理中的相对主义(relativism)与绝对主义(absolutism),相对主义认为不同的情况适合于不同的学生,它通常指的是对伦理利己主义的激进怀疑,但是相对主义最常见的形式产生于不同的文化之间。伦理相对主义认为没有普适性的、真实的伦理规则。它反对按照常规去接受伦理规则,而应该考虑具体的时间和地点,因为某一伦理规则可能适用于某种文化或亚文化,当不同时期或地区的伦理规则产生冲突时,我们不能判定两个相冲突的伦理规则哪一个是正确的。相对主义伦理有三个概念来支持其理论,即道德否定(Moral disagreement)、道德多样性(Moral diversity)和容忍(Tolerance)。绝对主义不是一个同质化的群体,他们中有保守的宗教团体、客观主义的哲学家、马克思主义者等。但是这些群体中没有一个会产生教师在教室里进行伦理讨论的威胁,然而他们变成教条化的时候,他们会阻止教师伦理的话语或其他人参与讨论教师伦理。教师伦理绝对主义者认为,在我们的社会中,不存在特殊的、蕴含于某文化中的道德,而是存在共性的伦理道德,这些伦理道德通常表现在一系列一致的信念或标准中。②

(三) 多元文化背景下的教师伦理

西方国家的社会呈现典型的多元文化特征,而美国的教育系统也呈现出典型的多元文化背景。根据美国国家教育统计中心 2006 年发布的报告,2004 年,美国公立学校入学的学生中有色人种的比例占 43%,预计到 2020 年,有色人种学生的比例将占美国学生人数的一半。③ 在这种多元文化背景下,教师伦理与多元文化教育有着千丝万缕的联系,而多元文化教育的宗旨与精神内涵也要求教师在学校与课堂中不断提升自己的教学伦理。因此,教师如何在课堂教学中通过多元文化教学实现教师伦理成了一

---

① SOCKETT H. The moral base for teacher professionalism [M]. Teachers College Press, 1993:36,91 - 120.

② STRIKE K A, TERNASKY P L. Ethics for Professionals in Education: Perspectives for Preparation and Practice [M]. Teachers College Press, 1993:90 - 94

③ SAHA L J, DWORKIN A G. (Eds.). International handbook of research on teachers and teaching [M]. Springer, 2009:1 - 200.

个研究的热点。

在多元文化课堂中,教师引导学生重视他们族群的价值观、文化背景和认识方式的教学方式被称为文化相关性教学(culturally relevant pedagogy)。这种教学方式聚焦于学生的学习成功并且认可学生的文化身份,它引导学生去批判性地审视学校的教学内容和过程。① 文化相关性教学的著名学者拉德森-比林斯认为文化相关性教学具有四个特点:(1)提供严格的、相关的教育。学术成就是文化相关性教学的首要目标。拉德森-比林斯认为,多元文化教育并不仅仅是促进自我感觉良好和提高自尊,而应该构建促进所有学生成功的学习环境。(2)支持文化身份的认同。支持文化身份的认同意味着教师能理解学生文化背景的独特性和有色人种学生的优势。(3)理解教学的社会文化构成部分。伦理型教师具有种族觉醒意识并且能认识到社会不平等的存在。教师能理解"学校教育并不是在真空中发生的",同时,他们能意识到"种族和种族极端主义影响着美国人每天的经验"。② 因此,教师会让学生批判边缘化少数族群的社会制度和政策。(4)对所有的学生保持高期待。这一原则意味着教师对所有的学生一视同仁,认为所有的学生,无论种族和家庭背景的差异都能取得学术成功。③ 此外,关于学生学习评价方面的教师伦理,合乎伦理的评价方式应该侧重于优异性原则(rules of meritocracy),如强调个人成绩、课堂参与讨论、努力程度等而非个人特征,如种族、性别、与教师的关系等。④

(四) 教师伦理研究中的其他视角

1. 道德心理学视角

科尔伯格的道德认知理论。科尔伯格的基于道德认知发展的"伦理困境"理论主要是从心理学的角度对教师伦理进行研究的。在科尔伯格看来,道德的发展需要经过一系列的阶段,每一阶段都有一些特定的用于道德判断的标准。因此,道德教育的任务是使学生从较低的道德认知阶段发展到较高的道德认知阶段,但是在每一阶段的发展过程中,学生都可能会遭遇"伦理困境"(ethical dilemma),科尔伯格认为"伦理困境"

---

① LADSON-BILLINGS G. But that's just good teaching! The case for culturally relevant pedagogy [J]. Theory into Practice, 1995,34(3):159-165.

② LADSON-BILLINGS G. Fighting for our lives: Preparing teachers to teach African American students [J]. Journal of Teacher Education, 2000,51(3):159-165.

③ LADSON-BILLINGS G. Toward a theory of culturally relevant pedagogy [J]. Amcrican Educational Research Journal, 1995,32(3):465-491.

④ SAHA L J, DWORKIN A G (Eds.). International handbook of research on teachers and teaching [M]. Springer, 2009:1-200.

对教师和学生在认知、社会化、道德和情感方面的发展具有重要的促进作用。但是，科尔伯格也认识到了伦理困境的不足之处，就是假定性的困境不能触及讨论人的日常生活，也不能对其生活或工作的整体社会道德环境产生影响。并且，伦理困境的讨论只是一种探讨，它并不能预测和代替真实的行动。①

2. 女性主义视角

诺丁斯以"关怀"为核心的关系型教师伦理。针对以往伦理学过于注重认知方面而忽视情感和个人生活的不足，诺丁斯从女性主义的视角（feminist approach）探讨了关怀（caring）作为教师专业伦理的核心要素。② 以关怀为其理论体系的前提，诺丁斯在她另一些著作中还将关怀（caring）、公正（justice）和平等（equity）作为其寻找教育的共同基础（the search for common ground in education）。③

通过借鉴哲学家马丁·布伯（Martin Buber）的哲学观点，诺丁斯认为关系在伦理中具有重要意义，布伯认为人与人（或人与物）之间存在两种类型的关系，即"我—他"之间的关系（I-It mode）和"我—你"之间的关系（I-Thou mode），但是，前一种关系类型是绝大多数人所具有的为了自我目的的关系类型，因而它是一种工具性关系，但是伦理和精神生活需要"我—你"这样的关系类型。④ 关于关系型伦理在具体教学中的运用，诺丁斯认为主要有两方面：第一，关怀型伦理可以作为批判性理论，也即关怀型伦理可以被用来分析和批判教学活动的结构，它可以用来揭示老师和学生在学校中的冲突和所放弃的意愿；第二，关怀型伦理还可以促进教师在使学生获取知识方面的教学活动更加伦理化，它促使教师更加以公平和合理的方式评价学生的成绩和其他活动。⑤

3. 价值学理论视角

价值澄清（Value Clarification）理论的目标正如它的名字所表达的一样，它提供一

---

① FREIRE P. Pedagogy of freedom: Ethics, democracy, and civic courage [M]. Rowman & Little-field, 1998:112.

② NODDINGS N. Caring: A feminine approach to ethics and moral education [M]. Berkeley, CA: University of California Press, 1984:7 - 9.

③ KATZ M S, NODDINGS N, STRIKE K A. (Eds). Justice and caring: the search for common ground in education [M]. New York: Teachers College Press, 1999:7.

④ STRIKE K A, TERNASKY P L. Ethics for Professionals in Education: Perspectives for Preparation and Practice [M]. Teachers College Press, 1993:112.

⑤ STRIKE K A, TERNASKY P L. Ethics for Professionals in Education: Perspectives for Preparation and Practice [M]. Teachers College Press, 1993:15 - 30.

些简单的技巧使得人们发现真正的价值是什么。价值澄清理论的主要敌人是外部强加的价值(imposed values),在价值澄清理论看来,基本上每一种个人社会化的过程都是强制性的过程。我们可以说价值澄清理论的核心价值是真实性(authenticity)。价值澄清理论认为真正合法地坚持一个价值是因为它可以被自由地选择或它代表了个人对某事物的真实感受。

但是价值澄清理论也有其不足之处,其中重要的一方面是它不能区分"正确的"和"好的"事情,因此,它容易导致人们在对待道德原则的时候,往往从自己的喜好和感觉出发。因此,价值澄清模式不能完全作为教师伦理的基础。由于相比于学生而言,教师在课堂教学中处于"强势"地位,因此教师在进行价值选择的时候,不能只是从个人喜好出发,而应将保证价值的"公正"和"合理"作为其应尽的义务。①

四、西方教师伦理的实践研究

在 20 世纪 90 年代,即教师伦理研究的早期阶段,以芝加哥大学教育学教授菲利普·杰克逊为首,由罗伯特·布斯特姆(Robert Boostrom)和大卫·汉森构成的研究团队以"学校的道德生活"为课题名称,对美国中西部地区六所代表性中小学校(共 18 个课堂)进行了为期两年半的实证研究(从 1988 年 1 月到 1990 年 6 月),他们的研究问题聚焦于学校中的道德问题,即学校情境中与教师教学和学生学习有关的"道德复杂性"(Moral Complexity)。② 菲利普·杰克逊将他们所观察与研究的问题分成了两个类别,其分组的依据是在借鉴以往研究者从比较明显的道德行为到比较内在的道德行为分类的基础上,将那些明确用于提升道德教学和鼓励道德行为的活动作为第一类,这些行为通常是外在化的、比较明显的;将那些蕴涵在活动中的、不容易直接观察到的行为作为第二类,这些行为需要我们透过事件的表面进行探究。菲利普·杰克逊认为,虽然第二类行为不是那么直接和明显,但是他们弥散在课堂生活的各个方面。他们甚至花费了更多的努力来探讨第二类活动。③ 菲利普·杰克逊具体分类如下(详见表 2 - 4)。④

---

① GOODLAD J I, SODER R, SIROTNIK K A. The moral dimensions of teaching [M]. San Francisco: Jossey-Bass, 1990:209 - 212.

② JACKSON P W. The Moral Life of Schools [M]. Jossey-Bass Inc, 1993:20 - 30.

③ JACKSON P W. The Moral Life of Schools [M]. Jossey-Bass Inc, 1993:30 - 50.

④ JACKSON P W. The Moral Life of Schools [M]. Jossey-Bass Inc, 1993:100 - 150.

表 2-4　学校道德生活的分类

分类	具 体 内 容
第一类	1. 道德教学作为课程的正式一部分; 2. 道德教学包含在常规的课程中; 3. 惯例和仪式; 4. 展示道德内容,让人可见; 5. 对正在进行的活动中及时插入的道德评价语。
第二类	1. 班级规则和条例; 2. 课程亚结构的道德性; 3. 在课堂中表达的道德。

"学校的道德生活"研究团队通过课堂观察、收集教师的教学材料、访谈教师、参与学校的常规性会议、观察学校各种活动的仪式等研究方式,全面描述了在日常教学与管理中,这些样本学校的教师和学校管理者对学生在道德方面的影响。基于他们的分析框架和研究过程,菲利普·杰克逊等认为应当在学校和课堂中促进教师和管理者的道德"表达的意识"(Expressive Awareness),这种意识既可以通过明显的、外在的方式表现出来,也可以通过内在的、隐性的方式表达出来。[1]

与"学校的道德生活"的研究课题同样产生了巨大影响的是以美国教育学者盖瑞·芬特斯马赫为首进行的"教学习惯课题"(Manner in Teaching Project)研究。"教学习惯课题"研究试图将哲学探讨与实证研究结合起来,以此来探究教师如何在课堂教学中促进学生道德的发展。[2] 这项课题的研究时间为1997年至2000年,项目学校选择了美国一所位于中等城市的公立小学和一所位于市区的、以非洲裔学生为主的小学,两所学校中的11位教师参与了课题研究。[3] 通过三年实际调查研究,研究者发现他们可以系统观察和解释教师的教学方式。[4] 同时,该研究团队通过与教师的开放性访谈和课堂观察,以解释性分析的方式探究了教师如何认识道德和他们作为道德代理者的角色。[5] 此

---

[1] JACKSON P W. The Moral Life of Schools [M]. Jossey-Bass Inc, 1993:200-352.

[2] FENSTERMACHER G D. On the concept of manner and its visibility in teaching practice [J]. Journal of Curriculum Studies, 2001,33(6):639-653.

[3] RICHARDSON V, FENSTERMACHER G D. Manner in teaching: the study in four parts [J]. Journal of Curriculum Studies, 2001,33(6):631-637.

[4] FALLONA C. Manner in teaching: a study in observing and interpreting teachers' moral virtues [J]. Teaching and Teacher Education, 2000,16(7):681-695.

[5] SANGER M G. Talking to teachers and looking at practice in understanding the moral dimensions of teaching [J]. Journal of Curriculum Studies, 2001,33(6):683-704.

外,这项研究还分析了成熟教师的课堂管理及其教学方法和教学习惯。

关于课堂研究的核心概念"教学习惯",盖瑞·芬斯特马赫批判了传统行为主义研究范式下的教与学的关系,他认为这种研究方式过于注重教学"方法"(method),而不能解释教学中更加隐蔽但是更加重要的智力特征,如学生的批判思维、对真理和证据的尊重以及道德品质的发展。为了更加突出教师在促进学生道德和理性精神方面的发展,芬斯特马赫构建出了与"方法"(method)相对应的"方式"(manner)这一核心概念,他以柏拉图在《美诺篇》中的伦理思想为基础,认为美德不能像算数等学术知识那样被教,而只有当学生与具有美德的教师在一起时,学生才能逐渐"习得"美德。① 在这一理论框架下,课题组成员凯瑟琳·法洛娜(Catherine Fallona)在哲学层面探究了教师道德行为的概念本质;同时,她在实证研究层面分析了教师的道德行为。这两位研究者发现以往的研究过于注重认知和行为方面,而忽视了道德方面的价值,如果将三者结合起来,可以促进教师由新手转变为经验丰富的教师。②

此外,大卫·汉森通过课堂观察的方式,集中研究了教师在课堂教学中组织学生轮流发言这一现象及其中所蕴含的道德分层,通过实证研究发现,教师在课堂教学中的所有言行举止并不一定具有道德重要性,但教师的每一举止都会具有道德意图;其次,教师所做出的行为是不是道德的不能被预先判定。③ 此外,加拿大教学伦理学者伊丽莎白·坎贝尔基于自己长年在加拿大多伦多中小学的实地调查研究,认为教学中的伦理维度和教师的道德责任对教师提升教师的专业化发展很有必要④,但是,教师在实践中仍然面临着伦理困境,主要表现为道德的不确定性、课堂中的冲突以及同事之间的信任。⑤ 基于此,伊丽莎白·坎贝尔提出了伦理型知识的概念,并将其作为教师专业伦理的重要基础,她认为将伦理型知识融入教师教育中主要有三方面的路径。

① FENSTERMACHER G D. On the concept of manner and its visibility in teaching practice [J]. Journal of Curriculum Studies, 2001,33(6):639 - 653.
② RICHARDSON V, FALLONA C. Classroom management as method and manner [J]. Journal of Curriculum Studies, 2001,33(6):705 - 728.
③ HANSEN D T. From role to person: The moral layeredness of classroom teaching [J]. American Educational Research Journal, 1993,30(4):651 - 674.
④ CAMPBELL E. Professional ethics in teaching: towards the development of a code of practice [J]. Cambridge Journal of Education, 2000,30(2):203 - 221.
⑤ CAMPBELL E. The ethical teacher [M]. Maidenhead, UK: Open University Press/McGraw-Hill, 2003:63 - 84,101 - 137.

第一，将伦理标准与实践运用于行动中[①]；第二，创造伦理型文化，将伦理型知识作为教师专业化的重要基础；第三，通过伦理型知识促进教学实践，将伦理型知识纳入教师教育中。[②]

五、西方教师伦理所衍生问题域的研究

随着教师伦理研究日益受到关注，关于提升教师伦理的研究领域日益受到重视，因此，教师伦理研究衍生出了一系列相关问题。研究现有西方文献发现，与教师伦理研究有关的问题主要有伦理教学方式、教学中的伦理判断、伦理冲突、道德想象力等。

（一）教师伦理教学方式的研究

索尔蒂斯认为，虽然 NEA 等教师专业组织专门颁布了正式的教师专业伦理规则，但是它们并未让教师在复杂的道德情境中做好充分的准备。因此，需要发展一种策略或技巧，使得教师可以诊断教育伦理问题，从而做出明确判断。[③] 约瑟夫·沃特若斯（Joseph Watras）回顾并检视了教授伦理学的三种方式，第一种是教给人们一系列的技巧，使得他们认识到在任何情境中合适的行为，这种方式基于人们可以成为伦理的人的乐观信念；第二种是构建、颁布与实施一种伦理，然后强迫教师来遵从，教师的不当行为会受到惩罚，这种方式反映了人类伦理行为习得的悲观信念；第三种是前两种的结合，但是难处在于它们都割裂了一个人的行为与生活的真实情境。针对以上三种方式的不足，约瑟夫·沃特若斯认为可以借鉴哲学家马丁·布伯的理念，即首先，不反对人们在道德协商中所使用的技术；第二，布伯认识到伦理规则的重要性，但是人们作为个人往往逃避遵守伦理规则，人们往往以政治团体或专业组织的形式来遵守规则；第三，布伯赞同通过案例研究来促进教师和学生们公开和坦诚地交换意见。[④]

（二）关于教学中的伦理判断

美国内布拉斯加大学林肯分校的教育哲学教授卡尔·霍斯特勒（Karl D. Hostetler）出版了专著《教学中的伦理判断》（*Ethical Judgment in Teaching*），在该书

---

① CAMPBELL E. Let right be done: Trying to put ethical standards into practice [J]. Journal of Educational Policy, 2001,16(5):395−411.

② CAMPBELL E. The ethical teacher [M]. Maidenhead, UK: Open University Press/McGraw-Hill, 2003:63−84,101−137.

③ SOLTIS J F. Teaching professional ethics [J]. Journal of Teacher Education, 1986,37(3):2−4.

④ WATRAS J. Will teaching applied ethics improve schools of education? [J]. Journal of teacher education, 1986,37(3):13−16.

中，卡尔·霍斯特勒在每一章中提出了一些对立的伦理概念，如自由和纪律、较远的社区和较近的社区、自我和他者、优异和公平、同一和多样性以及信仰和真理，基于这些概念，他结合具体真实的案例，引导教师和学生如何在具体的情景中运用这些伦理性概念。① 明尼苏达大学的"在中学课堂中培养品德"研究团队认为，伦理判断是具体情境中对可能采取行动的推理并且是对最具伦理意义行动的判断。具体的伦理判断步骤有：(1)理解伦理问题；(2)运用规则确认伦理判断的标准；(3)发展一般性推理技能；(4)发展伦理推理技能；(5)反思过程和结果；(6)计划和实施结论；(7)发展乐观主义思想。②

(三) 关于教师伦理冲突

瑞典林雪平大学(Linköping University)的教育学者甘内尔·科尔纳德(Gunnel Colnerud)以"关键事件技术"(critical incident technique)这一质性研究方法，分析了教师所描述的伦理困境和诱使困境产生的情景，同时，甘内尔·科尔纳德还分析了教师面临教学伦理冲突的类型、特征以及解决途径。③ 帕米拉·约瑟夫(Pamela Joseph)和爱弗兰·萨拉(Efron Sara)以调查问卷和结构化访谈的形式分别对 180 名公立学校的教师和 26 名教师进行了调查研究，研究发现教师个人的道德观形成了他们作为道德教育者的道德选择和面对伦理冲突时的行为方式；尽管教师不愿意直接讲授价值观，但是教师感觉有必要分享他们的个人道德认识与选择。④ 此外，针对课堂评价中的伦理冲突，纳奇亚·普伯(Nakia Pope)等研究者认为课堂评价中的伦理冲突产生于组织的要求与学生需求之间的不一致，最常见的有分数等级、标准化测试和特殊人口(具有生理和心理方面缺陷的学生)。因此，需要制定避免课堂评价冲突的具体指南，以提升教师的道德应对能力。⑤

(四) 关于道德想象力

帕米拉·约瑟夫提出了"道德想象力"的概念，即从认知和情感相结合的角度讲，

---

① HOSTETLER K D. Ethical judgment in teaching [M]. Boston, MA: Allyn and Bacon, 1997:1 - 10.

② BOCK T. Ethical Judgment Activity Booklet 2 Nurturing Character in the Middle School Classroom [EB/OL]. https://cee. nd. edu/curriculum/documents/actblkt2. pdf.

③ COLNERUD G. Ethical conflicts in teaching [J]. Teaching and teacher education, 1997,13(6):627 - 635.

④ JOSEPH P B, EFRON S. Moral Choices/Moral Conflicts: teachers' self-perceptions [J]. Journal of moral education, 1993,22(3):201 - 220.

⑤ POPE N, GREEN S K, JOHNSON R L, et al. Examining teacher ethical dilemmas in classroom assessment [J]. Teaching and Teacher Education, 2009,25(5):778 - 782.

它提供了一种更加丰富的思考道德生活的途径,因为它认为我们并不是完全在与我们的价值观一致的情况下遵守规则或开展行动,我们的道德行为源自认知、推理和情感的相互作用。道德想象力有五个组成部分,即认知、理性、反思、情感和对自我的关怀。这些要素反映了教师作为道德教育者在他们工作和行动中的复杂性。同时,帕米拉·约瑟夫以组织道德课堂研讨会(The Moral Classroom Seminar)的形式,尝试将道德想象力的培养融入教师教育的过程中。① 此外,斯特瑞克和索尔蒂斯等提出了"道德推理能力"的概念,并认为道德推理能力与科学推理类似,都需要建构理论和检验理论的结果。道德推理通常包括三个步骤:(1)遭遇一个需要做出道德选择的情境,对于这一道德选择,个人具有一定的道德直觉或本能反应;(2)形成或陈述使得本能反应合理化的道德原则;(3)通过决定将这一道德原则应用于其他情况所产生的后果来检验其是否恰当。②

六、西方教师伦理研究特点与反思

随着教师伦理研究日益受到关注,国际知名教育刊物《教师教育杂志》(*Journal of Teacher Education*)于1997年第4期以专题的形式研究了教师伦理,其中代表性的论文主要有:《将教学伦理与道德教育结合起来》《从个人到专业价值:对话与争论》《以美德为中心的伦理教育方式》《一个教师教育伦理项目:对专业需求的协作性回应》等。这显示了教师伦理研究日益受到重视,其讨论的内容逐渐拓展与深化。

通过梳理西方教师伦理研究的发展历程与现状,本文发现西方教师伦理研究呈现三个特点。第一,在理论研究方面,呈现出传承性与递进性的特点。西方教师伦理研究的源头以苏格拉底和柏拉图的伦理思想为基础,后来逐步吸收了康德、赫尔巴特和杜威等哲学家的教育伦理思想,同时又根据所处时代的教育特点,不断丰富教师伦理的概念基础和理论体系,在理论思维和概念使用上呈现出较为明显的传承性和递进性。第二,在实证研究方面,教师伦理研究虽然以长期的质性田野调查为主,但是有些欧洲学者也采用量化研究的方法,这些量化研究的规模有的以某几所学校为调查对象,有的以大范围的学校为调查对象。不少研究者以实证研究为资料来源,以此来丰

---

① JOSEPH P B. Teaching about the moral classroom: Infusing the moral imagination into teacher education [J]. Asia-Pacific Journal of Teacher Education, 2003,31(1):7 - 20.
② COOMBS J R. Educational ethics: are we on the right track? [J]. Educational Theory, 1998,48(4): 555 - 569.

富拓展理论层面的教师伦理研究。第三,教师伦理研究呈现出理论、实践和政策紧密联系的特点。西方教师伦理研究从抽象的哲学与伦理学层面的分析逐渐与具体的教育情境与教学结合起来,同时,教育专业组织等也参与制定了针对教师的专业伦理标准,使得教师伦理研究在理论、实践和政策方面都得到了发展。

通过梳理教师伦理研究的相关文献也发现,西方教师伦理研究也存在一些不足之处。第一,教师伦理概念与研究边界的匮乏。西方关于教师伦理的研究日益受到重视,但是目前西方学者没有对"教师伦理"这一概念进行过明确的界定也没有将教师伦理与教师过失、教师失范行为等进行区分和划定边界,因此,目前来看,教师伦理只是一个研究领域,大家只是在这一领域中对更下位的问题进行研究。第二,目前西方关于教师伦理的研究还主要是集中在规范伦理的传统中,其他伦理传统下的研究比较缺乏,比如批判伦理主义。其明显证据便是教师规范伦理中的义务论伦理、结果主义伦理和美德主义伦理三大研究流派强有力地影响了教师伦理研究,但是他们并没有穷尽整个研究范式,也不一定反映了教师和教育者实际的思考方式。① 第三,西方教师伦理的研究很少将伦理与社会文化、教育制度以及其他相关因素结合起来进行探究,也没有系统考察教师伦理决定和行为对学生的有力影响,这在一定程度上缺少了研究教师伦理的一个重要的维度。

正如以色列海法大学教育学者克莱尔·萨巴格(Clara Sabbagh)所评论的那样,目前关于教师伦理的研究主要采用的是"哲学的—规范的传统"(philosophical-normative tradition),研究的目的在于探究"应然的",以便为指导教师实践的伦理价值提供有效性(validation)和正当性(justification)。同时,关于教师伦理研究的"实证导向的研究"(empirically-oriented research)追随规范性研究的传统,但是它会在规范性研究假设和实证研究的事实之间寻找一致,比如实证研究会探索教师实际上持有的伦理价值、在不同情境下教师对这些价值的信念、教师伦理行为背后的动机等。因此,虽然"哲学的—规范的传统"与"实证导向的研究"传统在概念和方法论上存在不同,这两种研究方法是经常并行发展的。

尽管共同的伦理研究方式(义务论、结果主义和美德主义)为分析教师伦理判断和决策提供了"吝啬的"甚至在一定程度上过分简单的分析框架,纳什认为"真实世界"(real world)的伦理要更加复杂和模糊,伦理行为涉及一个在不能永远完全解释

---

① SAHA L J, DWORKIN A G. (Eds.). International handbook of research on teachers and teaching [M]. Springer, 2009:1-200.

的世界中的复杂的决策的过程,并且不一致和冲突经常出现在与课堂相关的道德价值中。因此,很少或基本不可能有一个针对伦理冲突的最终的或确定的解决方案,并且,这种模糊性或复杂性因为教学专业中缺乏一致的专业伦理规范而显得更加突出。①

同时,萨巴格在评论目前关于教师伦理的研究时认为,尽管目前有不少实证研究试图将教师所遇到的道德困境进行归类,但是,只有很少的研究集中在教师的道德决定对学生的强有力影响上。并且,目前研究述评所认为存在的多元的伦理方式或原则并不能被归结为一个单独的、统一的道德价值系统。规范性伦理的传统常常试图通过一个通常的、理性的、客观的程序来解决道德问题(如罗尔斯所提出的正义的两个原则),可令人惊奇的是实证研究也追随这种集中的和一般的理性原则。但是,因为人类的实际行为不是受简单的、情境无涉的、理性的原则来支配,伦理决定有可能是由特定历史和境况来形成其形式和意义。因此,目前的研究很少涉及文化如何影响教师的伦理价值并且这些价值如何影响学生,或者这些价值在不同的制度情境下如何不同(如大学和中小学之间)。未来的研究应该在这些领域提供更深刻的理解。关于未来的教师伦理研究,可以在继承"哲学的—规范的传统"研究范式的基础上,进一步发展教师伦理的"实证导向的研究"。② 同时,未来的教师伦理研究可以探索教师在实践中持有的伦理价值和不同情境下教师对这些价值的信念,以及教师伦理行为背后的动机等。最后,未来教师伦理研究可以进一步探究文化和制度情境如何影响教师的伦理价值并且这些价值如何影响学生。

---

① SAHA L J, DWORKIN A G. (Eds.). International handbook of research on teachers and teaching [M]. Springer, 2009:1-200.
② SAHA L J, DWORKIN A G. (Eds.). International handbook of research on teachers and teaching [M]. Springer, 2009:1-200.

第三章　国际教师教育研究的前沿议题

第一节　强问责时代教师能动性的发展

在全球教育改革运动的推动下,技术官僚式的问责制逐渐取代了民主专业问责制,并成为了全球绩效导向教育改革的重要杠杆。"由外到内"的问责制也改变了教师专业主义,使民主教师专业主义让位于管理主义教师专业主义,这也造成了教师身份认同的内在冲突。这些改变对教师能动性带来了深远的影响,澳大利亚教育学者妮可·莫克勒(Nicole Mockler)发现教师在强问责教育政策中由"创生者"与"变革者"转变为了"顺从者"与"机械实施者"。[①] 在西方解制主义教师教育改革浪潮中,教育管理者对教师的不信任感增加,导致教师的专业知识和判断被置于从属地位,而更倾向于基于教学成绩的评价,这导致教师的内在声音在政策层面越来越被压制。在上述多重情境的转变中,教师能动性成为了课程改革、学校改进与教师专业发展领域的重要研究议题。教师能动性与教师专业身份、专业学习、教育政策实施、课程改革与社会公平等议题紧密相关,也是促进教师专业发展的重要理论资源。

一、教师能动性的概念

芬兰教育学者奥莉·图姆(Auli Toom)等认为教师能动性通常指教师审慎地做出具体的选择,然后在周密计划的基础上,采取一系列有目的的教学活动,以达到自己所

---

① MOCKLER N. Beyond 'what works': Understanding teacher identity as a practical and political tool [J]. Teachers and Teaching, 2011,17(5):517−528.

构想的教育目标。[①] 近年来,国际教育学者认为教师能动性也指教师变革专业实践活动,以创新的方式应对教育改革。教师能动性也包括当外部教育规范和改革与教师的专业承诺相冲突时,教师抵制这些规范和改革的行动。可见,教师能动性有不同的表现形式,如顺从、调适、协商与反抗。教师能动性包括教师的专业发展意愿和动机、教学的自我效能感和课堂教学的意向性活动。具有专业能动性的教师可以根据自己的目标、兴趣和动机,安排自己的日常教学活动,并采取相应的决策和行动。

从社会文化理论看,教师能动性的实现,需要借助一定的资源、工具、规则与话语。教师能动性不仅发生在个体身上,更是一种社会建构体验。社会生态视域下的教师能动性是目前国际上广泛接受的理论框架。格特·比斯塔(Geert Biesta)认为,教师能动性不是教师的某种特质,而是教师在具体情境中通过实践所达到的成就。教师能动性可分为"迭代"(Iterational)、"目标"(Objective)及"实践—评估"(Practical-evaluative)三个维度(图 3-1)。[②]

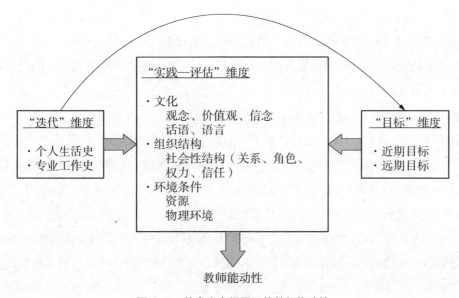

图 3-1 社会生态视野下的教师能动性

① TOOM A, PYHÄLTÖ K, RUST F O C. Teachers' professional agency in contradictory times [J]. Teachers and Teaching, 2015,21(6):615-623.
② BIESTA G, PRIESTLEY M, ROBINSON S. The role of beliefs in teacher agency [J]. Teachers and teaching, 2015,21(6):624-640.

从时间流动性的维度出发,"迭代"维度主要包括教师的个人生活史和专业工作史,特别聚焦于教师生活经验和教学经验对教师信念、身份与行为的影响。"目标"维度指教师作为能动者与外部环境不断调适,包括要完成的近期目标与远期目标。"实践—评估"维度主要描述与教师当下实践活动相关的影响因素,包括文化、组织结构与环境三个方面,他们构成了教师发挥能动性的现实条件。

二、教师能动性分类

国际教育学者将教师能动性分为变革能动性(transformative agency)、关系能动性(relational agency)与集体能动性(collective agency)等。与"结构性再生产能动性"(structurally reproductive agency)相反,变革能动性指教师打破既定的框架,主动创造新的教育活动的结构与条件。变革能动性具有未来导向,并涉及教师近期和长期行动所带来的影响。[①] 变革能动性需要教师运用新知识和新能力,从而转化为教学实践更充分发展的跳板。例如,纳塔沙·潘蒂奇(Nataša Pantić)提出了促进社会公平的教师能动性模式,包括目的(承诺、目的),即教师对其道德角色的感知、身份认同和其作为社会正义推动者的动机;教师能力(知识、意识、理性化),即教师参与诸如与薄弱学校改进和教育系统的系统变革等促进社会公正的实践,以及对影响学校教育的多重社会政治力量的理解;自主性(个人和集体的效能和能动性,关系和背景因素),如教师的个人与集体效能、自信、自控与韧性的水平、教师之间的合作、权力、信任关系等;反身性(对自身行为和社会环境的反身监测),包括教师表达实践专业知识和证明行动的能力,教师将学校的结构和文化作为社会转型的场所进行意义建构,对教师的假设、实践和替代方案进行批判性和开放性的反思与探索。[②]

在分布式智力与分布式专长概念的基础上,关系能动性指一种与他人合作的能力,通过辨别和获取他人在解释和参与活动时带来的资源,来扩展自己正在研究并试图改变的对象。关系能动性包括认识到另一个人可能是一种资源,并且需要合作开展工作来协商该资源的使用,以便在合作行动中保持目标一致。关系能动性是开启教师合作

① BREVIK, L M, GUDMUNDSDOTTIR, G B, LUND, A, & STRØMME, T A. Transformative agency in teacher education: Fostering professional digital competence [J]. Teaching and Teacher education, 2019, 86, 102875.

② PANTIĆ N. A model for study of teacher agency for social justice [J]. Teachers and Teaching, 2015, 21 (6):759-778.

与专业学习社群大门的重要动力,它有助于教师更加适应不同教育环境中的组织规则。

除了教师个体层面的能动性,群体层面的教师能动性——教师集体能动性,也是近年来国际上研究的热点之一。社会学家玛格丽特·亚彻(Margaret Archer)认为能动性始终是集体性的,因为能动行为必然是嵌入特定语境、文化和社会结构中互动的结果。① 因此,能动性被认为是一种能够协同反映社会情境,并随着时间的推移而改变文化和社会结构的一种能力。教师集体能动性指一群教师为了改善共同的教育实践,产生更大的影响而分享和追求共同利益的想法和活动。集体能动性意味着当专业实践团体以影响其工作和专业身份的方式施加影响、做出选择和采取立场时的多种专业活动。典型的集体能动性有:在面对外部挑战中,教师通过集体努力和协商达成新的共同理解、教师群体为发展新的工作实践而采取的集体行动等。集体能动性与教师的集体身份密切相关,包括共同承诺、身份认同和团体合作等要素。

三、影响教师能动性的因素

近年来,斯蒂芬·鲍尔等政策社会学者从微观政治视角探讨教育政策和改革在学校层面的实施状况,这愈发凸显了教师能动性的重要性。② 由于教师不同程度与类型的能动性,教师在执行政策与改革的过程中,会出现协商、妥协、不一致甚至抵制的现象。教学作为一种制度化实践,在教育改革中具有一定的稳定性,教师能动性可能维持或变革教学实践。哈佛大学教育学者伊博尼·布里德韦尔-米歇尔(Ebony Bridwell-Mitchell)探寻了三种改变或维持教学实践的教师能动性,这些能动性取决于一系列制衡的力量,它包括同伴学习中存在多少创新与社会化活动、教师互动涉及多少凝聚力与多样性、教师的共同理解、目标和实践体现了认知和规范上的差异与趋同。③ 同时,教师能动性体现了教师个体或群体控制教学实践的程度,它依赖于教育政策规定和社会经济政治结构之间的多重互动关系。

---

① ARCHER M S. Being human: The problem of agency [M]. Cambridge, UK: Cambridge University Press,2000:253 - 306.

② BALL S J, MAGUIRE M, BRAUN A, et al. Policy subjects and policy actors in schools: Some necessary but insufficient analyses [J]. Discourse: studies in the cultural politics of education, 2011,32 (4):611 - 624.

③ BRIDWELL-MITCHELL E N. Theorizing teacher agency and reform: How institutionalized instructional practices change and persist [J]. Sociology of Education, 2015,88(2):140 - 159.

影响教师能动性的一个重要概念是教师的"个体解释框架"(Personal Interpretive Framework),它是教师自身所构建的一系列具有透镜功能的认知和信念体系,教师通过这些框架观察并不断赋予教学工作中的经验以某种意义。① 同时,教师对不同的教育情境做出反应(同意或不同意,接受或抵制,关心或忽视)。因此,当教师的"个体解释框架"不断赋予自身的教学实践与情境以正向意义时,教师的能动性就不断被提升。教师能动性的实现是教师个人或群体努力、可用资源、社会背景和结构因素相互作用的结果。因此,教师教育者与管理者需要理顺上述因素之间的关系,在有利的社会背景与组织规则中,为教师提供可利用的资源,促进教师朝着理想的目标努力。

影响教师能动性的一个重要因素是教师对教育政策的"再情境化"与"调整"。教育政策学者詹姆斯·斯皮兰(James Spillane)认为教师不仅是教育政策实施过程的客体,更是政策实施过程中的主动参与者与创造实施者。教师通过理解、感悟和学习等活动,不断解释和再解释教育政策,从而将抽象政策理念转化为情境化实践。教师对教育政策的实施其实是发挥能动性的过程,其核心概念是"调整"(Appropriation),即在不同的个人与群体参与政策实施的过程中,所进行的一种创造性解释政策的实践形式。② 在不同的社会文化环境中,教师利用不同的物质与社会资源,来实现教育政策的既定目标。因此,教育政策学者辛西娅·科伯恩(Cynthia Coburn)认为,需要从教师先前的知识、教师工作的社会情境以及教师与教育政策的关系实质来提升教师政策实施过程中的能动性。③

教师发挥能动性的过程还与教师所建构的专业身份相关。澳大利亚教育学者用"身份能动性"(Identity-agency)来表达教师在不同场景中建构专业身份的能动性。教师经常从自身与环境互动的多重参照系中,探寻如何再理解与选择性实施教育政策的某些方面。④ 如具有创新精神的教师,会在课堂教学中尝试探究性学习、项目化学习、翻转课堂教学和深度学习等国际前沿教育理念。而传统的教师,则会折中选择教育政

---

① KELCHTERMANS G. Who I am in how I teach is the message: self understanding, vulnerability and reflection [J]. Teachers and Teaching: Theory and Practice, 2009,15(2):257-272.

② SPILLANE J P, REISER B J, REIMER T. Policy implementation and cognition: Reframing and refocusing implementation research [J]. Review of Educational Research, 2002,72(3):387-431.

③ COBURN C E. Collective sensemaking about reading: How teachers mediate reading policy in their professional communities [J]. Educational Evaluation and Policy Analysis, 2001,23(2):145-170.

④ COBB D J, HARLOW A, CLARK L. Examining the teacher identity-agency relationship through legitimate peripheral participation: A longitudinal investigation [J]. Asia-Pacific Journal of Teacher Education, 2018,46(5):495-510.

策中与他们专业身份相一致的某些规定来实施,如常见的填鸭式教学法、机械强化训练等。教师专业身份诱使教师不断通过他们先前存在的知识和实践视角来解释、调整或转变新的教育政策理念,教师专业身份成为了教师能动性发挥的"过滤器"。因此,为了促进教师能动性的发挥,需要促使教师构建积极的专业身份认同。

正是由于教师的能动性,教师才源源不断地更新专业知识,提升专业技能,培植多样核心素养。教师能动性可以通过相关专业活动来实现,这些活动的目标维护涉及教师的专业抱负、兴趣、身份和职位的转变。此外,教师个人与群体的生活史与教育经历也不断调节着教师能动性的发挥。从社会生态视野来看,个人、家庭、学校和社会这些不同层级的环境,包括教师个人和集体话语,在教师的各种专业和组织环境中不断塑造教师的能动性。据此,教育管理者需要创造具有支持性的专业活动空间和社会环境,使教师个人和群体能够利用相关资源来提升自身的能动性。未来的研究需要更多关注教师能动性的发挥机制及其影响因素。

第二节　全球教育测量时代的教师韧性发展

在全球教育改革运动时代,标准化测试、绩效问责、监督审核、增值评价等手段成为了教育改革的重要杠杆。随着全球教育测量工具,如国际学生评估项目(PISA)、教学和学校国际调查(TALIS)和国际成人能力评估项目(PIAAC)等的广泛实施,经合组织在全球教育政策制定、迁移与学习领域中的影响力逐步扩大,逐步形成了一个以大数据测量为特征、以新自由主义人力资本为价值追求的全球教育治理体系。在一切皆可量化的教育测量时代,民主式教师专业主义让位于管理式教师专业主义,表现性与督导话语形成了合规与顺从的教师主体性,教师因此面临着前所未有的压力与挑战。职业倦怠与离职成为了众多国家教师队伍建设的顽疾。由于教师的工作不仅涉及智力活动,更与教师的情绪、人际关系与组织情境等密切相关,因此,教师韧性(Teacher Resilience)及其提升便成为了一个重要议题。

一、何谓教师韧性?

为了提高教师应对挑战的能力,教师韧性或适应力,成为了近年来国际教师教育研究领域的热点问题。从发展心理学角度看,教师韧性指的是在充满挑战的环境下,教师成功适应工作环境的过程、能力或结果。从社会生态视角看,教师韧性并非固定或一成不变的,而是一个包含了个人特质、情境和宏观环境的动态发展与多维建构的概念。①

　　作为一个多维、复合概念,韧性具有不同的分类与阐释视野。在教师教育领域,国际上主要探讨的韧性包括关系韧性、情绪韧性与批判话语视野下的教师韧性等。② 这些不同类别的教师韧性,丰富了我们对教师个体特征与不同层次环境作用过程的认识。

二、关系视野下的教师韧性

　　从关系—文化治疗学(Relational-Cultural Therapy)的视角出发,美国心理学家朱迪斯·乔丹(Judith Jordan)构建了“关系韧性”(Relational Resilience)这一重要概念,关系韧性将个人韧性推广至对个人转变和社会变革的适应能力。在这一过程中,关系环境发挥着核心作用。乔丹提出了五种重塑我们对韧性理解的方法:第一,从个人“控制”动态到支持脆弱性模型;第二,从对他人支持的单向需求,到对每个人和关系本身的幸福感的相互移情参与;第三,从独立自尊到关系自信;第四,通过鼓励相互增长和建设性冲突,从行使“支配性权力”的动力到赋予权力;第五,从以自我为中心的自我意识中寻找意义,到在更广阔的关系意识中创造意义。③

　　关系—文化治疗视野下的韧性内涵重构,有助于我们重新理解脆弱性、灵活性、赋权、冲突、相互性、关系信心和关系意识。乔丹认为关系韧性包括三个重要维度:相互性(mutuality)、赋能(empowerment)和勇气发展(development of courage)。④ 作为关系韧性的核心概念,相互性不仅在于它提供了支持,还在于它提供了一个参与一种既能促进他人成长,也能促进自己成长的关系的机会。与孤立、重复旧的认知模式与被剥夺权力的关系状态相比,赋能意指促进成长的关系,这种联系使参与者能够体验能量、创造力和灵活性。勇气发展意味着当教师感到恐惧或犹豫不决时,教师有能力克服这种不安的状态。

---

① GU Q, DAY C. Challenges to teacher resilience: Conditions count [J]. British Educational Research Journal, 2013,39(1):22-44.

② BELTMAN S, MANSFIELD C, PRICE A. Thriving not just surviving: A review of research on teacher resilience [J]. Educational Research Review, 2011,6(3):185 207.

③ JORDAN J V. Relational resilience in girls. In S. Goldstein, & R. Brooks (Eds.), Handbook of resilience in children (2nd ed.)[M]. New York, NY: Springer Science & Business Media, 2013:73-86.

④ LE CORNU R. Building early career teacher resilience: The role of relationships [J]. Australian Journal of Teacher Education, 2013,38(4):1-16.

三、情绪视野下的教师韧性

情绪韧性又被称为教师的"日常情绪韧性",这一词的使用基于两项重要研究发现,即教师的生存和幸福需求以及教学的性质。行为医学研究证明了人类积极情绪和健康之间的双向促进关系。情绪在大脑功能和精神生活中发挥着核心作用。同时,国外关于教学的研究表明,脆弱感(sense of vulnerability)既是一种个体情绪状态或体验,可能引发教师个体的强烈情绪,也是教学的一个关键"结构特征"(structural characteristic),因为教师不能完全控制自己的工作条件,也难以预测教学和学生成绩之间的直接因果关系。在这种情况下,努力做到最好的教师需要有情绪恢复能力。[①]

加强对教师日常情绪韧性所带来的影响的研究变得愈加必要。在教育测量时代,政府、不同的专业群体纷纷要求通过改革教师的教学实践政策来提高学生在一系列核心科目上(如阅读、数学、科学等)可衡量的学生成绩。这种外部强加的教师问责机制,扩大和强化了教师的角色和责任边界,给教师的日常教学工作带来了不确定性与巨大的情绪压力。在信息爆炸与知识加速更迭的算法时代,家长对教师与教学的期望也发生了显著的变化,学生们对何谓好的教学也越来越有辨别力,传统的教学方式不断受到技术和社会媒体所带来的多重挑战。这意味着教师"日常情绪韧性"与能够在情感上应对教学的紧迫性是不同的。"应对"(Coping)意味着教师的生存层面,而"韧性"意味着能够以一种成功的方式管理挑战,即教师个人超越应对策略的使用。此外,教师的情商与情绪稳定性、愿意冒险与接受失败以及幽默感、社会情感能力在提升教师韧性中发挥着重要作用。

四、如何提升教师韧性?

国外实证研究发现,教师韧性与教师离职、教师专业身份发展密切相关。因此,如何提升教师韧性,成为了国际学者的关注点之一。澳大利亚等国家的教师教育学者尝试在教师教育课程中更明确地培植教师韧性的理念。具体的做法包括改革现有教师专业发展项目的单一内容,加强教师的韧性能力培养并为其提供足够的社会文化与教育资源。教师教育者提供高质量的专业支持体系,加强与教育政策制定者、校长、家长、学生代表等利益相关者的民主协商式对话,引导教师树立合理的职业期望和组织

[①] GU Q, DAY C. Teachers resilience: A necessary condition for effectiveness [J]. Teaching and Teacher Education, 2007,23(8):1302 – 1316.

承诺,以提升教师的韧性。[①] 实践中的典型例子为澳大利亚教育学者卡罗琳·曼斯菲尔德(Caroline Mansfield)与其同事所实施的"教师教育中培养韧性"(Building Resilience in Teacher Education, BRiTE)项目(见表3-1)。[②]

表 3-1　教师教育中培养韧性项目(BRiTE)

维度	内涵
培植韧性(Building resilience)	什么是教师韧性,以及为什么它对教师很重要
关系(Relationships)	维护支持网络,在学校建立新的关系
幸福(Wellbeing)	个人幸福、工作生活平衡、保持动力
采取行动(Taking initiative)	问题解决、持续专业学习、有效沟通
情绪(Emotions)	培养乐观精神,增强情绪意识,管理情绪

"教师教育中培养韧性"项目注重整合个体(动机、社会与情绪能力)与情境层面(关系、学校文化与支持网络)的资源来培植教师的韧性策略(问题解决、时间管理与保持工作—生活平衡),最终提升教师的韧性结果(工作参与度、承诺、满意度与幸福)。

其次,国外教育研究者从个体与环境保护因素来提升教师的韧性。个体保护因素包括:个体特征、自我效能感、应对策略、教学技能、专业反思与成长以及自理能力。个体特征涵盖了以道德目标与信念为核心的利他主义、以使命感为旨意的强烈的内在动机、以积极乐观心理为特征的积极情绪等;应对策略主要体现为主动解决问题的技能,包括寻求帮助;教学技能需要教师精通多种教学模式;专业反思与成长需要教师通过自我洞察、自我评价与反思来促进不断的专业学习;自理能力需要教师积极为自己的幸福负责。环境保护因素主要分为学校的行政支持、导师、同事以及家人和朋友的支持。此外,教师的情商与情绪稳定性、愿意冒险与接受失败以及幽默感、社会情感能力在提升教师韧性中发挥着重要作用。社会情感能力包括教师的基本心理需要满足,具体体现在教师的专业自主性、专业能力、专业归属感、工作满意度与组织承诺等。在疫情肆虐的时期,具有个性化的、互动的、与教育专业相关的在线学习资源也成为了教师

---

① MANSFIELD C F, BELTMAN S, PRICE A, et al. "Don't sweat the small stuff": Understanding teacher resilience at the chalkface [J]. Teaching and Teacher Education, 2012,28(3):357-367.

② MANSFIELD C F, BELTMAN S, BROADLEY T, et al. Building resilience in teacher education: An evidenced informed framework [J]. Teaching and Teacher Education, 2016,54:77-87.

提高韧性的重要方式。

教育哲学家比斯塔认为目前不少国家的教育目标过于注重"资格化"与"社会化"，而"主体化"这一重要维度不断萎缩。在成果导向的加速社会中，教师在日常的教学实践中，不断遭受来自教育政策与改革中的多重挑战。因此，教师的日常韧性不仅仅是一种从特定的困难中恢复过来的专业能力或心理特征，更意味着随着时间的推移，教师管理持续和多重挑战的能力，在整个职业生命周期中促进持续的发展和专业学习，臻至专业实践中的成熟。①

第三节　文化回应性教学：多元文化背景下教师的专业发展

在美国基础教育系统中，长期存在着白人儿童与少数族裔儿童在学业成就上的鸿沟。非洲裔、拉美裔、原住民等少数族裔在辍学率、受惩罚率等方面，明显高于白人儿童。从美国中小学教师队伍的构成来看，超过 80％的教师来自中产阶级、白人女性、单一英语母语者，而公立学校的学生在语言与文化方面，变得愈加多元化，这就造成了教师与学生之间在种族与文化方面的不匹配。② 与此同时，有色人种教师难以触及每个儿童，这限制了少数族裔儿童接受与其文化背景与学习方式相适应的教学。

美国批判教育学者拉德森-比林斯从批判种族理论的视角分析认为，种族是造成美国社会不公平与阶层分化的重要因素。"白人至上"和"财产权"等社会观念根深蒂固与贫富差距扩大的现实背景下，美国公立教育系统中产生的"学业差距"，是由美国社会长期在经济、政治和文化领域所形成的不公平现状所导致的。美国对少数族裔学生的教育投入少，教师队伍薄弱，教学质量难以保证，"学业差距"（Academic Achievement）只是表象，而"教育债务"（Education Debt）才是问题的真正症结所在。这些"教育债务"包括历史、经济、社会政治与道德的债务，正是这些长期纠缠在一起的社会文化因素，才真正限制了少数族裔儿童的学业成就。③

---

① GU Q. (Re)conceptualising teacher resilience: A social-ecological approach to understanding teachers' professional worlds. In M. Wosnitza, F. Peixoto, S. Beltman, and C. F. Mansfield (Eds). Resilience in education: Concepts, contexts and connections[M]. Cham, Springer, 2018:13－33.

② ZHU G. "Educate your heart before your mind": The counter-narratives of one African American female teacher's asset-, equity- and justice-oriented pedagogy in one urban school [J]. Urban Education, 2023, 58(6):1151－1179.

③ LADSON-BILLINGS G. From the achievement gap to the education debt: Understanding achievement in US schools [J]. Educational Researcher, 2006,35(7):3－12.

一、概念演进

为了改变教师所持有的"文化盲点",拉德森-比林斯率先提出了文化相关性教学(Culturally Relevant Pedagogy),即一种调动美国少数族裔相关的文化要素,培养学生的知识、技能与态度,使其在知识、社会、情感与政治上增能的一种教学方式。文化相关性教学具有三个维度:保障少数族裔学生的学业成就;巩固发展少数族裔学生的文化认同;培养学生挑战学校及社会制度不平等的批判意识。[①] 在《梦想守护者:教好非裔美国儿童的成功教师》(*The Dreamkeepers:Successful Teachers of African American Children*)一书中,作者比林斯通过对八位成功的非洲裔教师的研究表明,文化相关性教学不仅仅是涉及种族、性别或教学风格等浅层问题,更重要的是教师努力帮助少数族裔儿童释放在课堂中的独特优势与潜能。[②]

自比林斯以后,美国教育学者不断从学理上发展对文化相关性教学的认识,提出了具有共同旨趣的类似概念。为了充分融通学生的多元文化背景与课堂教学,盖伊提出了文化回应性教学(Culturally Response Pedagogy)这一崭新的概念,即教学中使用不同种族学生的多元文化知识、先前经验、认知结构和表达风格,从而使学习对学生而言更具切合性、更为有效。站在文化延续与传承的立场上,帕里斯(Paris)提出了被拉德森-比林斯称之为"文化回应性教学版本 2.0"的文化持续性教学(Culturally Sustaining Pedagogy),希望将少数族裔学生的语言、文化、习俗与认知风格长久保留在主流课堂教学模式中。从"关联""回应"到"持续",美国学者对少数族裔文化在教学中的重要性不断强调,希望正视和利用少数族裔儿童所带来的多元文化资源。

虽然概念在不断演进,但是文化回应性教学一直是一种注重学生优点、公平和正义的教学。作为一种批判性变革教学方法,文化回应性教学始终聚焦传统中被压迫群体的边缘化声音,关心、改善文化和语言多样性学生的学业成就,从认知、文化和政治学习等方面,不断促进儿童成为社会的变革者。文化回应性教学一方面致力于打破批判教育学学者弗莱雷所批判的"银行存储式"教学模式;另一方面重构教师同学生、文化与社会的多重关联与互动关系,成为教师专业发展、学校改进与确认社会多样性的重要理论框架与指南。

① LADSON-BILLINGS G. Toward a theory of culturally relevant pedagogy [J]. American Educational Research Journal, 1995,32(3):465-491.
② LADSON-BILLINGS G. The dreamkeepers: Successful teachers of African American children [M]. Hoboken, New Jersey: Jossey-Bass, 2022:1-36.

二、学生观重构

文化回应性教学不是一种简单的教学策略,它需要教师重构学生观与教学观,其核心转变是对待学生从"缺陷视角"(Deficit Perspective)转变为"赋能视角"(Empowering Perspective)。缺陷视角认为来自少数族裔和移民家庭背景的学生在教育方面的"文化资本"积累不够,在语言与生活经验方面存在很多不足,父母对子女的教育期待不高,在他们的社区中弥漫着"贫穷文化"(Culture of Poverty)并形成了恶性循环。而赋能视角则坚信儿童在学习过程中的主动性与创造性,反对从"文化资本"的视角来质疑儿童在教育中的不足,而是创造性地采用社区文化财富(Community Cultural Wealth)和知识储备(Funds of Knowledge)的视角来重新审视儿童丰富的生活经验。社区文化财富认为有色人种儿童在日常的生活中积累了一系列用以生存和抵抗种族主义和其他形式压迫的知识、技能和社会关系,主要包括语言资本、家庭资本、社会资本、抱负资本、导航资本和抵抗资本。知识储备是少数族裔社区在历史上和文化上发展起来的、使个人或家庭能够在特定文化中发挥作用的知识和技能。当教师充分利用少数族裔儿童的社区文化财富和知识储备的时候,教师的教学与少数族裔儿童的社会生活经验相融通,课堂教学则变得更加具有文化敏感性与启发性。①

赋能视角是鼓励教师实施文化回应性教学的重要出发点。它使教师摒弃对来自贫困、语言与文化多元性以及移民背景家庭儿童的"文化资本"不足的偏见,转而采取赋权增能的教学方式。从维果茨基社会文化心理的视角看,社区文化财富和知识储备成为了少数族裔儿童进行自我定义、自我表现和自我理解所必需的历史积累、文化发展和社会分配的资源,这也是确认他们文化优势和社会公平的"身份储备"(Funds of Identity)的过程。"身份储备"的一个重要前提假设是:当教师确认学生的多重种族与文化身份,并促进他们利用各种资源来构建他们的身份时,文化回应的、有意义的学习才发生。② "身份储备"有利于教师与学生之间建立"真实关怀"(Authentic Caring)的人文主义教育关系。美国批判教育学者瓦伦苏埃拉(Valenzuela)认为,不同于"审美关怀"(Aesthetic Caring)那种聚焦于师生之间的教学关系,教师处于基于考试的问责情境下,都执着于学生的学业成绩;而"真实关怀"需要教师扩展他们的传统教育责任的

---

① MOLL L C, AMANTI C, NEFF D, et al. Funds of knowledge for teaching: Using a qualitative approach to connect homes and classrooms[J]. Theory into Practice, 1992,19(2):132 – 141.

② ESTEBAN-GUITART M, MOLL L C. Funds of identity: A new concept based on the funds of knowledge approach[J]. Culture & Psychology, 2014,20(1):31 – 48.

边界,并确认学生的不同文化背景和价值观,将多元学生个人与社会、社区以及彼此联系起来。[1]

三、实施原则

为了有效实施文化回应性教学,拉德森-比林斯立足文化回应性教学的内涵,提出了三个具体的实施原则:一是对不同种族与文化背景的学生保持高学术标准与期待,同时提供富有启发性的"脚手架";二是以学生的家庭与社会知识和能力为基础,释放家庭、学校和社会在课程知识传授过程中的协同支持作用;三是鼓励学生培养对社会现状、等级秩序与权力关系的批判意识。随着实践经验的积累,美国教育学者摒弃了对文化回应性教学采取"节日加传统"的简单化处理方式,更注重从学生的身份认同、学业卓越、平等与多元、发展的适切性、全人教育与融洽的师生关系等维度着手,以可操作化与润物细无声的方式,深入到课堂教学设计、实施与评价的多重环节中。美国教育学学者主要通过教师教育课程、教师专业发展工作坊、教师效能感与预期信念等方式,来提高教师的文化回应性教学能力。此外培养教师的文化批判反思意识、跨文化教学能力、学科教学知识融合也是可行路径。

美国多元文化教育之父班克斯(Banks)提出了教育中的"四阶段统整模式",即从贡献取向和增添取向到转变取向与社会行动取向。[2] 如果要切实提高教师的文化回应性教学能力,并使得其在课堂、学校与社区中生根发芽,就不能只是对文化回应性教学做简单的修改与调整,而是需要从观念、行动和社会环境中协同入手,切实培植教师的文化回应性教学胜任力,并提供完善的社会支持系统。就我国而言,加强文化回应性教学与少数民族教育、双语教育与乡村教育的有效衔接与本土化改造,是今后我国教育学学者研究的着力点。

第四节　微认证作为教师能力发展与评估的创新方式

微认证旨在收集工作场所能够增强学生学习经验相关技能的多元证据,且不论该

---

① VALENZUELA A. Subtractive schooling: US-Mexican youth and the politics of caring [M]. Albany NY: State University of New York Press, 2010:63 - 108.

② BANKS J A. Multicultural education: Historical development, dimensions, and practice [J]. Review of Research in Education, 1993,19:3 - 49.

技能何时、何地、通过何种学习方式获得,以此证明教师能够在其职业角色内达到规定的专业标准。2014 年,美国非营利组织数字承诺(Digital Promise)推出了面向一线教育实践者的能力微认证(Micro-credentials)微认证旨在对教师的某项具体能力进行基于证据的认证,并通过一系列认证流程后,颁发证明其能力水平的数字徽章(Digital Badge),数字徽章可以让成人学习者向不同教育组织展示他们所具备的某项能力。在"互联网+"时代,由于微认证具有个性化、满足需求与易于分享等特点,在美国获得了广泛关注并迅速发展。

一、微认证产生的背景

微认证的产生具有三方面的背景。首先,进入 21 世纪以来,越来越多的美国教育研究者、实践者与智库教育专家对传统的教师专业发展模式提出了质疑与批评。他们认为传统范式下的一次性教师培训,诸如讲座、工作坊与研讨会等,没有充分考虑教师的专业需求与工作的特殊情境,难以在深层次上触及教师的教学信念与日常实践。美国盖茨和梅琳达基金会发布的报告《教师最了解教师对专业发展的看法》(*Teachers Know Best：Teachers' Views on Professional Development*)发现,绝大多数教师不认为专业发展有助于他们为工作性质的变化作好准备,包括使用技术和数字学习工具、分析学生数据以实施个性化教学、实施共同核心国家标准和其他教育标准等。[①]

同时,由美国知名教育学者琳达·达林-哈蒙德领衔的学习政策研究所(Learning Policy Institute)发布的政策报告《有效的教师专业发展》(*Effective Professional Development*)指出,有效的教师专业发展包含七个核心要素:1.以内容为中心;2.运用成人学习理论进行主动学习;3.支持嵌入工作情境中的协作;4.使用范例并模仿有效实践;5.提供指导和专家支持;6.提供反馈和反思的机会;7.具有持续性。[②] 此外,美国的教学质量中心(Center for Teaching Quality)在其 2016 年发布的知名报告《转变专业学习：教师学习为什么要个性化,如何个性化》(*Transforming professional learning：Why teachers' learning must be individualized — and How*)中提出,未来教师的专业学习需要更多密集的(intensive)、协作式(collaborative)、工作嵌入(job-

---

① Bill & Melinda Gates Foundation. Teachers know best: Teachers' views on professional development [R]．ERIC Clearinghouse, 2014.
② DARLING-HAMMOND L, HYLER M E, GARDNER M. Effective Teacher Professional Development [R]．Palo Alto, CA: Learning Policy Institute, 2017.

embedded)、数据驱动(data-driven)和以课堂为中心(classroom-focused)的专业发展范式。[①] 微认证的开发与实施,充分考虑了上述政策报告所提出的有效教师专业发展与学习所应遵循的规律,弥补了传统教师专业学习过程中的弊端。

其次,微认证的产生顺应了美国"能力本位"教师教育改革和"结果驱动"的教师专业发展范式。"能力本位"教师教育改革强调通过一系列教师专业标准、实践与教师教育课程改革等,将提升职前与在职教师的专业实践能力作为其改革的重要出发点与落脚点,加强"教师专业标准—课堂教学实践—学生成绩"之间的联结。美国传统的教师资格认证测评的是教师在过去的时间里所掌握的知识与技能,具有滞后性与封闭性等不足。而微认证所涵盖的内容不断扩大,如数据分析与使用能力、时间规划能力、项目管理能力、家校合作等人际沟通能力等,这些能力往往是基于工作场所和教师的专业需求,因而具有前瞻性、开放性与适切性等特点。

再次,微认证的产生受到美国终身学习思潮和技术变革的影响。随着终身学习思潮在美国教育界不断深入人心,美国教育者需要在自己的工作岗位上,不断进行知识的更新与能力的提升。研究发现,个体非正式学习占一生中知识总量的95%,而在各级各类学校机构中的正式学习仅占5%。美国大约3/4的教师参与过不同类型的非正式专业学习活动。随着知识以几何等级的速度扩展,美国教育工作者非正式学习的比例将不断提升。而微认证满足了教师非正式学习的需要,使教师的专业学习模式更加灵活、开放而具有弹性。相对于传统基于正式学历教育的认证系统,微认证促进了教师基于非正式学习成果的认证。因此,在信息技术与教育深度融合的今天,微认证使得教师可以充分利用各种多媒体技术,使技术不断赋能教师的专业能力提升。

上述三方面的背景,促进微认证在美国弥补了传统封闭式教师认证模式的不足并蓬勃发展。微认证被美国越来越多的州和学区所接受,已成为美国教师专业成长的新路向。

二、微认证的内涵与特点

微认证是一项创新的、面向教育实践者的认证系统,该系统是一种能力取向和基于证据的、旨在促进教师专业发展的新型认证模式。微认证旨在收集工作场所能够增

---

① BERRY B. Transforming Professional Learning: Why Teachers' Learning Must Be Individualized — and How [R]. Carrboro, NC: Center for Teaching Quality, 2016.

强学生学习经验相关技能的多元证据,且不论该技能何时、何地、通过何种学习方式获得,以此证明教师能够在其职业角色内达到规定的专业标准。微认证具有个性化、工作嵌入性、高效与便于共享的特征,日益成为美国教师能力发展与测评的新模式与前沿领域。一个完整的微认证生态系统具有如下七个核心要素(见表3-2)。

表3-2　微认证生态系统的七个核心要素

要素	定　义
开发者	通过识别有价值的能力、整合资源以了解该能力、描述证明该能力所需的证据以及提供如何评估证据以获得微认证的专业组织。
使用者	正在搜集和提交证明其能力证据的个人,但尚未获得微认证。
评价者	应用评估准则对候选人提交的微认证证据进行评估的个人,以确定其是否足够熟练以获得微认证,并就其优势领域和需改进领域提供有效反馈。
技术平台	集合一个数字网站的技术设施,使用者可在该网站上访问微认证系统并提交相关证据,评估人员可在该网站上评估候选人的证据并提供决定颁发徽章的决定意见和相关反馈。
颁发者	向成功满足能力标准的候选人授予微认证的组织。
获得者	成功提交证明特定能力的证据并获得微认证的候选人。
认证者	正式承认获得微认证"学分"并向其授予数字徽章的机构。

微认证的实施框架包括:1.专注某项能力。认证专业委员会对每项微能力进行概括性描述,以便认证者了解各项能力的内涵、构成要素与评估准则等。2.认证关键方法。认证专业委员会根据研究,设计每项微认证对应的关键方法,即教师如何达到该项能力认证要求的路径。3.提交认证材料。教师在不同场景与时间背景下,通过多种学习途径积累学习材料(文字、音频、视频等),并将这些材料提交到微认证系统中。4.设计评分指南。微认证评估中心依据相应的能力认证评分指南,进行考核评估并提供反馈总结。目前的评分等级分为:通过、基本通过和未通过。

同时,微认证的认证流程具有四个步骤:选择、收集、提交和分享。该流程使教师根据自己的专业兴趣与需求,依据认证要求来开发或收集相应的证据材料,并通过在线平台提交。通常微认证所要求提交的认证材料包括:能力形成计划、展示能力的案例、发展能力过程中的挑战与反思等。因此,微认证的认证流程具有面向需求、满足个性与深度学习等特点。微认证可以识别并对教师的某项具体能力进行详细的认证,使教师的专业学习具有结果导向。"结果导向"的教师专业发展范式认为教师是能动的学习者,赋予教师在学习目标设定、内容选择、学习方式安排、学习资源重组和学习空间重构方面以充分的自主权,让教师成为专业发展的掌握者与享有者。

三、微认证的优势

近年来,微认证被美国的阿拉斯加州、特拉华州、田纳西州等越来越多的州所采用。微认证之所以近年来在美国越来越多的地方教育系统中迅速发展并广受认可,与其所具有的多重优势密不可分。第一,微认证在实施中充分彰显了能力为本、结果驱动、个性化、灵活、弹性的优势。微认证细化了教师所要发展的具体能力,使得能力可被观察、学习与测量。微认证将某项能力分解为多个子能力进行认证,比如翻转课堂教学(Flipped Instruction)、跨学科教学(Trans-disciplinary Instruction)、批判性思维(Critical Thinking)与深度学习(Deep Learning)等。微认证将上述复杂、多维、抽象、高度综合的能力要求分解为教师可以理解、参照、掌握、实施的具体行为步骤,并且通过评估成果来进行观察与检验。因此,微认证多样化的认证形式可以满足教师个性化学习的需要。

第二,微认证重构教师专业发展的生态系统。基于微认证的教师发展生态系统包含了教师、行政单位、微认证机构、第三方专业监管机构、教育研究机构和专家等(图3-2)。这些核心利益相关者在发展教师能力的过程中,发挥咨询、服务、认证与监管等作用,打破了传统教师专业发展过程中各类组织之间封闭、互不联系的弊端,构建了协同促进教师专业发展的有机生态系统。同时,微认证生态系统融合了教师的正式学习与非正式学习、线上学习与线下学习,让教师不再成为专业发展过程中的"孤岛",发挥了各类相关专业机构的最大教育合力。

四、发展现状与争议

目前,美国各州和地区将微认证作为补充传统专业发展的一种资源,并作为教师展示专业能力的一种方式。在一些州,微认证可以算作专业发展的"学分",以满足保留教师资格证的要求。例如,北卡罗来纳州和威斯康星州允许当地学区决定是否为此目的使用微认证。教师通常可以选择从国家教育机构预先批准的微型证书中挑选,以开展个性化的专业学习。威斯康星州的 Kettle Moraine 学区在研究基于能力的教育时,了解到了教师微认证。该学区遂将微认证纳入其专业发展计划,允许教师为自己提出更加适宜的学习课程,并完成与课程主题一致的微认证。完成微认证的教师的工

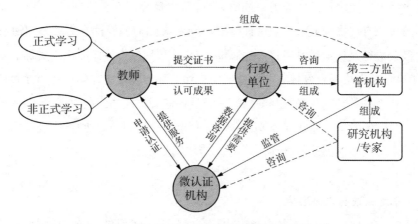

图 3 - 2　基于微认证的教师发展生态系统

资可以获得一定程度的增长。

随着实践的不断发展,微认证也带来了一些争议。第一,微认证所宣称的多种优势需要更多的研究来支持。美国教育智库国家教育政策中心(National Education Policy Center)对新美国(New America)所发布的政策报告《利用微证书促进教师成长》(*Harnessing Micro-Credentials for Teacher Growth*)进行了评述。国家教育政策中心发现,微认证在促进教师晋升、获得更高的工资、更新教师资格证、提升教师留任率和工作满意度等方面的研究证据不够充分。[①]《利用微证书促进教师成长》这一报告没有说明微证书可以改善教学或学生学习。实施指南从一个理想的假设开始,即州、地区和学校领导有能力在向教师提供微证书之前选择、审查和确保高质量的微证书。此外,由于微型证书的主要作用是评估教师是否掌握了某一特定技能,因此需要额外的资源为教师提供发展这一技能的机会。由于微型证书本身不能为教师的成长提供机会,而且需要有有效的专业发展系统才能发挥作用,因此《利用微证书促进教师成长》报告的标题和指导方针具有误导性。即使得到实施,该报告扩大微证书使用的计划也无法兑现其承诺。

第二,发挥微认证的最优效果需要解决一些相关问题。根据美国北卡州立大学星期五教育创新研究所(Friday Institute for Educational Innovation)所发布的研究报告,获得微证书的教师希望获得更多的收入,微认证有助于课堂实践的具体应用,教师可

---

① TOOLEY M, HOOD J. Harnessing micro-credentials for teacher growth: A national review of early best practices [R]. New America Education Policy Report, 2021.

以通过多种方式展示自己的能力。同时,围绕微认证仍存在许多问题。其一,微证书对教师的参与有严格的要求。微认证需要不断考虑如何使教师在专业学习过程中有更多的机会进行元认知或发展评价性思维,使其比传统的专业学习模式更加有效。其二,教学设计与网络平台发挥着非常重要的作用。如何设计更加具有互动性和启发性的网络平台,保障认证流程的顺利完成,是微认证需要解决的问题。第三,微认证不宜采用"一刀切"的做法。微认证需要充分考虑每个教师不同的专业背景,设计更加具有个性化与真实性的能力学习计划。

五、本土实践与未来展望

近年来,微认证也在我国教育界受到广泛关注。为了促进"智能新师范"背景下师范生专业能力的提升,形成科学、多维、分层的师范生教学能力评价体系,促进职前职后教师培养一体化,2021年4月,华东师范大学发布了阶段性成果《华东师范大学师范生课堂教学能力微认证规范》。该认证规范的研制主要依据《中学教育专业师范生教师职业能力标准(试行)》《中学教师专业标准(试行)》以及美国国家专业教学标准委员会、国际培训、表演和教学标准委员会等的国内外教师评价标准,确立了课堂教学中教学准备、教学实施、教学评价、教学反思四个维度下的22项微能力(教学能力点),用于指导师范生课堂教学能力的培养和实践,推动师范生课堂教学能力的提升。

目前颁布的课堂教学能力微认证规范定位为各学科通用版本,各师范类专业正在此基础上结合各自学科特点制定面向本专业师范生的微认证规范。《华东师范大学师范生课堂教学能力微认证规范》也表明我国新时代的师范教育迈向了从通用教学能力认证标准向学科教学能力认证标准迁移应用的道路,将此作为课程学习、见习、实习之外,师范生教学能力提升的重要创新路径,有力助推师范生与中小学教师的教育教学能力提升。在未来的实践中,需要进行系统的追踪调查研究,探索微认证规范对提升师范生具体专业能力的实质影响,同时考虑微认证如何与目前的教师资格认证流程相联系。

展望未来,笔者在综合数字承诺和美国研究学会所发布的相关调查报告的基础上,认为微认证系统有四个方面的发展方向。

第一,通过实证研究探索微认证对教师实践与学生成绩的直接影响。目前,微认证成为了教师专业学习的一种"货币",它可以在其他教育环境中迁移和使用,教师也相信获得微认证可以改善他们的课堂教学并让学生受益。这些都彰显了微认证在促进教师专业发展与学习方面的巨大潜能。但是,目前很少有实证研究专门探究微认证对教师实践和学生学习结果的直接影响。虽然微认证蕴涵了有效教师专业发展的核心要素,两者之间呈现出相互依存的关系,支撑微认证的有效教师专业学习要素包括:1.工作嵌入式专业学习;2.循环式调查;3.严格的审核和评估;4.工作嵌入式支持与协作。未来需要加强教师专业学习研究将如何适用于微认证的具体实践,这将为微认证的健康发展提供坚实的理论基础。

第二,为了保证微认证的顺利实施,学校和地方学区需要合力创造一系列保障条件。主要包括:制定清晰而具体的实施目标,实施者需要清晰传达微认证的目标、实用性和期待,可先从尝试少量微认证系统开始。如果要将微认证用于任何高风险决策,需要确保其严谨性、有效性和公平性。同时,使用者需要了解微认证所需的技术方面的基础设施,以确保所有教师都能获得用于发展的资料,并在系统及组织中共享微认证和数字徽章。但是,微认证的推广往往受限于教师之前的使用经验和教育组织的不同利益考量,如何让更多的教师群体和教育机构认可并接受微认证将是一项挑战,这需要不同教育组织和专业机构的通力合作推广。

第三,需要调查不同学校、学区及教育组织在何种程度上重视微认证。对微认证的重视程度包括相关的资源投入和政策保障。微认证的有效实施,需要各级教育组织投入一定的资金。未来的研究需要调查不同学校、学区和地域等教育系统成功实施微认证所需的平均资源投入,并将这些资金投入纳入教师专业发展项目中,保证教师充分获得使用微认证的机会。在政策保障方面,不同学校、学区和地域需要考虑如何将微认证与现有的教师专业学习和资格认证系统相融合。

第四,微认证在线设计平台需要进一步优化。目前的调查发现,有效地设计适合教学的微认证平台对一线教育工作者搜集、完成和提交他们的专业学习经历非常重要。一方面,微认证开发团队须尽可能简化平台上的内容,同时为教育工作者提供他们所需的能力认证路径,以建立他们的个性化学习档案和能力肖像,可以让教师轻松地提交他们的多元学习资料。此外,微认证设计团队需要明确如何有效地向教育工作者提供对他们有用的形成性反馈。及时有效的反馈辅之以精简的流程和用户导航,可以减少教师在完成微认证过程中的困惑、沮丧与未完成率。再次,与任何专业学习范式一样,微认证在准确衡量教师能力方面既有优势也有局限性。系统了解这些优势和局限性,将有助于开发与教育改革愿景相一致、针对性强、内容清晰的有效微认证系统。

综上所述,微认证是近年来随着绩效评估运动而迅速崛起的教师专业能力发展与评估系统。作为一种不断发展的新生事物,微认证还有许多需要继续探索与完善的地方,比如,如何扩展微认证在不同教育背景下的使用规模,让更多的教师来使用? 如何提高教师使用微认证的动机? 微认证是否应与教师资格证和再认证等专业流程建立有机联系? 随着越来越多的专业组织开发微认证系统,如何确保微认证的质量与专业性? 上述问题都是微认证在未来发展的过程中,需要不断正视与解决的。

第五节 "旋转门困境":多维视野下的教师离职探究

高比例的教师离职,造成了美国教师队伍构成单一、教师存量不足与教学质量难以保障等弊端。美国教育研究者形容高比例的教师离职为"旋转门困境",即大量新入职的教师,在较短的从教职业生涯中,不断离开教育行业。

教师离职或教师消耗(teacher attrition)、教师职业倦怠,是近三十年来国际上关于教师教育研究的热点话题之一。在欧美发达国家,教师离职主要发生在学生家庭经济收入低下、种族、语言、文化多元的城市内的城区薄弱学校。这类学校在美国被称为"一级类别学校"(Title 1 school),即如果某公立学校中有至少40%的在读学生需要美国联邦教育部资助免费午餐时,这类学校就被归类为"一级类别学校"。就离职的教师阶段而言,新手与教学经验不足五年的教师,离职率最高。就学科分布而言,离职的教师主要分布在科学、技术、工程和数学(即跨学科 STEM 课程)以及特殊教育等学科。而在发展中国家,教师离职或教师消耗主要发生在乡村或边远地区的贫困学校,其原因包括从教动机不强、工作压力过大与缺乏必要的资源与专业支持等。目前全球范围内的教师离职率在 5%—30%之间。[1]

一、教师离职的多重后果

首先,高比例的教师离职,造成了美国教师队伍构成单一、教师存量不足与教学质量难以保障等弊端。美国教育研究者形容高比例的教师离职为"旋转门困境",即大量新入职的教师,在较短的从教职业生涯中,不断离开教育行业。众多国际教育学者从个体特征与人力资本理论视角,运用实证研究方法探究了教师离职所带来的种种不利后果。研究发现,教师的高离职率不仅造成了公立学校教师数量的短缺、浪费了大量

[1] ZHU G, RICE M, RIVERA H, et al. 'I did not feel any passion for my teaching': a narrative inquiry of beginning teacher attrition in China [J]. Cambridge Journal of Education, 2020, 50(6):771-791.

的教育经费、物质资源与教师培训投入，更不断降低了教师的专业与社会地位、恶化了教师的工作环境。教师的高离职率也意味着许多教师在他们的职业生涯中，从"生存"和"发展"阶段走向"停滞"，缺乏进一步的知识与技能更新，从而难以建设一支高素质专业化创新型教师队伍。

其次，学生的学业成就降低、差距扩大。国际实证研究发现，高教师离职率与低学业成就显著相关。教育研究者马修·朗费尔特（Matthew Ronfeldt）发现，教师离职对学生的数学成绩和英语成绩都产生了显著的负面影响。[①] 此外，在有大量表现不佳的非裔学生的学校，教师离职对学生的成绩影响尤其大。美国经济学者唐纳德·博伊德（Donald Boyd）及其研究团队通过对纽约市学校的实证研究发现，高效能的教师更有可能跳槽到优质学校；而低效能的教师则更容易转移到薄弱学校，从而扩大了不同类型学校学生的学习机会与学业成就差距。[②]

再次，欧美国家教师的高流失率也促使市场力量不断介入美国教师队伍供给中，滋生了多种替代型教师培养项目，如美国的"为美国而教"（Teach for America）组织、独立进行硕士层次教师培养的新教育研究生院、英国的"教学优先"（Teaching First）组织等。这在一定程度上改变了传统上大学本位的教师教育体系，丰富了教师供给的多元主体。但因为替代型教师培养项目的年限短、职前教师专业发展不够充分、教师认证过于简单等原因，替代型教师项目在美国引起了不少的合法性与有效性争议。美国著名教师教育学者琳达·达林-哈蒙德认为"为美国而教"等一系列替代型教师教育项目是"在流血伤口上所贴的创可贴"，无法彻底根治美国的教师高离职率这一弊端。替代型教师教育项目在教师的培养方面，缺乏足够的专业准备，从而无法培养合格的教师。

二、教师离职的多重原因

关于教师离职的原因，美国研究教师离职的知名学者理查德·英格索尔（Richard Ingersoll）认为可以从教师"个人特征"与"教育背景"这两大视角来探究。通过大规模实证研究，英格索尔发现教师流失与教师的性别、年龄、种族、婚姻状况、教学动机等个

---

① RONFELDT M, LOEB S, WYCKOFF J. How teacher turnover harms student achievement [J]. American Educational Research Journal, 2013,50(1):4-36.

② BOYD D, LANKFORD H, LOEB S, et al. The narrowing gap in New York City teacher qualifications and its implications for student achievement in high-poverty schools [R]. National Bureau of Economic Research, 2008.

人因素相关。从背景因素来看,教师流失与教师所任教的平均班级规模、学校教育经费支出、学生贫困率、学生组成特征和少数族裔学生入学率等因素密切相关。英格索尔发现,初任教师离职的重要原因之一是学校的科层化等级体系与官僚化校园文化,使教师与校长等管理者缺乏必要的沟通,教师没有得到学校管理部门的充分支持。[①] 然而,美国学者林克(Rinke)质疑单纯从"教师个人特征"与"教育背景"这两大视角来分析,无法充分解释教师离职的真正原因。教师离职是教师个人特征与多重教育情境互动作用的结果。[②]

加拿大教育学学者克兰迪宁(Clandinin)也对目前从"过度窄化"与"脱离情境"的数据中来分析教师离职现象提出了疑虑,她认为目前的教师离职研究存在"教师个人特征"与"多层教育情境"割裂的困境。因此,她呼吁未来的教师离职研究,应综合考虑个体与情境因素之间的相互作用。[③] 凯尔克特曼(Kelchtermans)认为,教师流失涉及不同来源的影响以及人类行为的能动性与社会结构现实所产生的张力,教师流失应该被理解为理性主体与结构现实之间解释性协商的结果。教师离职作为一个"教育性"问题,需要防止优秀的教师因为不恰切的原因而离职。[④] 以色列教育学学者伊农(Yinon)和奥兰德·巴拉克(Orland-Barak)从意义建构的视角出发,认为教师离职是一项反映教师对其工作重视程度的职业决策,这项决策与教师的家庭背景、工作环境、社会文化和生活史密不可分。[⑤]

目前的国际教育学者,更多从教师与"身份冲突"的视角来分析教师离职的原因,认为教师离职不是一次简单的职业决策事件——即克兰迪宁所说的"离职的故事"(stories to leave by),而是一系列在不断变化、情境化和流动的专业知识场景中形成身份的过程——即克兰迪宁所说的"生活故事"(stories to live by)。目前,与英格索尔强调的要从学校微观层面来分析教师离职的原因相一致,运用"生活—叙事"研究方法,

① INGERSOLL R M. Teacher turnover and teacher shortages: An organizational analysis [J]. American Educational Research Journal, 2001,38(3):499 – 534.

② RINKE C R. Understanding teachers' careers: Linking professional life to professional path [J]. Educational Research Review, 2008,3(1):1 – 13.

③ CLANDININ D J, LONG J, SCHAEFER L, et al. Early career teacher attrition: Intentions of teachers beginning [J]. Teaching Education, 2015,26(1):1 – 16.

④ KELCHTERMANS G. 'Should I stay or should I go?': Unpacking teacher attrition/retention as an educational issue [J]. Teachers and Teaching, 2017,23(8):961 – 977.

⑤ YINON H, ORLAND-BARAK L. Career stories of Israeli teachers who left teaching: A salutogenic view of teacher attrition [J]. Teachers and Teaching, 2017,23(8):914 – 927.

从教师个体实践知识、流动的教育情境、个人与专业身份之间的不一致来系统性地探究教师离职,成为了国际上探寻教师离职原因的前沿理论视角与路径。

三、教师离职的治理路径

第一,教师队伍构成多元化。北美教师队伍大多是由来自中产阶级、白人、女性与只说英语单一语种的人构成,而北美公立学校的学生在种族、语言与文化上变得日益多元化,这就造成了教师队伍与学生群体在种族、语言与文化背景上的不匹配。为了让教师更加充分理解学生的文化背景与学习方式,国际上不少教育研究者与智库纷纷呼吁加大少数族裔教师的招聘比例,特别是男性、非洲裔教师的招聘,以促进教师队伍构成多元化。

第二,提高教师职业的吸引力。国外研究表明,教师离职与教师的经济考量(工资收入、职位晋升和其他社会收益等)和非经济考量(工作环境、工作时间、与同事的关系、领导支持等)因素紧密相关。教师在做职业决定时,同时考虑参加新职业培训、预期收入以及这一过程中所涉及的成本。从经济学角度看,教师个人进入或改变某一职业的重要动机是,在考虑职业选择的效益和成本时,追求最大回报率。OECD 于 2018年发布的第三轮教师教学国际调查报告(TALIS),呼吁各国应努力让教师职业成为更具经济吸引力的职业,不断吸引优秀、热爱教育事业的人加入到教师行业中来,为教师的未来存量与既有存量储备充足的高素质人才。

第三,为教师提供专业发展的资源与支持。OECD 在 2018 年发布的第三轮教师教学国际调查报告中表明,大多数学校所实施的教师专业培训内容与教师最迫切、最关心的专业发展需求不匹配。专家培训多集中在理论阐释,而教师需求度高的专业发展领域,如教学设计与实施、同行优秀教师观摩、班级管理等,仍然较少出现在正式的教师专业发展项目中。同时,OECD 发现教师难以在课堂上使用教育改革倡导的创新教学策略,新教师入职辅导培训仍然未受到学校领导者的重视,教育管理者未充分发挥其对教师的专业支持。针对上述问题,教育政策制定者与管理者要从关注教师的专业需求,为教师减负增能,提升教师培训的有效性,提供更加具有支持性的教学环境等方面入手,切实降低教师的离职率。

第六节 意义建构:教师实施课程政策的新视野

2022 年 4 月,教育部颁布了《义务教育课程方案(2022 年版)》和《义务教育课程标准（2022年版）》。课程方案和课程标准强化学段间衔接，增强课程实施过程中的综合性、实践性，提升学校课程管理的科学性、系统性，进一步细化课程设置和学科育人目标，让学校的课程实践体系成为学校育人方式变革的方位标。从国家课程标准到课堂教学的落实，需要跨越多重政策情境，特别是新课程所倡导的新理念与新方法。教师实施新修订的课程方案和课程标准，通常需要根据自己所处学校的具体情境，结合自己的教学理念与方法，不断进行意义建构，让新课程方案与课程标准所倡导的新观念，真正落实在课堂教学中，从而打通课程改革政策实施的"最后一百米"。

一、传统的教育政策实施观

与传统的教育政策实施观密切联系的是对教育政策本质的不同理解。在传统的教育政策实施观看来，政策通常被描述为原则或指导决策和实现合理结果的规则。教育政策通常是由具有合法性和合法权力的机构做出的正式决定。教育政策一般包含目标、规定、计划和框架四大构成部分。国际知名教育政策社会学者斯蒂芬·鲍尔认为教育政策具有三重属性：政策作为话语，即政策所代表的传统或进步主义话语体系；政策作为文本，即政策所展现出来的文本内容与特点；政策作为权力，即政策背后所蕴含的意图与价值取向。[①] 而我国的教育政策研究传统多集中在对国家或省市出台的重要教育政策进行解读与阐释，大多采用了"宏观分析"的范式，没有充分考虑教育政策在"校本"层面的落实情况。

传统的教育政策实施观认为政策的实施过程是一个简单的"自上而下"或"自下而上"的政策运作过程，政策实施的过程也是一项价值无涉的教育活动，它没有触及政策背后所蕴含的价值观与利益倾向。此外，政策实施很少关注中观与微观教育情境的影响，它也没有解释教师如何以及为什么要应对相互冲突的政策。美国知名教育历史学家泰克和库班在其名著《朝着乌托邦铸补：一个世纪以来的公立学校改革》中，发现虽然美国每隔几年进行大规模的教育改革，但是受到"学校教育的语法"（Grammar of Schooling）这一隐形规则的束缚，教师总是以不同形式在抗拒各种教育改革政策。[②] 同时，传统的政策实施也没有充分考虑教师为什么抗拒某些教育政策，如在应

---

① BALL S J. What is policy? 21 years later: Reflections on the possibilities of policy research [J]. Discourse: Studies in the cultural politics of education, 2015,36(3):306-313.

② CUBAN L. Reforming the grammar of schooling again and again [J]. American Journal of Education, 2020,126(4):665-671.

试教育的背景下,教师为什么以隐性的方式抵抗合作性、研究性学习等素质教育所提倡的创新性教育活动。

二、教育政策的意义建构

教师如何在学校层面对教育政策进行不同方式的"意义建构",成为了近二十年来国际上关于教育政策实施的重要研究议题。与传统的政策实施观不同,意义建构视野下的教育政策实施观认为教师不仅是政策制定过程的客体,也是政策制定过程的"代理人"与政策实施的"参与者"。意义建构视野下教育政策分析的一个核心概念是"调整"(Appropriation),"调整"指在不同的个人与群体参与政策的过程中,所进行的一种创造性解释政策的实践形式。① 政策社会学视域下的校本教育政策研究认为教育政策是一种权力实践。意义建构视野下的教育政策实施是一项蕴含不同价值取向的活动,它涉及多个且经常相互竞争的社会、文化和情感建构以及不同行动者的解释路径。

意义建构视野下的教育政策实施是指在具体的教育情境中,不同的教育政策参与者在学校层面不断对政策进行阐释与执行的多重过程。这一视野下的教育政策实施涉及解释和再情境化的创造性实践过程,即通过学习、联想、感悟和反思等活动,将政策文本翻译成实践行动,并将政策理念抽象为情境化实践。政策实施过程中的两个核心变量是"机构情境"与"机构规则"。此外,意义建构视野下的教育政策实施认为,教育政策可分为法定政策与非正式政策。政策实施和政策借鉴范式主要聚焦于法定政策上面,忽略了受中观与微观社会组织的影响,非正式的教育政策也会以不同的方式,潜在地影响教师的教学决策与日常实践。

从意义建构的角度看,教育政策的执行过程是一种双向的动态互动过程,它由政策制定者和教师不断塑造。据此,共同理解在教师对教育政策的实施过程中处于核心地位。共同理解是指通过对话和谈判等方式,教师对课程改革的意义和影响形成集体性理解。集体意义创造需要教师找到以下问题的答案:课程改革对我们意味着什么?我们是否认为课程改革的目标有意义且值得努力? 如果是,它会带来什么样的变化?教育学者约翰·卢滕伯格(Johan Luttenberg)发现,教师不同的先验知识可能导致教

---

① 祝刚,朱利兵.詹姆斯·斯皮兰分布式教育领导理论:结构内涵与未来研究路向[J].外国教育研究,2022,49(02):17—37.

师解释课程政策程度之间的差异,从而形成对上述问题的不同实施方案。① 此外,如果教育改革利益相关者认为课程政策目标可能会在学校发展方面起反作用,那么教师可能会对相关的教育改革采取积极抵制的态度。由于具有不同的认知背景,教师在解释课程改革政策的过程中,容易错失不熟悉的内容,甚至没有进行政策所倡导的根本性的转变。因此,教师需要反思之前实践教育经验的影响,以变革实践的路径。

三、教育政策意义建构的影响因素

国际知名教育政策学者詹姆斯·斯皮兰等认为"意义建构"不仅仅是解释一条信息,更是个体在所处的环境中,进行积极的认知和情感互动作用的过程,在这一建构过程中,个体试图将新信息融入现有的知识和信念架构体系内,从而产生新的个人解释。② 教育政策学者辛西娅·科伯恩(Cynthia Coburn)认为,教师对教育政策进行意义建构的方式受其先验知识、教师工作的社会文化背景以及他们与政策或改革愿景关系性质的影响。③ 教育政策意义建构学者认为,学校和课堂文化、组织结构和惯例在一定程度上形成了教师对政策进行理解与实施的"微观政治环境"。

教育学者约翰·卢滕伯格等人认为教师的意义建构由两方面因素决定:第一,教师的认知参考系和教育情境需求之间的一致性;第二,教师的认知参考系或教育情境需求在意义建构过程中的主导地位。约翰·卢滕伯格区分了四种不同类型的教育政策意义建构的结果。第一种意义建构的结果是"意义同化",这意味着教师在意义创造过程中使用他们自己秉承的认知参考系,并以适合现有课程框架的方式调整新想法。这会促进教师的参考系发生变化,不断同化目前的课程改革理论与实践方式。第二种意义建构的结果是"顺应"。在这种理解中,教师转换他们自己的参考系,使其符合具体情境的需求。在这种类型中,情境需求占主导地位。第三种类型的意义建构结果是"共存"。在这一类型中,教师接受新课程改革情境的要求,但同时保持自己已有的认

① KETELAAR E, BEIJAARD D, BOSHUIZEN H P, et al. Teachers' positioning towards an educational innovation in the light of ownership, sense-making and agency [J]. Teaching and teacher education, 2012,28(2):273-282.
② SPILLANE J P. External reform initiatives and teachers' efforts to reconstruct their practice: The mediating role of teachers' zones of enactment [J]. Journal of curriculum Studies, 1999,31(2):143-175.
③ COBURN C E. Shaping teacher sensemaking: School leaders and the enactment of reading policy [J]. Educational policy, 2005,19(3):476-509.

知参考系,这导致教师的不同认知。但教师学会将已有认知与新的认知保持共存状态。最后一种类型的意义建构结果是"疏离"。在这一结果中,教师完全拒绝课程改革政策所倡导的方向,继续使用他们最初的认知参考系与实践模式。在现实的课程改革过程中,在一位教师身上,可以找到四种不同的意义建构方式。①

四、教育政策意义建构的意蕴

意义建构视域下的教育政策实施扩展了我们对教育政策主体与政策分析工具的认识,有利于打通课程政策实施的"最后一百米",具有三方面的意蕴。首先,从政策社会学出发,教师教育政策具有多重属性与本质。之前国内学者主要将教育政策视为文本与话语,缺乏对教育政策作为权力与非正式政策的研究。意义建构视域下的教育政策实施凸显了政策运作过程中,不同的核心利益相关者如何影响教育政策的价值取向与实施状态。在从中央到地方的教育政策运作过程中,各个层级的教育政策实施者都参与到教育政策场域的解读中。

第二,教育政策的意义建构将宏观层面教育政策的研究"重心"下移到学校与教师层面,丰富了对教师如何在学校与课堂层面对教育政策再解释、再情境化的认识。目前,我国学者对教育政策的研究存在普遍性的政策解读现象,即主要从宏观层面对某项教育政策进行阐释性理解,比如教育政策的主要目标、责任主体、实施路径与保障机制等。而意义建构视野下的教育政策实施关注政策的"末梢神经",即教育政策在学校与课堂层面的最终落实情况,让教育政策研究变得更加"接地气"。

第三,意义建构视域下的教育政策实施研究更容易透视出教育政策终端运作过程中的落实情况与相应的资源匹配程度。在新颁布的课程方案与课程标准中,学科实践逐渐取代活动与自主探究活动。教师如何更好地开展学科实践活动,需要考虑已有的认知体系、学校情境与教学资源的供给。此外,以我国乡村教师获得感的提升为例,教育政策的意义建构应以教师群体对政策文本的全面、深度了解为前提,在此基础上,明晰政策的价值内涵与资源维度,从而构建政策执行过程中所需要的社会支持系统。

① KETELAAR E, BEIJAARD D, BOSHUIZEN H P, et al. Teachers' positioning towards an educational innovation in the light of ownership, sense-making and agency [J]. Teaching and teacher education, 2012,28(2):273 - 282.

第七节　国外师范生评价的理论演进与实践革新

近二十年来,国外师范生评价的理论演进与实践革新日趋活跃,积累了丰富的理论成果与典型的实践经验,提升了教师教育项目的质量。作为教师评价改革的重要领域之一,国外师范生评价整体上经历了从"结果"评估到"过程"调查、从"静态"推测到"动态"跟踪、从"价值中立"到"价值负载"、从"外部"粗描到"内部"深挖、从"情境无涉"到"情境依赖"的转变轨迹。随着信息技术日益渗透到教育领域,基于大数据、互联网、人工智能的教师评价手段亦成为师范生评价的重要实践革新趋势。如近年来教学档案袋和微认证等基于网络技术的创新性教师评价工具,被越来越多的欧美国家所采用。

随着其在理论、实践和政策中的不断发展成熟,国外师范生评价作为一项专业活动的多元性日益彰显。近二十年来,国外师范生评价理论基础不断更迭升级,评价侧重点渐次演进,评价标准更加系统化,评价方法更加多元化,评价保障体制不断完善。《新时代基础教育强师计划》提出要创新师范生教育实践和教师专业发展机制模式,切实提升教师培养质量。师范生评价是教师职前培养环节的"指挥棒"与"晴雨表",抓住这一"牛鼻子",有利于实现以评价倒逼培养环节的改革。放眼国际,系统梳理国外师范生评价的理论演进与实践革新,可有效提高新时代我国教师教育培养的质量,为培养高素质专业化创新型教师队伍奠定坚实基础。

第一,国外师范生评价理论基础的更迭升级。教师评价活动并不是一种价值中立的机械活动,它总是蕴含着显现或潜在的价值诉求。从此逻辑出发,国外师范生评价理论从先前过分追求"能力本位"和"效能主义",转变为注重"社会公平"与"文化多元"。在此大环境下,越来越多的欧美国家在师范生评价活动中接受"第四代评价理论"。教育领域中的第四代评价理论发端于建构主义调查方法论,它以核心利益相关者的主张、关注点和争议作为组织评价的焦点,以此决定所需信息基础的一种价值负载的评价形式。① 此外,"基于学习的评价"理念逐渐被"为了学习的评价"理念所代替。"为了学习的评价"理念关照下的表现性评价、情境性评价、真实性评价指向教师的深度学习,更能从多重维度透视师范生专业发展的复杂性,被越来越多的国外教师

---

① GUBA E G, LINCOLN Y S. Fourth generation evaluation[M]. Thousand Oaks, CA: SAGE. 1989: 21 - 49.

评价实践模式所采用。国外师范生评价理论基础更迭的原因在于教育专家所生产的"防教师"知识逐渐式微,教师缄默知识、个体知识和实践知识等逐渐成为支撑教师评价的重要生长点。2018年,苏格兰引入了师范生教育自我评价框架,通过对学习经验与支持经验的自我评价来促进师范生的专业发展。这说明以往依靠外部专家的总结性评价和频次总结法难以全面系统掌握师范生的真实发展状态。而基于专业表现的师范生评价体系可以激活教师的核心素养、提升真实情境中的实作表现,创设具有启发性的教学环境。

第二,国外师范生评价侧重点的渐次演进。近半个多世纪以来,欧美主要国家师范生评价领域呈现出明晰的演进路径。在20世纪50—70年代,国外师范生评价从有效教师特征和品质的评价,转向有效教学行为的评价,然后迈向教师核心素养的评价。近年来在美国众多州所采用的师范生课堂理答能力表现性评价系统,以嵌入式评价和教学事件评价相结合的方式,来评价教师如何将学生科学思维的发展作为核心评价内容。关于教师核心素养的典型评价,英国、澳大利亚两国师范生数学素养测评基于提高教师培养质量的现实考量,围绕具体的数学素养概念,构建了以"问题解决"为核心的数学素养测评框架,并通过测评的实施引导师范生教育培养政策和课程改革。国外师范生评价侧重点演进逻辑体现了研究者与实践者通过多重科学手段,逐渐打开成为合格与优秀教师的"黑箱",以循证的方式甄别出构成有效教师行为的关键变量及其在不同情境中的作用机制。师范生评价从静态、孤立的教师特征和品格描述转变为"过程—结果"导向的有效教学行为、师生互动和核心素养探究。近年来,随着传统增值性评价的弊端日益显现,美国师范生评价在方法上的侧重点呈现出质性评价与量化评价互相补充,相对评价、增值评价与课堂观察评价不断融合的趋势。

第三,国外师范生评价标准更加系统化。近年来,欧美国家更加注重通过运用教师专业标准这一杠杆来进一步规范与完善师范生培养质量评价体系。全美教师教育认证委员会历经了20世纪50—60年代"目标本位"、70年代"课程本位"、80年代"专业教育知识本位"的师范生评价标准的系统变革,至今形成了以"专业知识""专业技能""专业品行"三大维度作为教师评价标准内核的师范生培养质量认证指标体系。2015年,美国马萨诸塞州颁布了《教师候选人表现性评价》,在课程、教学设计和评估、教授全体学生、家庭和社区参与职业文化四大标准领域明确了师范生评价的重要维度。2016年以来,美国专业教学标准委员会的认证评估强化了以严谨的心理测量方式来评估师范生的教学实践,同时更密切地关注师范生在行动和反思之间的衔接。据此,更加注重对内容知识、个性化指导、教学实践和学习环境以及有效和反思性实践领域的评价。类似地,2019年,英国通过《师范生培养核心内容框架》来评价师范生的学科知识、适应性教学和专业行为核心内容等。2020年,英国还更新了《领先教师发展国家专业资格》《领先教学国家专业资格》和《领先行为和文化国家专业资格》,为培养对领导行为和文化负有责任的教师建立全新的国家专业评价标准。

第四,国外师范生评价方法的多元化。在宏观层面,美国形成了政府主导的师范生值评性评价模式、高校主导的质量提升与社会公平评价模式(如教师候选人表现性评价,edTPA)和专业组织主导的研究驱动与专业发展评价模式(如美国州际新教师评估和支持联合体)。在微观层面,为了更加深入、细致地收集师范生在真实任务情境中的学习状况,课堂互动观察评价、行为事件访谈法、自我研究、档案袋评价法、微格教学评价法、开放性试题与反思日志总结是目前国外师范生评价的几种常用方法。美国马萨诸塞州开发了《差异教学策略评价表》和《职前实习成绩评价表》,以具体、清晰的评价指标体系,和多元且权责明确的评价主体来评价师范生的教学实习表现。加拿大英属哥伦比亚大学安东尼·克拉克教授开发了在不同国家和地区广泛采用的《教育实习指导教师调查问卷》,通过系统调查指导实习教师过程中的促进和挑战因素,来评估师范生在教学实习中的专业实践表现,以此促进指导教师、大学教授、实习教师、学校、学区,以及大学之间的深度专业对话。① 同时,西班牙教育研究者也通过实践反思与实践共同体来加强大学教授、中小学导师等核心利益相关者对师范生教学实习质量评价的协同配合与对话协商。

第五,完善多层级的师范生评价保障体制。欧美国家通过完善多种类型的教师评价体系、教师教育督导,加强教师培养合作伙伴关系对话,强化教育见习、实习、驻校培养等专业实践环节的评价,来不断加强师范生教育质量评价体系的建设。为了改善英国师范生及其合作伙伴培训的质量,将教师评价的重心从"结果"转向"过程",2020年,英国教育标准局发布了《职前教师教育督导框架和手册》,采用风险评估的督导办法和一站式督导模式,以便将精力集中在教师教育项目能够产生最大影响的方面。同时,新督导框架聚焦在教师培训项目的质量、参观培训教师机构的实习活动以及教师教育合作伙伴的课程等核心督导工作内容。全美教师质量委员会在2020年10

---

① MENA, J, & CLARKE, A. The mentoring profile inventory: A tool to exchange teachers' professional experiences in different cultural contexts.//B. Singh (Ed.), Professionalism in Education [M]. New Delhi Publishers: New Delhi, Kolkata. 2021:101 - 107.

月发布的报告《2020 教师准备评估：临床实践和课堂管理》中指出，师范生在教学实习与课堂管理两项实践技能的评估中遇到了诸多挑战。针对课堂管理技能，教师教育项目可以通过使用以研究为基础的课堂管理策略评估体系来提高师范生的课堂管理技能。针对教学实习，需要加强对教师"设计—计划—教学—学习环境—职责"等维度的评价，通过教学实习观察和专业表现记录来为师范生提供综合的评价信息。

第八节　高校教师评价改革的创新路径

近几年，不少国内高校纷纷采取了"（S）SCI 论文＋纵向课题"的"准聘长聘制"或"非升即走制"，这一工具主义色彩浓厚的刚性高校教师评价制度一直备受争议。而在国内不少高校中，"青椒"科研压力大与学术发展空间不断压缩，更为高校教师的长远健康发展带来了绕不开的问号。上述问题都碰触到了高校教师评价这一敏感神经，更突显了大学教师评价改革的当务之急。最近复旦大学尝试推出了"不升也能留"改革方案，作为化解"五唯"压力的突破口。而国际上随着《斯坦福大学 2025》提出"开环大学"、自定义节奏与"轴心翻转"等一系列个性化创新教育方案，不断对高校教师的评价提出了新的挑战。

2021 年是我国新时代教育评价改革元年，《深化新时代教育评价改革总体方案》（以下简称《总体方案》）为我国新时代教育评价改革吹响了号角。针对我国以往教育评价改革中片面注重论文、帽子、职称、学历和奖项这一横亘已久的"五唯"顽瘴痼疾，《总体方案》针砭时弊并提出了"改进结果评价，强化过程评价，探索增值评价，健全综合评价"的新评价理念，这不仅为我国新时代大学教师评价改革指明了方向，更按下了评价改革机制与路径创新的加速键。2022 年党的二十大召开后，我国更加致力于建设高质量公平教育体系，凸显人才是第一资源，创新是第一动力，深入实施科教兴国战略。教育评价改革由于其"指挥棒"作用，改革也进入了深水区。

大学教师评价改革是一项多维度、多层次的系统工程。大学教师评价一方面与教师的专业职称评定、科研与教学绩效等密切相关；另一方面，大学教师评价的合理与否，还影响到教师工作的创造性、认可度与满意度。《关于深化高校教师考核评价制度改革的指导意见》提出了以"师德为先、教学为要、科研为基、发展为本"为原则的评价纲领，突出高校教师品德、能力和业绩的评价。创新教师评价考核方式是我国当前建设高素质专业化创新型教师队伍的迫切需要。从国际最新趋势来看,大学教师评价改革不仅涵盖教师的教学、科研与专业服务工作,更与教师参与科研成果社会转化、创新创业、国际化合作等创造性活动有关。从系统论的角度设计科学合理的高校教师评价方式,可以遏制目前我国高校教师评价中存在的重科研轻教学、重数量轻质量、重行政考核缺同行评议等一系列弊端。

一、评价理念革新化

针对美国大学中存在的重科研、轻教学和短视、功利化倾向,美国卡内基教学促进会前主席博耶认为大学教师从事的专业活动可以分为探究、教学、整合和应用四个方面的学术。这四种学术活动都有其独特的价值贡献。探究的学术,也即传统的专业研究工作。探究的学术作为学术生命的心脏,是高校教师所进行的各项科研发现活动。教学的学术体现了科学与艺术的结合,是一种通过教学、指导和咨询来传授知识的学术。整合的学术通过各个学科间的联系形成跨学科研究,把专业知识放置到开放、创新的环境中加以融通。应用的学术将大学产生的原创性高深学术知识应用到不同的专业领域中,以此弥补理论与实践之间的鸿沟。① 这四种学术分类扩展了传统学术的内涵与外延,丰富了高校教师评价的理念。

博耶后续又提出了参与的学术,高校教师应该走出象牙塔,积极参与到社区服务与社会变革中,加强大学与社会之间的互动联系。后任主席舒尔曼构建出了教与学的学术,旨在促进知识学习专业化和以问题为导向的学习方式,并将有用、真理、美感和正义作为其标准。他山之石,可以攻玉。博耶与舒尔曼多元的学术思维,可丰富我国高校教师的评价理念。目前我国高校教师评价中存在对"学术"的狭隘理解,重视探究而忽略教学、整合、应用与参与四个其他领域的评价。

评价理念的单一、落后与狭隘,会制约教师能动性与创造性的发挥。在更深层次上,不合理的评价理念会滋生急功近利、短平快的学术泡沫,导致教师之间产生一种以竞争、排斥为特征的零和效应,教师之间缺乏跨学科合作,在方向上扼杀重大原创性学术成果的出现。先进的评价理念则可以建立起一个鼓励静水流深、包容开放、创新合作的学术环境。未来我国高校教师评价可综合考量教师在探究、教学、综合、应用与参与五个领域所作出的实质性贡献。

---

① BOYER, E. Scholarship reconsidered: Priorities of the Professoriate[M]. Lawrenceville, NJ: Princeton University Press. 1990:1-15.

二、评价指标多维化

高校教师评价指标的具体化、可操作是国际上高校教师评价指标多维化的共同趋势。欧洲高校分类工具(U-Map)将教师评价划分为教学、学生、科研、地区参与、知识交换、国际化六个维度、25 个指标。韩国国立大学在建立教师业绩评价制度时制定了考虑学科特殊性的评价方案,促进教师的多轨道个性化发展。美国卡内基高等教育机构分类项目根据"目标的适合性",将不同高校根据使命与功能进行横向的分类,并为教师评价提供了指导框架。英国从 2014 年开始正式实施的科研卓越框架,首次将"科研产出的社会影响力"纳入了教师评价系统。强调大学科研与社会的紧密联系,更加注重科研的社会转化与应用。教师科研成果评价改革从注重学科逻辑向兼顾社会应用逻辑转变。

此外,在高等教育全球化与国际合作日益加强的今天,不少国家高校教师评价改革,如加拿大、澳大利亚和新西兰等,都融入了教师的国际化与跨文化沟通能力,不仅包含教师跨文化沟通的知识与技能,还包括教师跨文化沟通的意愿与态度。印度共生大学将国际合作项目的创办、跨文化、国际能力以及学习成果等方面的国际化作为教师评价指标的重要趋向。评价指标多维化,一方面确认了高校教师工作的复杂性,另一方面为教师提供了不同的发展空间。加拿大高校注重对教师实践能力的评价,鼓励教师在企业和其他社会组织中兼职,并将兼职的层次与时间作为教师个人能力提高的一个重要评定指标。我国高校教师评价指标目前存在维度单一、内容简单等不足。健全的指标评价体系应在参考各国的基础上,进一步凸显实践和交流等维度的评价。

三、评价方法科学化

在 2021 年更新的英国科研卓越框架中,采用了同行评议为主、计量评估为辅的高校教师评价方法。在实施同行评议的过程中,科研卓越框架注重从专家的性别、年龄、种族、类型、学科背景、职位等多样性和代表性方面完善专家遴选机制,以此保障教师科研成果评审的公平、公正和透明。[①] 目前中国高校教师评价中,仍存在重数量、轻质量、以刊评文、跨学科与综合学科评价方法薄弱的弊端,自上而下的行政评价力量总是制约学术同行内部的扁平化评价,教师代表性作品评价难以实施等弊端,同时,我国目前大学教师科研评估存在专家库遴选机制不健全、规模小、代表性不足、信息陈

① 赵俊芳,韩若晴.英国"教学卓越框架"政策实施的双重动机及其互构[J].高等教育研究,2022,43(12):101—109.

旧等问题,借鉴英国的科研卓越框架,可以提升我国大学教师评价方法的科学化水平。

学科交叉与融合评价,如 STEAM 跨学科评价等,已成为目前国际高等教育领域大学教师评价的一个重要趋势。英国科研卓越框架(2021)中一项重要的原则是"公平对待包括跨学科合作研究在内的所有形式的科学研究及其成果"。据此,科研卓越框架整合了评估单元,促进相邻、相近学科的交流融合,还成立了跨学科研究咨询小组来保证对跨学科领域研究评估的公平性与合理性。而我国目前大学教师评价中缺乏专门的针对跨学科研究的评价指标、评价指南与程序,这造成了我国大学教师在学科交叉与融合领域评估的空白。英国科研卓越框架则为我国当下及未来的学科交叉与融合评价提供了重要参考系与实践抓手。

四、评价治理透明化

教育评价具有治理功能,适切的教育评价可以提升现代化教育治理水平与能力。在宏观治理层面,美国高校系统建立了成熟的"分类管理与评价"系统。美国的研究型大学、研究教学型大学、教学型大学、社区学院具有不同的教育目标与任务,日本高校进入 21 世纪以来,从自我评估和认证评估,逐渐发展为法人评估,并注重平衡教师评价中的外部评估与内部评估,特别是"评估疲劳"现象。因此,这些不同的大学在对教师评价时采取截然不同的分类评价治理方式。在中观层面上,欧美不少国家的高等教育系统注重协调学术权力与行政权力在高校教师评价中的责任主体与制衡关系,逐步建立起了学术至上、主体多元且权力制衡的大学教师学术评价组织,从制度建设上实现高校教师评价"以评促建,以评促改"的目的。

在外部治理层面,英国政府引进了独立第三方科研评估机构——高等教育基金委员会,以实现评估主体多元化。高等教育基金委员会向英国政府提供最终的科研质量评估结果,政府以此作为教育投入和公共财政资源分配的依据,实现基于决策的、有效的科研拨款。科研卓越框架也可以为公共研究投资提供问责机制,确保科研投资的有效性与针对性。此外,完善高校教师评价治理,可以加强与国际性和区域性高等教育质量保障组织的合作,如亚太地区教育质量保障组织等,充分引入高等教育领域专家与政策制定者在同行评审与元评估方面的示范、引领作用,以外部评价治理促进内部评价治理的完善,最后消融区域评价质量的隔阂。

五、建立发展改进导向的教师评价文化

2016年发布的《班加罗尔宣言》提出高等教育质量保障需要促进全球伙伴关系与文化的形成。良好的大学教师评价文化,需要体现改进导向的价值追求,真正实现以评价倒逼改革,紧紧抓住评价这个"牛鼻子"。发展改进导向的教师评价文化是一种发展性评价文化,它旨在激励教师而非制约教师的发展。近年来,能力本位导向、强化终身学习、持续改进"教"与"学"质量已经成为国际上高校教师评价文化建设的重要目标追求。大学管理层、高等教育外部质量保障机构、教育评估专家、学生主体、校友与用人单位和雇主等成为了教师评价文化建设的重要新生力量。

良好教师评价文化的建立,需要规避前三代评价理论偏重管理绩效主义、重视数据的实证主义范式,缺乏对被评价者背后思想价值的人文关切,往往陷入自上而下的督导文化、外部强加的问责制与狭隘的专制主义泥潭。据此,美国知名教育学者古巴与林肯提出了第四代教育评价理论。改进导向的教师评价文化可从第四代评价理论出发,聚焦于核心利益相关者背后所蕴含的多元价值、焦虑和争议这三个问题,从此出发来获取评价所需的有效信息。教师评价文化重视评价主体与客体在观念与方法层面的深入对话。在建设教师评价文化具体的实践中,可通过社会契约、达成共识、全面参与和实践共同体来臻至佳境。此外,好的教师评价文化非一日之功,需要不同责任主体共同厚植肥沃的土壤,并需要各种适宜的制度来生成良好的教师评价文化。

一流的国家需要一流的高校教师,一流的高校教师服务一流的国家。高校教师评价改革的五维创新路径,不仅可为高校教师在教学、科研与社会服务方面提供重要指引,更是新时代深化教育评价改革,"破五唯"的重要创新举措。高校教师五维评价创新路径是新时代我国建设教育强国的必然要求,有助于构建高等教育发展的良好生态系统。一方面,高校教师评价改革需要积极回应新时代我国政治、经济、社会文化提出的新的发展要求,特别是建设高质均衡教育体系征程中所面临的一系列热点、难点与痛点问题;另一方面,实现高校教师评价改革的五维创新路径,需要遵循高校教师在人才培养主体功能和承担科学研究类型等方面的差异性,强调学科逻辑与现实逻辑要求,在目的取向、任务驱动下对高校教师的分类发展与评价进行合理引导,建立科学合理的高校教师分类评价制度予以保障,从而实现高校教师的特色、多样化与内涵式发展。

第四章　国际教师教育的前沿发展动态

第一节　美国教师教育体系迈向 3.0

21 世纪以来,欧美国家充分认识到教师素质对于教育质量的重要性,将教师视作"教育发展的第一资源",从而不断变革、升级其教师教育体系。在此背景下,美国出现了"新教师教育"改革运动,其核心特征包括:教师教育演变为一个政策议题、教育政策的制定基于研究与证据、教师发展与评价由结果驱动、教师专业发展中规制与解制并存、教师培养场所由大学延伸到多个机构、学科知识与教学法和技术不断得到融合、职前教师队伍的多元性与筛选性并存等。这一运动推动美国职前教师教育体系从 1.0 和 2.0 迈向 3.0。

美国教师教育学者肯·蔡克纳认为,教师教育体系 1.0 主要为大学本位的教师教育体系,如美国众多大学教育学院中设立的教师培养项目,如美国一些公立与私立大学所开展的学士与硕士教师资格证项目;教师教育体系 2.0 主要为替代型教师教育培养体系,如教师驻校培养模式等。教师教育体系 3.0 是美国目前教师教育改革的着力点与未来发展方向,主要表现为教师培养项目与社区、家庭合作,教师培养场地在大学与社区所形成的"第三空间"中进行。① 同时,美国教师培养的理论基础、课程体系与实践模式等产生了革命性变革。以往支离破碎、良莠不齐的教师培养项目不断得到重组与改造。

围绕教师培养体系中的核心问题,如教师发展的知识基础、教师教育主体、教师培

---

① ZEICHNER K. Preparing teachers as democratic professionals [J]. Action in Teacher Education, 2020, 42(1):38 − 48.

养评价等,美国教师教育不断进行体系创新。

一、培养政策:促进社会公平与均衡

美国近年来加大了对教师在内城区、多语种、多种族薄弱学校教学的支持力度,不断壮大少数族裔教师队伍。众多教师教育培养项目将促进社会公平与正义、尊重多元文化等价值观融入教师教育课程体系,以此来解决薄弱学校教师流失率高的问题。

美国教师教育体系 1.0 和 2.0 所培养的教师分别是"专业人士"与"实践者",而教师教育体系 3.0 的培养目标则是"社会变革者"。美国华盛顿大学和波士顿学院的教师教育项目都将缩小不同种族学生学业成就差距、扩大不同家庭背景学生大学入学与学习机会均等作为教师的重要使命与责任。培养师范生的多元文化素养、对贫穷的理解以及对弱势群体儿童的全纳教育精神,成为众多美国大学教师教育项目的重要内容。

二、课程体系:以教学实践能力为切入点

近年来,在美国众多教师教育项目中,学科教学知识、显著教学法、整合技术的学科教学知识、文化适应性教学等前沿教师教育概念,已成为统整师范生各类课程体系的重要抓手。

在美国教师教育整体"实践转向"的背景下,为了提升美国教师培养的专业化水平与共享语言体系,美国教师教育学者帕姆·格罗斯曼提出了教师教育的"核心实践"概念,也被称为"高能实践",包括实践表征、实践分解和实践模拟三个组成部分。[①] 由于"核心实践"是教师提升教学实践能力的重要基石,并且可以通过一系列实践课程或教学方法掌握,这一概念逐渐融入美国众多教师教育课程体系中,并推动了教师教育课程体系重新调整。同时,文化回应性教学也融入师范生的专业发展、课堂管理与评价。

三、培养主体:吸引多方社会力量参与

近年来,针对教师教育体系 1.0 和 2.0 的弊端,美国不断吸引多方社会力量参与到教师的培养中来。培养主体多元化,一方面充分释放中小学、博物馆等社会组织在教师培养方面的潜能,对薄弱学校的教师供给更加多元化;另一方面,有利于弥合理论

---

① GROSSMAN, P, COMPTON, C, IGRA, D, RONFELDT, M, SHAHAN, E, & WILLIAMSON, P W. Teaching practice: A cross-professional perspective[J]. Teachers College Record, 2009, 111(9), 2055-2100.

与实践之间的巨大鸿沟。

　　培养主体多元化的典型例子是美国出现的新型教师培养机构——新教育研究生院,对传统教师培养的供给主体进行了颠覆性创新,发展成为不附属于任何大学、可独立授予教育硕士学位的高等教育机构,并为美国薄弱学校提供了急需的师资力量。例如,高科技高中教育研究生院将办学空间嵌套在 K‑12(基础教育)学校中,极其强调实践、反思和高科技的学习;接力教育研究生院非常注重对师范生处理课堂实际问题的能力培养,曾被全美教师质量委员会列为卓越教师培养项目。

四、教育空间:盘活多重场地并拓展学习边界

　　美国教师教育体系 3.0 注重发挥社区、博物馆、科技中心、课后服务机构、成人教育中心等社会组织在教师培养中的协同治理作用。

　　在美国教师教育体系 2.0 和 3.0 中,教师培养项目注重与社区的合作,以社区为载体,为师范生开展基于场地的真实任务学习,如服务学习、工作嵌入式专业发展、项目式学习、工作场所学习与跨界学习等。盘活多重教师培养的场地资源,可以激活师范生多重学习模式,让师范生融合理论学习、实践学习与社区学习,知识、技能与品德得到协同发展。在美国新教育研究生院中,美国自然历史博物馆教学艺术硕士项目是美国目前唯一一个将校区设在博物馆里的教师培养项目,它充分发挥博物馆在教师培养中的独特资源优势,促进师范生在工作场所的高效学习。

五、质量评估:引入第三方专业力量

　　教师培养的质量一直是美国教师教育改革的重要关注点。美国国家教师质量委员会、美国国家专业教学标准委员会、美国教师培养认证委员会、美国国家教育科学院等都会对全美教师培养质量进行常规性系统调研,并发布年度调查报告与政策建议。如美国国家教师质量委员会所发布的教师培养年度报告,会系统调查美国研究生和本科生教师培养项目、替代型教师培养项目以及教师驻校模式是否围绕美国国家教师质量委员会所制定的专业标准来开展,上述项目的教师培养质量也是年度报告所关注的问题。

　　美国国家教育科学院于 2021 年发布了《评估教师培养项目的"最佳实践"》报告,该报告呼唤以"强公平"为核心构建教师培养评估的新理念和新模式,强调关注弱势群

体的文化价值,重新分配教育机会、资源和教育以外的资源。[1]

六、评价反馈:建立教师发展追踪调查机制与数据库

教师培养的质量保障是近年来美国教师教育改革过程中的一个重要政策领域。在美国教师教育体系 1.0 和 2.0 中,主要通过标准化、总结性、可测量的方式对师范生的专业能力进行评价。在美国教师教育体系 3.0 中,教师评价的方式更加全面、系统,兼顾量化与质性数据,克服了教师教育体系 1.0 和 2.0 中的评价弊端。美国全国教育测量中心通过建立"学校和教学人员调查""初任教师追踪调查""学校氛围调查"等数据库,对全美教师的专业发展状况、教学工作等进行了大范围、长期的追踪调查。这些调查数据为全面掌握美国教师现状提供了重要的参考决策依据。

为将师范生专业学习的经验证据与实际教学工作联系起来,教师候选人表现性评价系统被众多美国教师教育项目采用。这一评价方式通过记录师范生的课堂教学过程,能较为真实、有效地反映出师范生在教学实践中的实际表现。

七、启示:创新教师培养体系

在建设高质量教育体系的过程中,教师的价值不断凸显,教师队伍的结构与质量影响着教育领域供给侧改革的纵深发展。2022 年 4 月,教育部等八部门联合印发《新时代基础教育强师计划》,提出了建设国家师范教育基地、开展国家教师队伍建设改革试点、建立教师教育协同创新平台、实施高素质教师人才培育计划等一系列教师教育创新发展举措。美国教师教育体系 2.0 和 3.0 的一些做法,对新时代我国打造创新型教师培养体系,特别是在促进教师教育课程体系升级、深化教师供给侧改革等方面,提供了有益启示。

一是融合、优化、升级目前的教师教育课程体系。在师范生教师职业能力标准提出的师德践行能力、教学实践能力、综合育人能力和自主发展能力基础上,进一步提炼出促进师范生有效专业发展的"核心实践"素养,引导师范生在掌握核心教育知识与师范技能基础上,形成"四有好老师"的必备核心素养。

二是充分释放教育相关社会组织在师范生培养中的能量。《新时代基础教育强师

---

[1] COCHRAN-SMITH, M, & REAGAN, E M. "Best practices" for evaluating teacher preparation programs[R]. National Academy of Education Committee on Evaluating and Improving Teacher Preparation Programs. National Academy of Education. 2021.

计划》提出要建立开放、协同、联动的教师教育培养体系，为此，我国可以学习借鉴美国新教育研究生院等教师培养模式，吸引中小学、教师发展机构、社会组织等多种社会力量参与教师培养，针对乡村学校等薄弱学校的教师供给也会更加多元化。

三是引入第三方专业力量强化教师培养质量评估。通过微认证、嵌入式评价和教学关键事件评价等方式，加大对教师培养项目的质量诊断与评估，为教师素养培养提供切实可行的改革路径。

四是建立教师发展追踪调查机制与数据库。加强用人单位、学生与家长对教师培养质量的反馈，逐步建立起师范生培养质量调查的长期追踪机制与数据库。通过全过程调查、动态跟踪和内部深挖等方式，充分利用多重反馈数据来保障教师培养质量。

第二节　美国公民赋权鸿沟及其应对策略

长久以来，美国主要教育学者认为道德与伦理教育是美国学校教育的一个重要目标。美国教师教育学者约翰·古德莱德（John Goodlad）认为，学校应该在个人、教学、机构、社会与意识形态层面，不断实施公民道德教育，使得伦理道德成为和知识与技能同样重要的教育目标。[①] 美国教育伦理家内尔·诺丁斯认为道德教育的核心目标是建立关怀关系，从女性主义的"关怀"（Care）这一核心概念出发，诺丁斯构建了多层级与范围的关怀教育理论体系。[②] 近年来，美国伦理道德教育的范式愈加强调认知、情感、价值观与社会公正的互动关系，更加依靠课程教学、社会化和性教育等具体路径来实现。

在特朗普政府时期，由于其任内所推行的"美国优先"与"白人至上"主义政策，在美国甚至全世界范围内造成了种族间的对立。在美国国内，随着共和党与民主党之间的政治分歧加剧，两党之间制造了一个两极化的社会。随着美国警察暴力执法的新闻报道在美国媒体不断出现，"黑人的命也是命"（Black Life Matters）运动在美国国内不断发展，美国的社会撕裂程度不断加深，全国上下对"执法正义"与"社会公平"的呼声愈加强烈。

---

① GOODLAD J I. The moral dimensions of schooling and teacher education [J]. Journal of Moral Education, 1992,21(2):87-97.

② NODDINGS N. The caring relation in teaching [J]. Oxford Review of Education, 2012,38(6):771-781.

一、"公民赋权鸿沟"的内涵

由于美国经济、政治和文化权力的不平等分配,美国不同种族与家庭背景的学生在教育机会方面存在鸿沟。随着为贫困、城市和隔离人口服务的学校数量稳步增加,越来越多的美国学生被剥夺了接触"主流"或"主导"文化资本的机会。哈佛大学政治哲学学者梅拉·莱文森(Meiria Levinson)认为,当前关于学校改革的言论浪潮和联邦政府教育政策的最新变化,包括《不让一个孩子掉队》法案,都将焦点放在了学业成绩差距上。然而从几乎每一项指标来看,美国当代人对社区和政治活动的参与程度都不如过去几代人。莱文森通过大量调查研究发现,与美国不同种族学生之间长期存在的"学业成就鸿沟"一样,美国白人和非洲裔、拉美裔学生之间在公民教育领域也存在着"公民赋权鸿沟"(Civic Empowerment Gap)。[①]

在由美国公民学习与参与信息与研究中心(Center for Information and Research on Civic Learning and Engagement)和纽约卡内基公司联合发布的报告《学校的公民使命》(*The Civic Mission of Schools*)中,强调公民教育应该帮助年轻人学习、获得和使用关于政治与社会参与方面的知识、技能和态度,使他们能够在一生中成为称职和负责任的公民,并具有如下素养(表4-1)。莱文森认为公民知识与技能、态度、行为与参与构成了公民教育的核心组成部分。

表 4-1　公民素养维度及其内容

维度	内　　　容
知识	了解情况并深思熟虑;掌握和欣赏美国民主的历史和基本进程;了解并意识到公共和社区问题;并有能力获取信息,批判性地思考,以不同的视角与他人进行对话。
参与	通过加入致力于解决一系列文化、社会、政治和宗教利益和信仰问题的组织或对其作出贡献,参与其社区。
技能	通过具备实现公共目的所需的技能、知识和承诺,采取政治行动,如解决群体问题、公开演讲、请愿和抗议以及投票。
品质	具有道德和公民美德,如关心他人的权利和福利、社会责任、宽容和尊重,以及相信有能力有所作为。

但是,莱文森等学者发现这一传统的公民教育概念具有两方面的缺陷。第一,传统的公民教育观没有充分融入"参与型"和"公正型"公民维度。"参与型"公民教育认

---

① SHERROD L R, TORNEY-PURTA J, FLANAGAN C A (Eds.). Handbook of research on civic engagement in youth [M]. Hoboken, NJ: Wiley, 2010:316-346.

为,为了解决社会问题和改善社会,公民必须积极参与并在既定制度和社区结构中担任领导职务。而"公正型"公民则认为,必须质疑、辩论和改变长期以来导致社会不公正模式的既定制度和结构。第二,传统的公民教育观不自觉地维护了某一阶层公民行动模式的特权,特别是白人与中产阶级的公民特权。美国公民教育的传统模式面临越来越过时的危机,它不能代表所有种族与阶层的美国公民的行为,特别是美国社会中的弱势群体、受压迫群体和边缘群体成员的公民参与和行动。

二、"公民赋权鸿沟"的后果

受美国历史上种族主义、种族隔离、家庭收入差距扩大、教育机会不均等社会文化因素的影响,美国非洲裔、拉美裔学生在参与民主社会活动等方面存在着巨大的鸿沟。莱文森强调,公民赋权差距与学业成就差距同样重要。目前的美国中小学未能让学生做好行使公民基本权利的准备,剥夺了他们通过公共、政治和公民行动重新定义权力关系的知识和技能。低收入家庭和有色人种学生不太可能通过教育、工作场所或参加志愿者协会来培养他们的公民技能。在莱文森看来,教育、工作场所或参加志愿者协会是个人有机会发展和实践与公民和政治参与相关的沟通、分析、组织和领导技能的三个主要渠道。其中的原因包括:低收入家庭和有色人种学生很可能会更快地辍学、上教育质量更差的学校、从事收入和社会地位较低的工作、更少的时间和精力去参加志愿社团等活动。例如,调查发现,超过90%的少数族裔学生在种族与阶层方面面临着"双重隔离"的困境,这些学生缺少机会与条件参与公民活动。

公民赋权差距的一大后果是它经常压制了有色人种、外国出生的,尤其是低收入公民的声音,同时放大了白人、美国本土出生的,特别是富裕阶层的声音。在莱文森看来,民主治理依赖于具有参与性的公民。公民赋权鸿沟削弱了美国民主的质量和完整性。在其所著的《不让公民掉队》(*No Citizen Left Behind*)这本书中,莱文森认为必须教会学生如何通过政治和公民行动来颠覆和重塑权力关系,以不断缩小美国存在的"公民赋权鸿沟"。

三、缩小"公民赋权鸿沟"的策略

根据公民政治理论、实证研究以及她自己的田野调查经验,莱文森发现美国目前存在的隔离城市学校要成为缩小"公民赋权鸿沟"的中心。美国贫穷的少数族裔公民中的许多人年轻时就读于隔离学校。鉴于在这些学校就读的处于底端的年轻人比例很高，这些薄弱学校在很大程度上造成了公民学习机会差距。而且隔离、经济贫困的环境往往对公民赋权造成障碍，据此，莱文森等学者认为应该特别关注如何改革这些学校的公民教育实践，以消除公民赋权差距。

然而，莱文森认为学校层面的改革还不够，需要在社会的多个部门之间进行相应的协同改革，可行的措施包括：完善美国的选民登记法，尽早扩大公民投票机会；在无党派的选区重新划分委员会，以增加有争议的选举数量；减少导致经济和社会不平等的一系列政策；增加对低收入社区的投资；在贫困和少数族裔社区大规模改革从学校到监狱的渠道；改进和扩大社会公共服务的质量和数量；认识并削弱体制性种族主义的弊端以及移民改革等。通过教育系统内与教育系统外的联合变革，可以提升弱势族群的公民教育效果。

在政策层面，以大学、职业和公民生活框架为指引，促进学生参与到公民行动中。2013年，全美社会科委员会颁布了《大学、职业和公民生活框架——社会科课程国家标准》[College, Career, and Civic Life (C3) Framework for Social Studies State Standards]（以下简称为《C3框架》），该框架不仅要进一步解决社会科在中小学课程体系中被边缘化问题，更要呼吁少数族裔和弱势群体通过平等接受社会科教育这一途径，加强社会科学习与现实生活的互联互通，鼓励学生积极参与到形式多样的公民活动中去。《C3框架》的一大亮点在于以"探究穹"（Inquiry Arc）来统领整个社会科课程标准的设计，整合四个维度的内容，即开发问题和计划探究、运用学科知识和概念、评估来源和使用证据、沟通结果并采取明智行动。《C3框架》一方面与美国现在提倡的公民教育素养相一致，同时也在政策层面为美国进行公民教育提供了政策指引。

在实践层面，莱文森认为美国教师、学校和社会可以通过一些具体的举措，可以协同改善美国不同种族与家庭背景的学生获得高质量公民教育的机会，特别是在美国历史传统中被剥夺公民权利的青年。这些主要措施包括：降低公立学校学生的辍学率，保障不同种族与家庭背景学生的教育机会均等权利；进一步优化美国中小学教育中公民教育的课时、内容、教学与评价；让学生参与共同构建赋权的公民历史叙事，在整个课程中融入体验式公民教育；为美国内城区薄弱学校教师提供更丰富的公民教育学习和参与机会，提高教师的公民教学实践能力。

第三节　美国教师教育研究中的优势思维及其最新发展

由于美国教育界中长久以来存在着不同族裔之间的学业成就差距（Achievement Gap），即非洲裔、拉美裔以及新近移民学生的标准化学业成就长期、普遍低于白人学生。2010 年在美国上映的教育纪录片《等待超人》更是将美国存在的"辍学工厂"、教育机会不平等问题展现出来。对美国"学业成就鸿沟"的解释，在美国历史上先后经历了种族主义、基因病理、文化缺陷与家庭缺陷等理论视角的解释。当下美国不少媒体和研究者从文化缺陷或家庭缺陷的立场出发，认为美国中小学中有色人种学生群体学业成就较差的主要原因包括：文化资本不足、父母对子女教育期待低、缺乏足够的教育投入与家庭支持、没有养成良好的教育品质与习惯等。

近年来，美国教育学者对美国教育界中长久以来存在的缺陷（Deficit）思维（或赤字思维）进行了深刻的批判，并逐渐发展了与赤字思维截然相反的优势（Strength）思维。优势思维致力于对缺陷思维进行批判，并对少数族裔背景的学生进行赋能、确认与鼓励。美国教师教育中的优势思维不断在美国的教师教育、城市教育、多元文化教育中得到彰显，成为了美国教师教育理论与实践中的一股重要思潮。优势思维的主要理论基础包括批判种族理论（Critical Race Theory）和教育债务（Education Debts）；其主要概念体系有知识储备（Funds of Knowledge）、身份储备（Funds of Identity）、社区文化财富（Community Cultural Wealth）、文化相关性教学（Culturally-relevant Pedagogy）和批判性关怀（Critical Care）。[1]

一、优势思维的理论基础

进入 21 世纪以来，社会公平与正义成为了美国教师教育改革的重要价值追求。在"社会公平转向"的背景下，美国批判教育学者对美国社会与教育界根深蒂固的缺陷思维进行了深入系统的批判，并提出了具有赋权增能与解放使命的"优势思维"。以美国知名批判教育学家格洛丽亚·拉德森-比林斯为代表的一系列批判教育学者，认为美国教育界中白人与少数族裔学生之间存在的学业成就差距需要从"教育债务"的角

---

[1] ZHU G. "Educate your heart before your mind": The counter-narratives of one African American female teacher's asset-, equity-and justice-oriented pedagogy in one urban school[J]. Urban Education, 2023, 58 (6), 1151－1179.

度进行批判性解构。与"国家债务"进行类别比较借鉴,拉德森-比林斯认为美国的教育系统中存在历史、经济、社会政治与道德所构成的"教育债务",这些债务的产生是由美国历史上的黑人奴隶制度、种族隔离与歧视等经济、政治、文化因素共同影响的。因此,"教育债务"是美国"学业成就差距"产生的重要原因。

同时,从地理空间来看,由于美国在后工业时代产生了逆城市化进程,大量中产阶级白人家庭搬迁到郊区居住,市中心附近的内城区聚集了大量非洲裔与拉美裔居民,内城区的学校由于资金投入少、社会治安混乱、教师流失严重,多数为薄弱学校。这种内城区与郊区中小学之间的再隔离(Re-segregation),造成了白人学生与少数族裔学生在学业成就方面的鸿沟。据此,拉德森-比林斯将法学、社会学等领域中的批判种族理论引入到教育研究中,认为目前的美国社会基于财产权而非人权,种族和财产的交互影响,为理解美国社会不平等提供了一个分析工具。受美国白人至上主义的影响,种族主义在教育中以或隐或显的方式造成了不同种族间教育机会的不均等,并最终催生了美国不同种族间的"学业成就差距"。

二、优势思维的理论内涵

借鉴维果茨基文化历史活动理论和新社会文化视野下的教学观,美国亚利桑那大学的知名批判教育学者路易斯·莫尔(Luis Moll)提出了知识储备(Funds of Knowledge)这一概念用来阐明美国少数族裔学生所积累的知识。莫尔批判了欧洲中心主义影响下根深蒂固的"校内"与"校外"经验的割裂。知识储备有一个重要的假设:少数族裔学生是有学习能力的,他们有自己独特的个人背景知识,这些知识从他们的生活经历中不断积累。在莫尔看来,知识储备是"对家庭或个人生活和福祉至关重要的、经由长时期历史积累和文化沉淀所形成的知识和技能"。在其主编的经典著作《知识储备:家庭、社区和教室的理论化实践》(*Funds of Knowledge: Theorizing Practices in Households, Communities, and Classrooms*)中,莫尔与同事详细论述了知识储备的内涵及其应用。[①] 同时,知识储备范式促进了一种解放的教育方式,以验证、代表和利用传统上被边缘化的社区文化传统。知识储备也挑战了普遍存在的关于少数族裔学生经常在学校失败的缺陷思维。

当发现知识储备这一概念在方法论上过于关注社区与家庭所积累的知识后,西班

① GONZÁLEZ, N, MOLL, L C, & AMANTI, C(Eds.). Funds of knowledge: Theorizing practices in households, communities, and classrooms[M]. Mahwah, NJ: Erlbaum: Routledge. 2006:71 - 89.

牙赫罗纳大学的莫伊塞斯·埃斯特班-吉塔特(Moises Esteban-Guitart)等学者提出并论述了身份储备(Funds of Identity)这一概念,代表性著作为莫伊塞斯·埃斯特班-吉塔特的《身份储备:连接有意义的校内外学习经验》(*Funds of Identity：Connecting Meaningful Learning Experiences in and out of School*)。受维果茨基文化心理学的影响,莫伊塞斯·埃斯特班-吉塔特等学者认为身份储备指历史积累、文化发展和社会分布的资源,这些资源对一个人的自我定义、自我表达和自我理解至关重要。同时,个人的身份储备可能与家庭的知识储备存在不连续性,而身份储备可以被视为克服弱点的一种方式。身份储备这一概念产生的一个重要假设是,当教师确认学生的多重身份,并利用各种文化资源促使学生建构他们自己的身份时,学习就会发生。因此,当少数族裔学生利用知识储备理解、定义与表达自我的时候,身份储备就随之产生了。[①] 从优势思维来看,学习是一个基于多种文化实践、实物、规则的不断确认和建构学生身份的意义创设过程。蕴含各种形式生活经验的身份储备可弥合学生在正式和非正式环境中的文化、实践和学习经验之间的差距。

从批判种族理论出发,美国批判教育学者塔拉·约索(Tara Yosso)认为布迪厄所定义的"文化资本"这一概念存在"缺陷视角",特别是文化资本狭隘地关注被精英和特权群体所排斥的文化贫困和体制劣势。为了改变这一缺陷视角,塔拉·约索重新定义了社区文化财富(Community Cultural Wealth)这一概念,即有色人种和边缘群体学习和分享的一系列知识、技能、优势和经验。塔拉·约索区分了六种类型的社区文化财富:理想资本(Aspirational Capital)指少数族裔学生敢于坚持自己对未来的希望和梦想,即使身处各种各样的障碍中。语言资本(Linguistic Capital)是指少数族裔学生在家庭和社区学习的多种语言和沟通技能。社会资本(Social Capital)反映了少数族裔学生与同龄人和其他社会接触者建立的不同层次的网络和不同的社区资源。导航资本(Navigational Capital)意味着通过对不同社会机构的规则与规范的学习而发展策略的技能。抵抗资本(Resistant Capital)是指少数族裔学生通过应对社会不平等带来的个人、机构和文化挑战而获得的知识和技能。家族资本(Familial capital)体现了一代又一代少数族裔家庭所积累的丰富的文化知识,这些知识体现了独特的家族历史、记忆和文化传统。[②]

---

① ESTEBAN-GUITART, M. Funds of identity. Connecting meaningful learning experiences in and out of school[M]. New York: Cambridge University Press. 2016:28-51.

② YOSSO, T J. Whose culture has capital? A critical race theory discussion of community cultural wealth [J]. Race ethnicity and education, 2005,8(1), 69-91.

虽然美国教育哲学家内尔·诺丁斯从伦理学与女性主义视角深入发展了美国教育中的关怀理论,但是美国批判教育学者发现诺丁斯并未考虑多元社会文化背景和嵌入的种族因素。此外,诺丁斯的关怀理论没有令人信服地解释促成不同理解和关怀行为的众多背景因素。在对美国城市学校拉美裔学生进行人种志研究的基础上,美国知名批判教育学者安吉拉·瓦伦苏埃拉出版了《减法学校教育:美国墨西哥青年与关怀政治》(Subtractive Schooling: U. S. Mexican Youth and the Politics of Caring)。在这本书中,瓦伦苏埃拉区分了两种关怀:审美关怀(Aesthetic Care)和真实关怀(Authentic Care)。审美关怀仅仅集中在教师和学生之间的教学关系上,教师片面地致力于提升学生的学术成绩。相反,真实关怀要求教师扩展其传统教学职责,并尊重学生的不同文化背景和价值观,以促进师生之间的理解包容关系。① 真实关怀是一种"将个人与社会、社区和彼此联系在一起"的道德行为。真实关怀也构成了文化相关性教学(Culturally-relevant Pedagogy)的伦理基础。

考虑到上述概念之间的相互依赖性,美国批判教育学者玛丽安娜·苏托-曼宁(Mariana Souto-Manning)将上述不同概念归结为以优势、公平和公正为导向(Asset-、Equity-、Justice-Oriented)的教学法,即一种批判性的、解放性的教学方法,它旨在通过批判性叙事(counter-narrative)来肯定和增强文化和语言多样性学生的日常知识、技能和生活经验,从而有助于他们在学校取得学业成功。② 总之,知识储备、身份储备、社区文化财富和批判性关怀为通过连接家庭、学校和社区来协调学生的不同学习经验提供了可能性。

第四节 美国新型教师教育机构的创新发展逻辑

新教育研究生院(new Graduate Schools of Education, nGSEs)是美国教师教育在面临多重压力之下产生的一种不以大学为依托、独立开展的培养初任教师并授予硕士学位的高等教育机构。它打破了大学对研究生层次教师教育的垄断,为美国的基础教育补充了亟需的师资力量,但也在发展中受到了争议。本章节从组织合法性的三个维

① VALENZUELA, A. Subtractive schooling: U. S.-Mexican youth and the politics of caring[M]. Albany: State University of New York Press. 1999:61-108.
② SOUTO-MANNING, M. Transforming university-based teacher education: Preparing asset-, equity-, and justice-oriented teachers within the contemporary political context[J]. Teachers College Record, 2019,121(6), 1-26.

度切入探究了 nGSEs 的发展背景与实践逻辑。研究发现,nGSEs 均获得了坚实的规制合法性基础、相对稳固的规范合法性基础,但在认知合法性维度上表现出在领域内外"认知相悖""内高外低"的情况。严重的师资短缺问题、临床实践与教育公平改革转向、新自由主义政策范式下市场支配逻辑在教师教育领域的作用,共同构成了 nGSEs 的形成背景,也形成了 nGSEs 的实践逻辑。基于此,nGSEs 在提高教师教育与临床实践的融合度、增加教师教育对教育公平的关切、打造灵活多元的认证环境、支持教师教育"合法"创新、创建教师教育外部质量保障体系、规范教师教育实践过程、引导多元主体协同参与教师教育评价等方面,对我国教师教育实践改革和教师教育治理具有重要启示。

在全球化时代,越来越多的国家深刻认识到教师是教育发展的第一资源,教师教育是整个教育系统的"工作母机"。纵观各国教师教育的最新发展,政策转向、问责转向、实践转向、研究转向与公平转向的趋势越来越明显。人们似乎形成了一种共识,即教师质量问题是基础教育的生命线,提高教育质量的根本途径在于提升教师队伍的水平。在美国,联邦政府、州政府、各智库及教育专业协会等组织不断推出新政策和倡议,从小布什政府、奥巴马政府、特朗普政府直到拜登政府,提升教师质量的问题在教育与公共政策讨论中一直被广泛关注。与此同时,美国职前教师培养的理论与模式也不断创新,在理论层面,"反思实践"(reflective practice)、"学科教学知识"(pedagogical content knowledge)、"高能实践"(high-leverage practice)、"教学学术"(scholarship of teaching and learning)、"核心实践"(core practice)、"第三空间"(third space)、"文化回应性教学"(culturally responsive pedagogy)等理论思潮不断涌现;在改革层面,学术主义、社会效能、发展主义和社会重建主义四重改革路径陆续呈现;在实践层面,合作教学、教学档案袋、职前教师表现性评价(educative teacher performance assessment)、教学研讨(instructional rounds)、专业学习社群等成了教师专业发展的重要范式。但这些多元声音与图景的交织反而使得教师教育逡巡不前,不自觉地构成了达林-哈蒙德所说的教师教育"最好时代"和"最坏时代"。

美国职前教师教育的改革发展进程中先后出现了三种培养模式,分别是大学本位的教师教育、替代型教师培养与认证以及驻校教师培养。目前美国教师教育正处于三种模式共同发展的过程中,其改革动力主要来自大型企业基金会、保守主义团体所进行的私有化、市场化改革。与此同时,美国教师教育正遭受新自由主义教育改革政策带来的强烈竞争、经济理性、不断加强的监控和对多样性的攻击等困扰。近年来,美国中学生在 PISA 等大型国际教育测试中的表现一直居于中游水平,使得社会各界严重质疑教师培养质量与学校的教学质量,这些质疑和批评的声音反映了美国社会各界普遍存在的传统教师教育"失败论调"(failure narrative)。

一、美国新教育研究生院概况

在以上背景下,新教育研究生院作为旨在培养初任教师(initial teacher preparation)的高等教育机构,于 21 世纪初在美国诞生。它是为了回应社会大众对教师教育质量的普遍质疑以及教师严重短缺等多重问题,逐渐发展形成的一种非大学形态的新型教师教育模式。2016 年,波士顿学院林奇教育与人类发展学院科克伦-史密斯(M. Cochran-Smith)教授研究团队首次提出用 nGSEs 这个缩写词指称美国出现的新教育研究生院。自 2006 年第一所新教育研究生院成立以来,十多年间新教育研究生院从兴起到全面扩散,在自身不断发展完善的过程中也为美国培养了一批急需的教师人才。新教育研究生院的"新"体现在尽管使用了"研究生院"这一高等教育领域机构的名称,但它不附属于任何公立或私立大学,而是政府认可的、非大学性质的、具有独立法律地位的高等教育机构。新教育研究生院要么是独立实体的教师教育机构,要么是较大的非大学教育机构的一部分,或是从这些机构中产生的,如特许管理组织。所有的新教育研究生院均符合表 4-2 中的六项共同标准。

表 4-2　nGSEs 的共同标准

维度	内　　容
时间	都成立于 21 世纪之后。
特性	都是独立于大学的实体教师教育组织。
基础	成为 nGSEs 之前都具有一定的组织基础,以特许学校管理组织居多。
内容	都聚焦于培养初任教师及其专业发展,提供 15 个月以上的教师教育学习项目。
治理	都是由所在地区的相关教育管理机构批准、地区或州认证机构通过组织认证(Institutional Accreditation)的高等教育机构,有些还拥有联邦政府的教师教育认证项目,获得了国家教师教育认证委员会的授权。
层次	都有权授予毕业生硕士学位。

根据科克伦-史密斯研究团队对 nGSEs 的定义,目前美国各州符合 nGSEs 界定标准的教师教育机构共 10 所,如表 4-3 所示。

表 4－3　美国现有的 nGSEs 列表

机构名称	地点	成立时间(年)
高科技教育研究生院(High Tech High Graduate School of Education, HTHGSE)	加利福尼亚州圣地亚哥	2006
到达学校领导学院(Reach Institute for School Leadership)	加利福尼亚州奥克兰	2008
圣华金师范学院(Teachers College of San Joaquin)	加利福尼亚州斯托克顿	2009
上谷教育研究生院(Upper Valley Graduate School of Education, UVGSE)	新罕布夏州黎巴嫩	2010
接力教育研究生院(Relay Graduate School of Education, Relay GSE)	美国 17 个州均有校区	2011
斯波萨托教育研究生院(Sposato Graduate School of Education, ·Sposato GSE)	马萨诸塞州波士顿	2012
美国自然历史博物馆教学艺术硕士(MAT program at American Museum of Natural History)	纽约州纽约	2015
阿尔德教育研究生院(Alder Graduate School of Education, Alder GSE)	加利福尼亚州洛杉矶	2015
伍德罗·威尔逊教与学研究生院(Woodrow Wilson Graduate School of Teaching & Learning)	马萨诸塞州坎布里奇	2018
罗德岛进步教育学校(The Rhode Island School for Progressive Education)	罗得岛州普罗维登斯	2019

资料来源:整合自各学校官方网站和科克伦-史密斯相关研究内容,详见 Cochran-Smith M. Relocating teacher preparation to new graduate schools of education [J]. The New Educator, 2021, 17(1):1－20。

同美国国内广泛存在的替代性教师教育项目一样,nGSEs 也试图解决传统大学模式下的教师教育质量问题,以及严重的教师短缺问题,但 nGSEs 与传统的替代型教师教育项目也有很多不同之处。首先,nGSEs 与"为美国而教"(Teach For America,简称 TFA)、"教学优先"(Teach First,简称 TF)和"新教师计划"(The New Teachers Project,简称 TNTP)等大众熟知的替代性教师教育项目的最大不同之处在于,后者不能为项目参与者颁发硕士学位,而所有的 nGSEs 毕业生在达到毕业考核标准后都会被授予教育或教学硕士学位(Master's Degree of Education、Master of Arts in Teaching 等)。其次,后者也会与大学合作,将教师培养工作外包给一些大学,而 nGSEs 不依赖现有的大学为在其项目中学习的教师提供培养和认证所需的教师教育课程,而是自行设计并实施所有的教师教育课程,他们完全独立于任何大学实体。第三,与一般替代性教师教育项目饱受诟病的"快速通道"(fast-track)培养模式不同,nGSEs 的完整培养周期通常在 15 个月到两年之间,通过较长的培养周期保证其教师教育项目的质量与成效。可见,nGSEs 并非一般的替代型教师教育项目,而是弥补了大学本位教师教育模式与替代型教师教育模式各自的弊端后,所产生的具有充足的资金来源、注重职前教师教学实践能力培养、为美国薄弱学校输送合格教师的创新教师教育组织。尽管 nGSEs 在美国教师教育领域中只占很小的一部分,但其受到了美国媒体的极大关注,并在投资于教师教育的私人及公共资金中获得了与其规模不成比例的较大份额。①

nGSEs 作为非大学的教育组织,在发展中逐步获得了初任教师培养、教师资格认证以及硕士学位授予机构的多重合法身份,从而打破了以往大学教育学院对职前教师认证的垄断。作为一种新兴的教师教育供给主体,为获取合法化开展研究生层次教师教育的机构地位,nGSEs 必须就知识资源、专业合法性的相关指标以及教师教育领域准入途径进行权衡与争取,也即为获取组织合法性努力。

组织合法性是社会科学领域(特别是管理学)的一个核心概念,近年来颇受组织发展和行为的关注。组织合法性是由规范、价值和信念所组成的制度化体系,并且以此为标准衡量组织具体行为的正确性和适宜性,即组织拥有存在的正当性、组织的行动对于客观存在的建构性系统是可取的、恰当的。② 组织获得合法性,意味着组织行为与当前社会系统所共有的法律制度、文化观念和社会规范等主观或客观条件相一致,其生存和发展将得到环境的持续支持。组织合法性的获取对于新创机构或企业的影响是决定性的,组织作为一个开放性的系统必须要获取维持自身生存发展的资源,而这些资源掌握在社会系统中的不同主体手中,能否通过与利益相关者的互动获取组织合法性,是决定新生组织生死存亡的重要因素。为了能够获得这些支持性资源,组织必须对自身的组织结构、制度、理念等方面进行相应的行动,获取组织合法性是其发展的基础和重要前提。此外,对处于强制度、弱技术环境中的组织(如学校)而言,追求合法性是组织生存发展的基本策略之一。③ nGSEs 作为处于此种环境中的教育组织,具有追求组织合法性的必需性,因此本文使用组织合法性视角对 nGSEs 的发展进行探

① ZEICHNER K, PEÑA-SANDOVAL C. Venture philanthropy and teacher education policy in the US: The role of the New Schools Venture Fund [J]. Teachers College Record, 2015,117(5):1-44.
② SUCHMAN M C. Managing legitimacy: Strategic and institutional approaches [J]. Academy of management review, 1995,20(3):571-610.
③ 吴重涵,沈文钦.组织合法性理论及其在教育研究领域的应用[J].教育学术月刊,2010(2):3—9.

究,并采用这一领域中普遍认可和应用的斯科特(Scott)所提出的组织合法性的三个维度:规制合法性、规范合法性、认知合法性。[①] 从规制合法性、规范合法性与认知合法性三个维度分别探究 nGSEs 如何通过与政策制度、社会共有的道德标准以及组织内外部的利益相关者诉求达成一致,进而获取组织合法性,实现更好的发展。基于这一目的,本研究制定了对 nGSEs 组织合法性的分析框架,如表 4-4 所示。

表 4-4　本研究中组织合法性的分析框架

合法性分类维度	参考指标	资料来源
规制合法性	政策规定、行业协会的标准与制度等	文献资料、相关的官方网站信息
规范合法性	外部:道德规范、社会公认的价值观等	相关文献资料、报告、访谈资料等
	内部:组织内部治理规范、运行模式等	
认知合法性	外部:大众知晓度、其他组织或个人的公开评价或报道	访谈资料、媒体报道、评估报告、网络资料等
	内部:组织成员、利益相关者的感知与评价	

二、新教育研究生院(nGSEs)的组织合法性获取背景

(一)规制合法性的获取背景

要理解 nGSEs 的出现,就必须了解 20 世纪七八十年代的教师短缺是如何导致替代性教师教育项目在美国出现的,替代性教师教育项目的出现在政治上和财政上均为 nGSEs 的兴起奠定了基础。长久以来,美国 K-12 教师队伍的构成比较单一,约 80% 的教师由来自中产阶级、白人、女性与英语单一语种者构成,而美国公立中小学校的学生在种族、语言与文化方面变得日益多元化,这就造成了美国公立学校教师与学生在文化与种族方面的严重不匹配。[②③] 与此同时,美国还面临着持久且严峻的教师短缺问题,据调查,由于工资低、工作条件差、资源分配不均、文化不适应等原因,美国 50 个州均面临着难以招募到足够教师的问题,每年的教师短缺规模约为 10 万人,即便如

① W. 理查德·斯科特. 制度与组织:思想观念、利益偏好与身份认同[M].姚伟,等译. 第 4 版. 北京:中国人民大学出版社,2020:73—77.
② CAROTHERS D, AYDIN H, HOUDYSHELL M. Teacher shortages and cultural mismatch: District and university collaboration for recruiting [J]. Journal of Social Studies Education Research, 2019,10(3):39-63.
③ SALLE L, WANG C, WU C, et al. Racial mismatch among minoritized students and white teachers: Implications and recommendations for moving forward [J]. Journal of Educational and Psychological Consultation, 2020,30(3):314-343.

此,每年还有大约 8% 的公立学校教师离职,而在有色人种学生聚集的贫困社区的薄弱学校中这一情况更糟。① 教师的严重短缺,加上教育改革者支持替代路线的压力,促使一些相关团体讨论并支持此类项目。从 20 世纪 80 年代起,美国各州均开始发展替代性教师教育项目,到了 21 世纪初,50 个州中有 48 个州允许采取替代认证途径,简化或绕过大学教育学院提供的专业课程,五分之一的教师通过替代途径进入教师队伍。②

随着对新教师需求的增长,还引发了美国社会各界对提升全国教师队伍质量的持续关注。为了确保在知识社会和新的全球经济中的地位,同时也受到新自由主义意识形态的影响,美国开始了基于标准和问责的教育改革。这一改革趋势包括放松国家对教育的管制、建立特许学校、以数据驱动的决策制定、推行高风险测试、新形式的竞争和问责制,以及增加私营部门在教育中的作用。而在教师教育领域则表现为通过对教师绩效的强调,推动了鼓励扩大教师来源渠道的政策,引入市场竞争机制应对教师短缺和表现平庸等问题,激发了大学之外的多元教师教育提供者的能动性。③ 制度层面而言,这种新自由主义意识形态影响下的政策范式为替代性教师教育项目获取合法性提供了宽松的制度环境,各种替代性教师教育项目在满足一定标准的情况下,均可以得到高等教育委员会或州教育部门的批准,成为合法的教师教育提供者,一部分替代性项目也能获取区域权威认证机构的认证,甚至得到联邦资金支持项目发展。在此背景下,nGSEs 这类替代性教师教育项目,也能够在满足相关标准的情况下获批成立,并申请机构认证,从而获取规制合法性。

(二) 规范合法性的获取背景

规范合法性源自组织行为符合社会认可和普遍接受的价值观和道德规范,换言之,价值观和道德规范是规范合法性的核心要义。作为教师培养项目,nGSEs 的教师教育实践必须符合大众对教师教育的价值期待和教师教育事业需遵循的行业规范。由此,美国教师教育改革的大背景下,社会各界对教师教育项目的价值期待及大众公

---

① DARLING-HAMMOND L, PODOLSKY A. Breaking the cycle of teacher shortages: What kind of policies can make a difference? [J]. Education Policy Analysis Archives, 2019, 27:34.

② National Council on Teacher Quality. NCTQ Databurst: State Oversight of Alternate Routes into Teaching [EB/OL]. (2020 - 12) [2021 - 09 - 04]. https://www.nctq.org/publications/NCTQ-Databurst:-State-Oversight-of-Alternate-Routes-into-Teaching.

③ 沈伟,康姗.平衡教师质量与数量?来自新自由主义的处方——以"德克萨斯明日教师"项目为例[J].苏州大学学报(教育科学版),2019,7(4):107—116.

认的教师教育的应然追求成为 nGSEs 获取规范合法性的背景,nGSEs 的教师教育实践对这一背景下的期待与诉求进行回应或遵从成为其获取规范合法性的重要方式。

在美国,长期以来人们普遍认为教育理论与教学实际之间存在差距,教师候选人在大学课程中学到的知识与他们在之后的工作中需要知道和需要做的事情之间存在着严重的脱节,这种脱节会导致教师在从教早期陷入困境,因为他们没有准备好管理教室、提供有效的教学,从而无法有效地工作。[①] 社会各界对大学教师教育提出了许多质疑,而其中最严厉的批评者就是教育工作者,他们指责大学课程过分强调理论、价值观和信仰,而忽略了教学实际,从而使新教师面临着实际教学困境,只能靠自己将大学学到的理论知识转化为适合课堂的实践。有学者指出,教师的"准备感"会受到是否参加长期教学实习的积极影响,教学实习是强大的教师培养项目的特征之一。[②] 因此,在教师教育项目中引入更多的实习和临床实践活动既是大众和教师教育学者们的呼吁,也是教师群体自身的现实需求。临床实践逐渐成为各界公认的改善教师教育质量的处方,在这种实践模式的启发下,许多教师培养项目都开始转向临床实践。

此外,优质师资分配不均,加之教师队伍的同质化与学生群体的异质化不匹配的现状共同加剧了美国的教育公平问题。基于国家发展对教育公平的需求,20 世纪 80 年代起,政府、教师教育学者和社会公众越来越多地关注教师教育领域在应对教育不公平问题上的改进,美国教师教育经历了由注重社会效能到注重社会公平与正义的转向。[③] 在教师教育研究领域,种族、阶层、文化、性别、贫穷、学生家庭社会文化地位等成为了核心研究概念[④][⑤],批判种族理论、社会公平理论、真实性关怀等成为了其重要理论视角。[⑥] 在教师教育实践领域,社会公平与正义成为了众多教师培养项目的价值

① GASTIC B. Closing the opportunity gap: Preparing the next generation of effective teachers [M]//Hess F, McShane M (Eds.). Teacher quality 2.0: Toward a new era in education reform. Cambridge: Harvard Education Press, 2014:91-108.
② RONFELDT M, REUNINGER M. More or better student teaching? [J]. Teaching and teacher education, 2012,28(8):1091-1106.
③ VILLEGAS A M, LUCAS T. Preparing culturally responsive teachers: Rethinking the curriculum [J]. Journal of teacher education, 2002,53(1):20-32.
④ 祝刚,章晶晶. 国际教师教育发展的五大转向[N]. 中国教育报,2021-6-24.
⑤ COCHRAN-SMITH M. Walking the road: Race, diversity, and social justice in teacher education [M]. New York: Teachers College Press, 2004:1-22.
⑥ ZHU G, PENG Z, HU X, et al. Extending critical race theory to Chinese education: affordance and const-raints [J]. Compare: A Journal of Comparative and International Education, 2019,49(5):1-14.

目标,并融入其教师教育课程体系中。培养教师作为社会公平的促进者,提升教师的文化适应性教学能力成为了众多教师教育项目的实践路径。[1][2][3][4] NCLB 法案就明确提出期望各州保证所有儿童都有机会接受高质量教师的教学。由此,为贫困地区及少数族裔培养更多高质量、种族多样化的合格师资队伍,促进教育更加包容、公平地发展,已经成为了社会各界对教师教育的共同期盼,改善教育公平问题成为了教师教育改革的应有之义。[5][6]

基于此,以为高贫困、高需求地区学校培养急需教师为使命,且注重临床实践的 nGSEs 符合社会情境中大部分美国人对教师教育的期待,具有获取规范合法性的良好基础。

(三) 认知合法性的获取背景

认知合法性来源于大众对组织的整体接受程度,包括熟知和认可程度。对于 nGSEs 具有重大影响的认知合法性来源是慈善基金会和特许学校管理组织 (Chartered Management Organization,简称 CMO)对其教师培养工作的早期支持。

随着市场的力量在美国教师教育领域发挥着越来越大的影响,慈善机构和私人基金会也开始更多地资助教师教育事业。主流媒体的报道中充斥着各种对大学教师教育的质疑,社会各界对大学教师教育质量的不满,加之大学本身对变革的抵制态度,越来越多的慈善事业投资者将注意力转向了替代性教师教育项目。这些新的慈善家群体采取了一种更加强调新自由主义意识形态中的自主选择的方式投资教育项目,将商业投资的做法应用于教育改革中,更注重实践,寻求解决具体问题的有效方式,并通过外部评估的方式监督教育改革的进展与结果,从而在通过资金分配来推动政策改革方

① ZHU G, PENG Z. Counternarratives: Culturally Responsive Pedagogy and Critical Caring in One Urban School[M]//Steinberg S R, Down B(Eds.). The SAGE handbook of critical pedagogies. California: SAGE Publications Inc, 2020:854－868.

② GAY G. Preparing for culturally responsive teaching [J]. Journal of teacher education, 2002,53(2): 106－116.

③ DONAHUE-KEEGAN D, VILLEGAS-REIMERS E, CRESSEY J M. Integrating social-emotional learning and culturally responsive teaching in teacher education preparation programs: The Massachusetts experience so far [J]. Teacher Education Quarterly, 2019,46(4):150－168.

④ ELLERBROCK C R, CRUZ B C, VÁSQUEZ A, et al. Preparing culturally responsive teachers: Effective practices in teacher education [J]. Action in Teacher Education, 2016,38(3):226－239.

⑤ NIETO S. Placing equity front and center: Some thoughts on transforming teacher education for a new century [J]. Journal of teacher education, 2000,51(3):180－187.

⑥ DARLING-HAMMOND L. Inequality and the right to learn: Access to qualified teachers in California [J]. Teachers College Record, 2004,106(10):1936－1966.

面发挥了独特的影响力。这些教育改革模式形成了美国知名教育政策评论学者戴安·拉维奇所称的"公司改革"(Corporate Reform)模式,推动这些改革的主要基金会批判美国教育系统中出现的学业成就差距、国际教育测试排名平庸、高中与大学毕业率较低等问题,将他们的教育改革意图合法化并渗透到美国教育改革政策中。① 这股新的慈善浪潮为重塑教师教育市场以及该领域的新进入者创造了有利的条件,并进一步通过实际的资金投入表达了对 nGSEs 等新的教师教育提供者的支持与认可。

20 世纪 90 年代初,在美国出现了特许学校运动,一批特许学校获批成立,特许学校是将市场机制引入公共教育领域之后催生的一种介于公立学校与私立学校之间,由政府出资、私人管理的办学形式,属于特殊的公立学校,它们普遍具有公共性、自治性、创新性和追求卓越性的特点。作为享有较大自主权的条件之一,特许学校必须对其教育结果承担责任,接受相应的绩效问责要求,对于未达到绩效目标的特许学校,授权机构有权将其关闭。② 因此,特许学校生存发展的前提是要完成相应的学生成绩问责标准,证明其能比公立学校提供更优质的教育。特许学校的倡导者认为有效的教师可以缩小学生成绩差距,实现更高的绩效,而特许学校在师资聘用和经费开支方面具有较大的自主权,这就使得一些较大的特许管理组织逐渐开始创建其特许学校组织内部的教师培养项目。这类项目最初仅培养本系统内所需教师,不授予硕士学位,在发展中才逐渐形成了可以授予硕士学位的独立教育研究生院,许多 nGSEs 早期成立都是出于所在地区的特许学校系统缺乏合格师资,进而开设为所在系统或合作学校培养合格教师的早期教师培养项目。正如特许学校是在公立学校系统之外提供的替代方案一样,以特许学校需求为导向的教师培养项目也可以为大多数教师候选人提供一种进入教学行业的替代方案,因此许多 nGSEs 成立之初即在特许学校系统中拥有着相当高的认可度,为其在这个领域中获取认知合法性奠定了良好基础。

综上,可以说 nGSEs 是在现实需求、教育改革趋势、新自由主义意识形态下的倡议和政策转变,以及由此带来的慈善事业在教育界逐渐增加的影响力等多重因素复杂耦合的背景下出现的,提高教师质量、增加短缺地区的教师数量以及通过教师教学改善贫困地区的教育不公平现象的目标成为了其得以获取组织合法性的可能原因。

① RAVITCH D. Reign of error: The hoax of the privatization movement and the danger to America's public schools [M]. New York: Alfred A. Knopf, 2013:13-44.
② 李文章. 美国特许学校兴起、纷争及动向[J]. 比较教育研究,2020,42(1):39—45.

三、新教育研究生院(nGSEs)的组织合法性获取

(一) 新教育研究生院(nGSEs)的组织合法性危机

作为新兴的教师教育模式,nGSEs 一方面颠覆了传统大学教师教育模式,因此受到不少大学教师教育学者的质疑,另一方面作为新生组织,尤其是教育领域,权威认证是组织发展的应然追求,而对 nGSEs 来说获取认证的过程却是一条充满阻碍与张力的艰难之路。

对 nGSEs 的质疑主要体现在教师教育的学术性问题上,也即对教育研究活动和教育理论缺乏关注的问题,以及 nGSEs 的资金投入问题上。对 nGSEs 教师教育工作学术性问题的质疑多来自支持教师教育专业化的大学研究者。这类学者通常认为过于关注促进学生学业成绩的教育改革会限制教师的专业身份发展,导致教师职业更加缺乏吸引力,引起教育质量下降。[①] 反对者指出 nGSEs 的教师队伍中缺乏做学术研究的学者,作为授予硕士学位的研究生院,教师队伍中缺乏足够的博士学位拥有者。此外,他们认为作为教育研究生院必须开设教育心理学和教育哲学相关的理论课程,而不应该只教授教学技术和课堂管理技能等方法性的课程。

除了对 nGSEs 教师教育项目缺乏学术性的质疑外,蔡克纳也对大量公共和私人资金流向 nGSEs 的教师培养项目,导致大学教育学院的资金减少提出了质疑。相较于对 nGSEs 这类替代性教师教育项目的投资,蔡克纳认为应该进一步对培养全国大部分教师的公立大学教师教育工作进行补贴。这类学者指出不应通过在高贫困学校增加准备不足、缺乏经验和短期教师来维持教育领域的现状,而是应该设法消除这种情况。为此,需要继续投资于高质量的学院和大学的教师教育系统,提供更多的激励措施,激励那些经过充分认证、经验丰富的教师到贫困学生就读的学校任教[②],以及更多的资金支持大学教师教育项目与 K-12 学校和所在社区合作,进而通过多种知识来源提高大学教师教育质量。[③]

(二) 新教育研究生院(nGSEs)的组织合法性获取实践

1. 规制合法性

规制合法性来自对政府、专业机构以及行业协会等有关部门的既定标准或法律、

---

① 祝刚,李玉娟,韩敬柳,等. 教师专业发展:专业身份建构与专业知识学习——杜韦·贝加德教授专访[J]. 教师发展研究,2021,5(2):55—64.

② ZEICHNER K, PEÑA-SANDOVAL C. Venture philanthropy and teacher education policy in the US: The role of the New Schools Venture Fund [J]. Teachers College Record, 2015,117(5):1-44.

③ ZEICHNER K. Rethinking the connections between campus courses and field experiences in college- and university-based teacher education [J]. Journal of teacher education, 2010,61(1-2):89-99.

规章的遵循。在美国,满足基本条件的学院和大学等高等教育机构就会获得州政府相应的办学许可,但机构认证则一般是在联邦的基本约束条件下,由享有盛誉的地区高等教育认证体系自主认证的。不同认证机构具有不一样的认证标准和程序,但总体上是从接受认证的学校的使命、组织结构与制度的完整性、开设的教育项目、学生的学习效果和成绩提升、具备的办学资源和相关条件、院校的领导与治理这六个方面进行周期性的认证。①

无论在美国境内还是在国际范围,认证都被视为高等教育机构的"黄金标准"。② 获得经联邦认可的认证机构授予的认证是对教育机构质量的一种认可和保障,会增加教师候选人的选择意愿,经认证的学校颁发的硕士学位证书能在其他州得到认可,这将直接影响毕业生能够获得的工资水平。同时,获得认证机构的权威认证后 nGSEs 就可以拥有独立的法律地位,可以收取学费也能帮助学生申请联邦贷款,这对 nGSEs 的机构运营也有重要意义。然而,nGSEs 虽然使用研究生院的名字,但却不具有传统研究生院的基础设施(例如,图书馆、校园)、教职员工的学历背景和文化传统等因素,与传统教育研究生院的区别使得 nGSEs 寻求认证的过程经历了相当艰难的申请和审核程序。

2013 年,美国两大教师教育认证机构"全美教师教育认证委员会"(National Council for American Teacher Education,简称 NCATE)和"教师教育认证委员会"(Teacher Education Accreditation Council,简称 TEAC)合并组成新的"教师培养认证委员会"(Council for the Accreditation of Educator Preparation,简称 CAEP)。CAEP 融合了前两者的特点与优势,在认证标准和认证范围方面均更加灵活多样,强调基于结果与证据的认证方式,期望通过绩效评价保证教师培养项目的质量持续改进,进而强化 K - 12 教育。③ 这种改革进一步增加了 nGSEs 这类替代性教师教育项目获得认证的机会,作为全美权威的教师教育项目认证机构,获得 CAEP 的认证能为 nGSEs 增加更多的社会认可度,同时 CAEP 提出的新的认证标准也在很大程度上引领教师教育机构的发展方向。

目前,所有的 nGSEs 机构均是由所在地区的相关教育管理机构批准、地区或州认证

---

① 庄丽君,王山玲.美国高校区域性认证研究[J].高教发展与评估,2018,34(2):73—79+106—107.

② JACKSON R S, DAVIS J H, JACKSON F R. Redesigning regional accreditation [J]. Planning for Higher Education, 2010,38(4):9 - 19.

③ Council for the Accreditation of Educator Preparation. Vision, mission and goals [EB/OL]. [2022 - 02 - 12]. https://caepnet.org/about/vision-mission-goals.

机构授予认证权力的高等教育机构,有些还拥有联邦政府的教师教育认证项目,获得了国家教师教育认证委员会的授权,因此可以说 nGSEs 均获得了稳固的规制合法性基础。

2. 规范合法性

nGSEs 的教师教育实践中也处处渗透着临床实践的价值取向,成为其获取规范合法性的重要基础。nGSEs 均采取驻校模式,与 K-12 学校进行长期、深入的合作。nGSEs 的学生几乎全程置身于真实的 K-12 课堂,经历正式教师所要经历的一切,包括上课、集体备课、家访等活动,强调这些社区中儿童的独特需求,使教师候选人了解 K-12 学生真正经历的和需要的教学是怎样的,从而保证他们在入职初期就可以适应教学过程。传统的教师教育项目中通常是研究生院的教授负责教学理论部分,实习学校的导师负责实习部分,而 nGSEs 教师候选人的实习教学受到 nGSEs 的导师与实习学校实践导师的双重监管与指导。nGSEs 通过让研究生院的教师进入 K-12 学生课堂听课,并在课后沟通开展反思的方式融通教师候选人在研究生院与中小学实习的学习经历。此外,绝大多数 nGSEs 的教师队伍中均包含 K-12 学校的实践教育工作者,他们有些是全职在 nGSEs 工作,有些是在担任主业 K-12 教师工作之外受聘在 nGSEs 兼职教授学科知识,前提是他们必须在自己的教学中表现足够出色。这种人员安排能让教师候选人在上课过程中接触到更多 K-12 学校教育中的真实问题,了解 K-12 学生的学习情况,获得更实用的教学技能。在考核方面,nGSEs 重视学生实习教学期间的真实课堂表现,教学视频成为研究生院评估学生在实习教学期间实际表现的重要工具。同时,作为授予硕士学位的研究生院,nGSEs 也有对于论文写作和硕士答辩方面的要求,不同学校的具体要求不同,但总体而言均有别于传统大学对论文中理论性知识的重视程度,nGSEs 的考核要求学生在最后的项目中展示自己与教学实践有关的内容分析或对所教学生的表现及学业成绩提升情况进行分析。

保障低收入家庭儿童拥有优质师资、促进教育公平是所有 nGSEs 都在积极努力的目标。具体体现在 nGSEs 的课程设置中均包含对英语学习者、残疾学生或学习障碍学生的学习需求回应的课程,关注低收入家庭儿童的教育问题。此外,教师候选人的种族和背景多元化亦是 nGSEs 促进教育公平发展的努力所在。以几所典型的 nGSEs 学校的数据为例,HTHGSE 的学生中近 60% 是有色人种,这一比例是全国教师平均水平的三倍。[①] Relay 的学生中 69% 是有色人种,其开设的在线教育项目中高

---

① HTHGSE. What sets us apart [EB/OL]. [2022-01-04]. https://hthgse.edu/blog/programs/san-diego-teacher-residency/.

达 74％的学生是有色人种。① AMNH MAT 项目中 43％的学生为有色人种或多种族,大约一半的学生来自项目驻地纽约州之外②,Sposato 项目中大约有三分之一的学生是有色人种。③

与一般的替代性教师教育项目提供的短期培训不同,nGSEs 的项目时长通常在 15 个月到两年之间,通过较长的周期来保证课程的完整性和培养质量。nGSEs 的培养流程一般是先在暑假期间对学生进行一段时间的集中培训,以便学生在进入 K-12 学校时具备一定的知识基础和课堂管理能力。驻校实习过程也是循序渐进的,学员先在实践导师的课堂担任助理教师或者辅导教师,然后逐渐增加课堂教学责任,一个阶段的学习完成以后进行“关卡评估”,通过之后才会让学生进入学校担任全职教学工作。教师候选人在 K-12 驻校实习的过程中,每周都有固定时间返回研究生院进行硕士课程的学习,并对教学实践进行反思与研讨。即使是项目的第二年,全职教学期间学员仍继续接受研究生院导师的现场教学指导或继续参加研究生课程。总之,相较于传统的替代性教师教育项目,nGSEs 的学生有一个相当长且完整的学习周期,nGSEs 通过较长时间的项目安排保证了学员的教学质量,并给予新手教师足够的支持与辅导。

nGSEs 虽然是不同于传统大学教师教育学院的教师教育提供者,不具备传统大学的学术权威与文化传统,但在课程设置与安排方面,nGSEs 都遵循所在地区的教师培养标准,并在标准的基础上展开项目课程规划。仅以培养科学教师的标准为例,所有的 nGSEs 都遵循新一代美国科学教育标准(Next Generation Science Standard,简称 NGSS)进行项目安排和培养方案设定。对于联邦或所在州设定的教师培养标准的遵循能够让 nGSEs 的教师教育项目更符合所在行业的规范要求,从而能够在规范合法性维度上获得更多的认可。此外,相对于传统的教师教育项目,nGSEs 具有更高的准入选拔标准,将毕业生的 GPA 限制在 3.0 以上,甚至平均数可以达到 3.5,这也从源头上提升了教师候选人的质量。

质量评估对于教师教育机构的发展及教师教育课程的建设都极为重要,为了进一

① Ed Reform Now. Relay Graduate School of Education [EB/OL]. [2022-01-04]. http://edreformnow. org/wp-content/uploads/2019/10/ERN-6-Relay_FINAL-0919.pdf.

② American Museum of Natural History. Master of Arts in Teaching Earth Science Residency [EB/OL]. [2022-01-04]. https://www.amnh.org/learn-teach/master-arts-teaching.

③ Sposato Graduate School of Education. FAQ [EB/OL]. [2022-01-04]. https://www.sposatogse.org/about/faq.

步保证项目质量,nGSEs均采取了组织内部成员评估或与外部专业的评估机构合作进行质量评估的方式对项目或课程进行评价。除了主动进行的内外部评估之外,作为受认证的高等教育机构或教师教育项目提供者,同其他被认证机构一样,nGSEs也需要每年向授予认证的机构递交年度报告,并接受认证机构的年度评估以及五年一次的重新审核。这些评估都在客观上进一步规范了nGSEs的项目实践,增加了其规范合法性基础。

综上,虽然是一个充满争议的创新,但nGSEs通过回应大众对教师教育的价值期待,以及规范教师教育"服务"提供逻辑的方式打破外界对替代性教师教育项目的刻板印象和不信任感,从而获取规范合法性。

3. 认知合法性

认知合法性考察大众对于一个组织的情感认同,又可以细分出两个指标,即客观的知晓度与主观情感上的认可度。

(1) nGSEs的组织外部认知

组织拥有认知合法性的一个重要表征是社会大众对该组织的熟悉程度或者是知晓度。美国学术界对nGSEs的评价是褒贬不一的,相关的学术研究数量也不多见。在研究初期笔者联系了多名美国现任教师,均不了解nGSEs这类学校,在笔者后续进行的访谈中,受访对象除了自身就读的nGSEs机构之外,也并不了解其他相关学校,可见nGSEs在大众群体中的认知度是相对较低的,在美国学术界的评价也两极分化。

除此之外,媒体报道是新生组织增加大众知晓度的有力方式,在《教育周报》(*Education Week*)、《粉笔画报》(*Chalkbeat*)和《教育时事》(*Education Update*)这类关注全美教育的新闻媒体官方网站可以找到多篇对nGSEs机构教师教育项目的报道。①②③《纽约时报》(*The New York Times*)也同样多次对nGSEs学校进行了相关报

---

① Education WEEK. Teacher-prep programs zero in on effective 'practice'〔EB/OL〕.(2013 - 3 - 25)〔2022 - 01 - 04〕. http://www.edweek.org/ew/articles/2013/03/27/26practice_ep.h32.html.

② Chalkbeat. A new graduate school of education, Relay, to open next fall〔EB/OL〕.(2011 - 02 - 14)〔2021 - 12 - 25〕. https://ny.chalkbeat.org/2011/2/14/21087869/a-new-graduate-school-of-education-relay-to-open-next-fall.

③ Education Update. American Museum of Natural History: Richard Gilder Graduate School Confers Degrees〔EB/OL〕.(2018 - 12)〔2021 - 12 - 25〕. http://www.educationupdate.com/archives/2018/NOV/HTML/col-amnh.html♯.YiyhbOpBxdi.

道,2011 年以"教育学校的教学难题"为题,报道了 Relay 教育研究生院的基本情况。① 2012 年初以"回到学校,但不是在校园里,而是在一个心爱的博物馆"为题,对开设在美国自然历史博物馆的 AMNH MAT 项目进行了背景和办学目标的介绍,并说明了这一项目与纽约州执委会需求的互动。② 2013 年底,《纽约时报》继续在其官方网站上以视频宣传片的形式介绍了 AMNH MAT 项目的办学情况,并指出这是一项广泛的全国科学教育运动的一部分。③

在美国,教育领域的一些民间组织也具有很高的关注度和讨论度。以全美教师质量委员会(National Council for Teacher Quality,简称 NCTQ)为例,其成立于 2000 年,是一个美国民间智囊团,它的工作是围绕美国的教师培养、教师薪酬、教育公平和多样性等教师相关主题进行研究、评估并提供信息和指导,致力于推进与教师相关的政策改革,以其发布的教师培养审查(Teacher Prep Review)报告闻名。在 NCTQ 于 2018 年、2020 年、2021 年三年的教师培养审查报告中均报道了部分 nGSEs 开设的教师培养项目,并给予了较高的评价。④⑤⑥ 获得 NCTQ 这样一个在教师教育领域中颇具影响力的组织多次的积极评价,客观上为 nGSEs 增加了认知合法性。

此外,在组织研究中发现新创企业通过与领域内的"大人物"合作可以增加组织被公众熟知的机会,也可通过获得领域内合法性高的组织的认可而获取更多合法性,从而获得更高的市场价值。⑦ 官方网站公布的资料显示,所有的 nGSEs 都与外部更大的

① The New York Times. Ed Schools' Pedagogical Puzzle [EB/OL]. (2011 - 07 - 21)[2022 - 02 - 09]. https://www.nytimes.com/2011/07/24/education/edlife/edl-24teacher-t.html?pagewanted=3&_r=1.

② The New York Times. Back to School, Not on a Campus but in a Beloved Museum [EB/OL]. (2012 - 01 - 15)[2022 - 02 - 09]. https://www.nytimes.com/2012/01/16/nyregion/american-museum-of-natural-history-will-groom-school-teachers.html.

③ The New York Times. Teaching Science Teachers [EB/OL]. (2013 - 12 - 14)[2022 - 02 - 09]. https://www.nytimes.com/video/opinion/100000002602875/teaching-science-teachers.html.

④ National Council on Teacher Quality. 2018 Teacher prep review [EB/OL]. (2018 - 04)[2022 - 01 - 04]. https://www.nctq.org/publications/2018-Teacher-Prep-Review.

⑤ National Council on Teacher Quality. 2020 Teacher Prep Review: Clinical Practice and Classroom Management [EB/OL]. (2020 - 10)[2022 - 01 - 04]. www.nctq.org/publications/2020-Teacher-Prep-Review:-Clinical-Practice-and-Classroom-Management.

⑥ National Council on Teacher Quality. Teacher Prep Review: Program Diversity and Admissions (2021) [EB/OL]. (2021 - 02)[2022 - 01 - 04]. www.nctq.org/publications/Teacher-Prep-Review:-Program-Diversity-and-Admissions-2021.

⑦ ZIMMERMAN M A, ZEITZ G J. Beyond survival: Achieving new venture growth by building legitimacy [J]. Academy of management review, 2002,27(3):414 - 431.

教育组织有着不同程度的教育合作。例如,Relay 延续了其前身 Teacher U 项目与纽约城市大学亨特学院的合作关系,同时 Relay 也是"为美国而教"和"纽约市教员"项目的重要合作学校之一,为这两个项目招收的教师候选人提供完整的教师教育。除此之外,自 2017 年以来,Relay 已经在其加州教学领导力专业发展项目中接触了 600 多名加州学校领导,通过为加州学校领导量身定制的专业发展和培训,Relay 发展并加强了与该州各地教育机构和学校的关系,同时加深了对当地环境和加州 PK - 12 学校需求的理解,这些举措为其争取在加州开办校区增加了认知合法性。Sposato 与哈佛大学教育政策与改革中心、玛丽安大学(Marian University)、纽约大学斯坦哈特学院等机构保持着长期的合作关系。① HTHGSE 是由班克街教育学院和美国学习政策研究所共同赞助的教育者培养实验室(Ed Prep Lab)项目的参与学校之一,同时 HTHGSE 也在积极从当地社区中发展董事会成员,试图通过与所在社区组织发展战略伙伴关系增加在当地的认知度。

(2) nGSEs 的组织内部认同

nGSEs 作为职前教师教育机构,故本文将组织内部成员认同感的主要判断指标定为成员对课程质量或授课教师的满意度、对教师培养效果的满意度、对将来就业的帮助以及对机构文化本身的认同这四个方面,研究发现 nGSEs 机构在这四个方面均拥有高度的认可度。

在对课程质量、授课教师的满意度以及机构文化认同方面,本研究的访谈对象均表达了对其所在 nGSEs 机构的极高评价。此外,以 Relay 为例,在其内部开展的学生满意度调查中,97%的学生认为项目教师是有效的,99%的学生认为研究生院的教师是知识渊博的。② 在对培养效果的满意度方面,美国学习政策研究所的项目人员曾在 2016 年对 HTHGSE 的学员做了调查,其中 94%的受访者表示 HTHGSE 项目为他们的教学做了很好的准备,96%的受访者表示已经准备好为来自不同种族、语言和文化背景的学生授课,并可以从多元文化的角度进行教学。③ 在 2017 年对项目毕业生进

① Sposato Graduate School of Education. Impact [EB/OL]. [2021 - 12 - 25]. https://www.sposatogse.org/impact/disseminations.

② Relay/GSE. Public Information: 2017 Student and Alumni Satisfaction [EB/OL]. [2021 - 12 - 26]. https://www.relay.edu/sites/default/files/2020-12/Public%20Information%20-%20Student%20and%20Alumni%20Satisfaction.pdf.

③ Learning Policy Institute. Preparing Teachers for Deeper Learning at High Tech High [EB/OL]. (2019 - 06 - 10)[2021 - 12 - 26]. https://learningpolicyinstitute.org/sites/default/files/product-files/Preparing_Teachers_Deeper_Learning_CS_HighTech_BRIEF.pdf.

行的调查中,91％的校友表示对 Relay 提供的教师培养项目感到满意。[①] 在毕业生就业率方面,Relay 和 Sposato 的官方网站中均报告了 100％的毕业生就业率。[②③]

客观的满意度调查数据、访谈得到的与项目质量相关的多个维度的组织成员主观感受均表明,nGSEs 在其组织成员中享有极高水平的认同,而在相关的外部评估中 nGSEs 的教师教育质量也得到了认可。Relay 对项目学员驻校实习的合作学校进行的调查显示,93％的学校领导认为 Relay 的课程对这些教师的教学表现有提升。[④] 在 Sposato 的常规教学评估活动中,Sposato 学员在外部专家的课堂观察中得分比对照组的新手教师综合高出 10 个百分点,在其主管校长给出的分数、学生调查结果及州评估的学生成绩增长数据中均比对照组高出 20 个百分点。聘用 Sposato 毕业生的校长在教学表现、课堂管理和专业精神方面,对 Sposato 毕业生的评分平均为 70.4 分,而非 Sposato 毕业生的新手教师得分为 57.6 分。[⑤] CAEP 对 AMNH MAT 的审查评估结果也表明,AMNH MAT 项目的毕业生在职期间对学生有积极的影响,同时 AMNH MAT 的毕业生还有着出色的雇主和教师满意度。[⑥]

综上,从组织外部的认知度和内部的认可度研究中可以发现,作为教师教育领域的“新进入者”,nGSEs 显然并没有成为大众认知中理所当然的事物,在认知合法性维度依然呈现出领域内外“相互矛盾”、合法性程度“内高外低”的现状。

(三) 新教育研究生院(nGSEs)的组织合法性争议

nGSEs 的出现可以被看作是解制派教育改革者的胜利,它的确完成了美国教师教育改革趋势中放松管制议程的相关倡议,如增加城市高需求地区的教师供应、缩短教

① Relay/GSE. Public Information: 2017 Student and Alumni Satisfaction [EB/OL]. [2021-12-26]. https://www.relay.edu/sites/default/files/2020-12/Public％20Information％20-％20Student％20and％20Alumni％20Satisfaction.pdf.

② Relay/GSE. Public Information: 2017 Completer Employment [EB/OL]. [2021-12-26]. https://www.relay.edu/sites/default/files/2020-12/Public％20Information％20-％20Employment.pdf.

③ Sposato Graduate School of Education. Job Placement and Support [EB/OL]. [2021-12-26]. https://www.sposatogse.org/about/job-placement-and-support.

④ Relay/GSE. Public Information: 2016-17 Employer Satisfaction [EB/OL]. [2021-12-26]. https://www.relay.edu/sites/default/files/2020-12/Public％20Information％20-％20Employer％20Satisfation_0.pdf.

⑤ Ed Reform Now. Sposato Graduate School of Education [EB/OL]. [2021-09-22]. http://edreformnow.org/wp-content/uploads/2019/10/ERN-5-Sposato_FINAL-0919.pdf.

⑥ AMNH. CAEP Annual Reporting [EB/OL]. [2021-12-25]. https://www.amnh.org/learn-teach/master-arts-teaching/demographics-and-evaluation/caep-annual-reporting.

师培养周期以及将教师培养工作从传统的大学教师教育学院转移到独立机构,打破了大学对教师培养工作的垄断等。但另一方面,nGSEs 并未获得各个维度上稳定且充分的组织合法性,存在一定程度上的组织合法性争议,归纳来看原因主要有以下三点:

第一,nGSEs 的确做到了解制派倡导的将教师教育从传统的大学象牙塔中转移出来的诉求,能够使 nGSEs 像特许学校一样得以从某些类型的官僚主义中解脱出来①,但它是以限制了教师候选人从大学场域中开放的多学科环境中获取知识、享受公共教育与学术资源(如图书馆、跨学科的讲座等),甚至是置身于高等教育的校园学术氛围为代价的。学生虽然接受了研究生层次的教育,却也损失了大学情境与校园文化中积极的隐性教育资源。

第二,像许多大学教师教育学者所批评的一样,nGSEs 致力于培养教师候选人在 K-12 课堂的授课技能与课堂管理能力,以提高 K-12 学生考试成绩为导向培养教师候选人,因此摒弃了他们认为无法发挥实质作用的教育哲学类的理论课程。② 虽然对大学过于理论化的批判已经成为了教师教育解制派的共识,但对教育理论的弱化加之对可衡量的成绩指标的重视,教师教育效能存在被限于技术理性的狭隘定义的风险。科克伦-史密斯指出,教学的确有技术层面的要素,教师可以通过接受培训来完成这些工作,但更重要的是,教学是一种智力、文化和情境活动,需要对如何传达学科知识、应用教学技能、发展人际关系以及产生和利用本土知识做出巧妙的决定,仅仅将教师教育限定于一项培训活动,或者是一项缺乏民主价值观的学习技能的过程是教师教育中问题的主要部分。③

第三,许多 nGSEs 发源于特许学校或特许学校管理组织开设的教师培养项目,因此通常是以特许学校对师资的需求展开教师培养工作规划的,在特许学校的教育情境中具有良好的适应性。这的确可以为 nGSEs 的毕业生带来入职初期的高效率,但在特定的教师教育项目与特定的教育学校之间建立过于紧密的联结,或是教授过于情境化的教学技能可能会限制毕业生在未来的职业选择中的灵活性④,这些毕业生是

① SCHORR J. A revolution begins in teacher prep [J]. Stanford Social Innovation Review, 2013,11(1):
  45-49.
② STITZLEIN S M, WEST C K. New forms of teacher education: Connections to charter schools and their
  approaches [J]. Democracy and Education, 2014,22(2):1-10.
③ COCHRAN-SMITH M. The problem of teacher education [J]. Journal of teacher education, 2004,55
  (4):295-299.
④ WILLIAMSON P, APEDOE X, THOMAS C. Context as content in urban teacher education: Learning
  to teach in and for San Francisco [J]. Urban Education, 2016,51(10):1170-1197.

否可以适应在不同于特许学校理念的教学情境中为所有类型的学生,而不仅是为特定群体(通常是高需求、高贫困的)的学生服务的能力还需要通过更多的实证研究进行考察。

从 nGSEs 的组织合法性获取历程可见,规制合法性是一个组织获取组织合法性的基础,对授予学位或相关资格证书的教育机构而言更是如此,拥有权威机构认证是 nGSEs 得以发展的重要条件。但是只有当规制合法性嵌入在规范合法性与认知合法性中时,组织行为才会获得更高的认同,才会拥有更强的执行力和稳固的组织地位。nGSEs 虽然是在教育变革中形成的一种致力于解决教师教育问题的新模式,但上述三点问题的存在需要我们对这种新模式有更多的审视与判断,特别是通过实证研究对各种争议加以检验。一些 nGSEs 中客观存在的对于教学过程中工具理性和技术理性的追求是影响其组织合法性获取的重要原因。

四、研究结论

(一) nGSEs 的组织合法性现状

当前,我国教师教育体系中没有类似 nGSEs 这种独立于大学教育学院却同时可以提供研究生层次教师教育的机构。在美国,nGSEs 也是 21 世纪初才出现的一种新兴的职前教师教育模式。对大多数人来说,nGSEs 机构本身是否合法规范、其授予的学位证书是否能被社会认可等问题仍然存在疑问,分析发现,nGSEs 在发展中已经获得了组织合法性,但是在每个维度上组织合法性的程度存在差异。目前所有的 nGSEs 都是由州教育部门批准成立,并获得了各自所在区域认证机构授予的权威认证,因此具备规制合法性。规范合法性和认知合法性由于涉及主观认知与价值判断,难以通过标准清晰界定。通过本文的分析认为总体上 nGSEs 具备相对稳定的规范合法性基础,但部分 nGSEs 的教师教育实践,例如过于注重实践而舍弃了教育理论的做法,使其并未完全达到大众对高等教育的价值期待和规范要求。在认知合法性维度,nGSEs 表现出在领域内外"认知相悖"、认知合法性"内高外低"的现状。具体而言,在 nGSEs 和特许学校管理组织领域内具有很高的知晓度,且组织成员认同感强,但在该领域之外知晓度低且不同群体对 nGSEs 的认知存在较大争议,例如支持教师教育改革的民间权威组织如 NCTQ 多次对 nGSEs 的教师培养效果加以称赞,而大学教师教育学者对 nGSEs 的教师教育实践普遍表现出质疑乃至批判的态度。其次,不同 nGSEs 获得的组织合法性在规范和认知维度上存在差别,组织的教师教育实践和组织规模是影响合法性获取的重要因素。

（二）nGSEs 的组织合法性获取逻辑

对美国三种教师教育模式的梳理发现,临床实践转向是研究者们所公认的职前教师培养的改革方向。[1][2] nGSEs 的教师教育实践遵循了改革者们倡导的临床实践转向,在项目规划中极为重视临床实践的作用,力图在弥合大学教育学院的教师教育理论与实践割裂的同时克服替代性教师教育项目的不足,在二者之间实现平衡。因为对临床实践的关注,NCTQ 也注意到了 nGSEs 的教师教育项目,并多次在教师培养项目报告中赞扬表现优秀的 nGSEs。此外,通过推进教育公平进而促进社会公平是 nGSEs 教学实践行为的另一个逻辑,所有的 nGSEs 都有为社会经济地位低下的学生培养优秀教师、为文化多样性的学生培养多元文化背景教师、为更多学生提供优质教育或助力更多学生进入大学、取得人生成功的使命与目标。除此之外,绩效主义作为美国教师教育的核心话语体系之一,深刻地影响着美国教师教育的发展。[3] 由于 nGSEs 产生于新自由主义政策范式之下,绩效导向也成为 nGSEs 获取组织合法性过程中的实践逻辑之一。

纵观 nGSEs 的发展及组织合法性建构历程,非政府组织也在其中发挥了不容忽视的重要作用,其中又以慈善基金会、特许管理组织和民间教育监督、评价组织为主。在新自由主义意识形态的影响下,政府放松管制,竞争、自主选择等市场机制被改革者们奉为提高教育质量乃至所有公共部门服务质量的有力措施。[4] 20 世纪 80 年代成为美国教师教育的重要转折点,从这个时期开始,在强调标准和绩效本位的问责制政策范式下,越来越多的非政府组织被允许进入教师教育领域,在不同目标与价值追求下引领教师教育放松管制的改革议程进展。在私人基金会的支持下,替代性教师教育项目和特许学校运动先后颠覆了传统大学本位教师教育格局和公立基础教育格局,政府部门不再是教育机构合法性的唯一来源。在此基础上,慈善基金会的支持,加上特许管理组织的运作,催生了 nGSEs 这一新型的替代性教师教育项目,并赋予了 nGSEs 认

① GROSSMAN P, HAMMERNESS K, MCDONALD M. Redefining teaching, re-imagining teacher education [J]. Teachers and Teaching: theory and practice, 2009,15(2):273 - 289.

② BANKS T. Teacher Education Reform in Urban Educator Preparation Programs [J]. Journal of Education and Learning, 2015,4(1):60 - 71.

③ 蒋喜锋,刘小强. 21 世纪以来美国绩效标准本位教师教育改革的动向与反思[J]. 高等教育研究,2021,42(8):99—106.

④ CASTILLO E. A Neoliberal Grammar of Schooling? How a Progressive Charter School Moved toward Market Values [J]. American Journal of Education, 2020,126(4):519 - 547.

知维度的合法性。CAEP 和 NCTQ 则代表了影响美国教师教育改革进程的另一股民间力量，它们不直接提供资金支持或教师培养服务，但通过制定标准、开展全国性教育评价工作、提供认证等方式逐渐在教师教育领域赢得了话语权和组织权威。CAEP 成立之后推出的认证标准中强调基于结果与证据的认证，对教师教育实施专业问责，NCTQ 则通过评估与排名的方式输出对教师教育改革方向的观点，以这两者为代表的美国非政府组织为 nGSEs 等替代性教师培养项目拓宽了准入通道，同时在组织合法性的三个维度上都提供了关键的支撑，成为了促进 nGSEs 和替代性教师教育发展的重要力量。美国的分权制教育政策，移民国家性质带来的多元文化传统，加之新自由主义的影响，为非政府组织参与教育事业创造了极大空间。nGSEs 教师教育模式的成功是市场力量和非政府组织在美国教师教育领域，乃至更大的教育政策议程和改革话语体系中影响力日益增强的实践证明。

最后，在 nGSEs 的组织合法性建构中还体现出了教师教育者作为教育改革者的新身份。通常情况下，教师教育者被视为教师教育项目改革的对象（objects）而非改革的推动者（agents of reform）。[①] 然而，在 nGSEs 的发展乃至其组织合法性的获取过程中，可以看到教师教育者在教师教育改革中发挥的主体性和能动性。在 nGSEs 教师教育模式中，特许学校网络中的教师和其他基于中小学的教师，通常以研究生院兼职授课教师或驻校实习实践导师的双重教师教育者身份参与 nGSEs 的教师培养项目，通过支持并协助规范化培养过程，提高了 nGSEs 项目的培养质量，为 nGSEs 增加了更多的规范合法性和认知合法性。而大学本位的教师教育者通常以项目合作的方式参与 nGSEs 的教师培养过程，或通过项目评估的方式从专业人员的角度对 nGSEs 项目的各个维度进行分析并给出专业评估报告，起到外部质量保障的作用，进一步为 nGSEs 增加了规范合法性与认知合法性。可以说，基于 K-12 教育系统的教师教育者和基于大学的教师教育者共同参与形塑了 nGSEs 教师教育模式，并赋予了 nGSEs 更多的组织合法性，在这种新型教师教育模式的发展过程中充分发挥了教师教育者作为教师教育改革推动者的主体性和能动性。nGSEs 的组织合法性建构实践同样也是教师教育者在教育改革领域影响力与主体性日益增强的有力证明。

---

① COCHRAN-SMITH M, KEEFE E S, CARNEY M C. Teacher educators as reformers: Competing agendas [J]. European Journal of Teacher Education, 2018, 41(5):572-590.

五、研究启示

（一）对教师教育实践改革的启示

1. 提高教师教育与临床实践的融合度

基于临床实践的教师教育模式是美国教师教育大学化发展半个世纪之后，历经多次教育改革，最终在教师教育解制派与教师教育专业化支持者的博弈过程中取得的难得的一致，达林-哈蒙德曾以"教师教育的圣杯"来形容临床实践在教师教育中的重要性。[①] nGSEs 的出现是美国临床实践型教师教育改革的直接体现。在我国，教师教育的开展是以大学教育学院为主，师范生前期在大学校园中进行理论化学习，后期才开始教学实习，中小学实际承担的教师教育责任很弱。此外，传统培养方式将理论学习与教学实习划分为两段独立进行的经历，导致学生难以及时地在实践中诠释并验证学到的教育理论，也难以在实习期间及时地进行理论反思和回顾，最终加剧了教育理论与实践的割裂。为此，我国教育管理部门应该进一步赋予基础教育学校更多的教师教育责任与权利，进一步融合教师教育课程与教学实习过程，开发一种基础教育学校与大学教育学院在教师教育中平等对话、责任共担、协同育人的培养体系。

2. 增加教师教育对教育公平的关切

对教育公平问题的回应是 nGSEs 的实践逻辑之一，所有的 nGSEs 均不同程度地以提升教育公平为价值导向和使命引领，教育公平转向的实践逻辑也促进了 nGSEs 与社会需求的互动，进而增加了对其发展至关重要的组织合法性。随着我国的社会主义发展进入"新时代"，社会主要矛盾的变化也对教育公平提出了更高的要求，教育公平承担了比以往更多的社会责任，因而需要有更高的发展水平。[②] 教师教育作为教育事业的"母机"，回应教育公平问题早已成为教师教育改革的应有之义。借鉴 nGSEs 的教育公平转向实践经验，我国可以在教师教育培养模式上加以创新，在教师教育课程体系上更加深化。具体而言，在教师教育培养上，除了已有的大学教师教育之外，可以适当依托市场力量开展更多为师资需求难以满足的偏远地区输送教师的项目，例如已经成立多年的美丽中国支教项目（Teach For China），通过提供经济支持、提高选拔标准，招募更多愿意在偏远地区任教的高质量人才，或为转业者提供更多灵活、优质的进入教师行业的途径，促进教育资源薄弱地区儿童的教育机会公平。在教师教育课程

① DARLING-HAMMOND L. Strengthening clinical preparation: The holy grail of teacher education [J]. Peabody Journal of Education, 2014, 89(4): 547–561.
② 褚宏启. 新时代需要什么样的教育公平: 研究问题域与政策工具箱[J]. 教育研究, 2020, 41(2): 4—16.

体系建设上，除了特殊教育专业之外，我国的教师培养课程在关注学科知识与教育知识之余，尚缺乏专门培养教师应对学习困难、学习障碍等需特殊关照的学生群体的教学技能，以及建设包容性、多样性、公平导向、深度学习导向的课堂文化的能力发展目标。反观 nGSEs 的课程体系中对这些内容的重视，纵然与大多数 nGSEs 起源于特许学校的机构使命相关，但其中显现出的在教师教育课程体系中通过文化相关、关照学生的特殊需求等方式渗透教育公平关切的做法值得我国在教师教育实践改革中加以借鉴。

（二）对教师教育治理改革的启示

1. 打造灵活多元的认证环境，支持教师教育"合法"创新

认证制度一直是美国高等教育质量保障的重要手段，在美国，联邦教育部门和高等教育认证委员会对高等教育认证机构进行监管与评估，得到联邦认可的认证机构有资格对高等教育机构进行认证。认证机构都是独立于政府与高校的第三方组织实体，在认证工作上具有相当大的独立性与自主权，不同认证机构具有各自不同的认证标准。在教师教育领域，美国也有全国性的认证机构 CAEP 对教师教育项目进行专业认证。得益于灵活多元的认证环境，nGSEs 这类新进入者有机会最大程度地争取合法地位，获取规制合法性为组织获得后续发展所需的各种资源与支持增加了可能性，使得包括 nGSEs 在内的教师教育领域中新的提供者能够持续发展，从而持续输出师资力量。不同于美国拥有多个由社会力量主导的第三方认证组织，我国的高等教育和教师教育认证工作仍属于教育部及一些省级教育厅的专利。与此同时，缺乏独立的第三方组织参与认证评估工作会存在认证过程行政导向化、单一化、不够客观等问题，认证主体同质化也带来认证过程缺乏灵活性的结果，难以获得认证或认证的价值导向过于单一的现状必然阻碍教师教育改革或进行实践创新。我国教师教育发展过程中对教师的需求不仅是增加数量，更是要通过教育改革提升质量。为此可以借鉴美国的教师教育专业认证模式，建立权威性的第三方认证机构，与中央政府、当地教育部门及高校专家等合力提供灵活的教师教育认证环境与方式，刺激教师教育领域多元主体的活力，推进我国教师教育改革与创新。

2. 创建教师教育外部质量保障体系，规范教师教育实践过程

在教师教育质量保障方面，美国在发展中逐渐形成了除大学自身和政府职能部门之外的稳定的外部质量保障体系。联邦政府与州政府教育部门、非政府的权威教师教育认证机构（如 CAEP）、区域性高等教育认证机构（如中州高等教育委员会）、独立的

民间非营利组织(如 NCTQ)等共同对教师教育项目进行评价与监督,全方面保障教师教育项目质量。这政府组织与非政府组织代表着不同的立场与利益相关者诉求,通过不同的方式与标准,从不同维度对教师教育项目进行评价与监督,极大地保障了美国本土多元教师教育项目的规范化开展。nGSEs 在发展中处于多重外部监督与质量保障体系中,出于获取组织合法性的压力与必要性,机构必须主动或被动地进一步规范其教师教育实践过程各个方面,这很大程度上保障了 nGSEs 的教师培养质量,反过来又因为质量的提升使其获得了更多的规范合法性,有利于进一步发展。我国教师教育质量保障机制略显单一,主要是政府部门发挥监管作用,加上教育学院自身的内部监督,缺乏民间力量与市场的参与。近年来,随着教育改革的推进,我国已经开始着手建设教师教育外部质量体系,但尚处于起步阶段。① nGSEs 的发展历程再次证明了稳定的外部质量保障体系的作用,我国教育资源丰富、师范院校众多,可以尝试联合大学、教育研究机构、学区代表及中小学实践者等共同组织建立有公信力的外部教师教育质量保障机构,结合各自的特色与优势采取多种形式对教师教育质量进行评估与监督,完善教师教育质量的外部保障体系,进一步规范教师教育项目的实践过程,促进教师教育的质量提升。

3. 引导多元主体协同参与教师教育评价,促进教师教育与社会需求互动

将组织合法性划分为规制合法性、规范合法性和认知合法性这三个维度去解释 nGSEs 的组织合法性现状时,客观上就承认了组织合法性的来源以及对组织是否具有合法性的评价主体是多元的这一事实。nGSEs 在寻求对其生存发展至关重要的组织合法性时需要与多元评价主体互动,采取相应的教育实践行动对多方需求与标准进行满足或回应,在这个过程中进一步提升了教师教育项目与社会需求的联结程度。在我国,教师教育长期以来一直被作为"高等教育"之一进行相关的工作评价,因此评价过程中突出了其作为高等教育的一面,但却忽视了教师教育作为教育事业"母机",有别于普通高等教育所具有的自身特殊性,这在一定程度上导致了教师教育长期处于难以回应基础教育需求的困境。② 其次,中央集权的政治制度使我国政府部门在教师教育评价中占据绝对的权威,即使有高校专家参与,其话语权也相对微弱,缺乏多元评价主体间的相互监督和良性竞争,评价难免有失民主性及公正性。再次,我国教师教育机构数量多,且不同区域、不同层次、不同院校之间均存在客观差异,多元评价主体的协

---

① 冯慧,饶从满. 美国教师培养外部质量保障体系探究[J]. 外国教育研究,2017,44(12):3—15.
② 黎志华. 教师教育评价研究[D]. 上海:华东师范大学,2011:3.

同参与能够在评价标准的制定与实施过程中传达各自不同的现实需求,增加评价制度的灵活性与有效性。综上,我国教育部门应着手建立引导利益相关的多元主体合理、协同参与教师教育项目评价工作的相应机制,使不同群体的需求能够被看见,从而真正发挥评价的作用,增加教师教育工作与社会需求的良性互动,提升我国教师教育实践的质量。

第五节 英国最新教师发展与督导改革透视

为了履行英国在 2019 年颁布的《教师招聘和留任战略》中所规定的承诺,英国教育部将通过改变教师和学校领导在职业生涯各个阶段所接受的培训和支持,努力创建世界一流的教师专业发展体系。

2021 年 6 月,英国教育部公布了打造世界一流教师专业发展体系的改革计划。英国教育部认识到教师是教育体系的重要基础,教师教学质量是改善学生成绩的最重要的校内因素,这对处境不利的学生尤为重要。没有高素质、专业化教师队伍,就难以打造高质量的教育体系。为了履行英国在 2019 年颁布的《教师招聘和留任战略》中所规定的承诺,英国教育部将通过改变教师和学校领导在职业生涯各个阶段所接受的培训和支持,努力创建世界一流的教师专业发展体系。该体系涵盖了初始教师、早期职业教师、经验丰富教师和高级教师四个发展阶段,并明确了各个阶段的发展内容及其指导框架。

一、打造新的教师专业发展体系

英国教育部确定每个教师发展阶段——初始教师培训、早期职业支持、专业化和领导力提升——都由相互联系和补充的框架来支撑(见图 4 - 1),以此促进教师职前和职后的一体化发展。英国学校研究的最大资助者、独立慈善机构——英国教育基金会已经独立审查了这些框架,以确保英国教育部及其咨询专家团队利用可靠的教育研究证据来支撑这些框架。这些框架将由一个主要由教师培训提供者和合作伙伴组成的新的教师专业发展机构转化为培训课程,并负责开发和向学校提供这些专业化与领导力提升课程。这些机构的核心是新建的教学学校中心(Teaching School Hubs)和由学校领导的专业发展卓越中心。英国教育标准局将对上述机构进行督导,以确保其具有较高的教师培训质量。

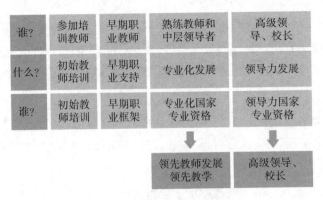

谁?	参加培训教师	早期职业教师	熟练教师和中层领导者	高级领导、校长
什么?	初始教师培训	早期职业支持	专业化发展	领导力发展
谁?	初始教师培训	早期职业框架	专业化国家专业资格	领导力国家专业资格
			领先教师发展领先教学	高级领导、校长

图 4-1　新教师专业发展体系

总之,这些改革将有助于英国教师和学校领导在各个阶段、学科和教育环境中更加自信地掌控自己的职业发展生涯。他们将在全国范围内各所学校和新的教师专业发展机构建立强大的教师专业发展文化,以提高教师的教学质量,最终提升学生的学业成绩。英国教育部所打造的新教师专业发展体系主要包括以下四个方面:初始教师培训、早期职业支持、专业化和领导力。

(一) 初始教师培训

英国教育部认为高水平教师既是天生的也是后天培养的。随着时间的推移,优秀教师通过接受经验丰富的同事的指导和系统化培训,其教学能力会不断提高。职前教师都将受益于有效的初始教师培训课程,该课程包含 2020 年 9 月英国教育部发布的新《初始教师培训核心内容框架》中的内容,该框架规定了初始教师培训提供者及其合作伙伴在教师教育课程的设计和教学中必须遵循的内容。

此外,英国教育部还对初始教师培训组织承担督导,重点关注初始教师培训方如何根据核心内容框架在有效的环境中高效地提供始终如一的高质量培训。督导将提出基于证据的建议,说明如何确保所有学员接受高质量的培训,并确保初始教师培训方以有利于所有学校的方式来提升参加培训教师的能力。2021 年 7 月,英国教育部发布了《职前教师培训市场评估报告》,8 月,英国政府对此进行了回复。

(二) 早期职业支持

英国教育部认为教师在其整个职业生涯中都应该得到高质量的支持,特别是在初始教师培训之后的第一年,他们所经历的专业学习曲线最为陡峭。从 2021 年 9 月起,《早期职业框架》改革使所有英国早期职业教师有权获得经研究证明有效的、为期两年的系统培训和专业支持。英国教育部认为最简单的选择，也是他们期望大多数学校采取的培训方式，是选择英国教育部资助的培训机构，这些机构将设计并提供全面的线下和在线教师培训方案。领先的教师培训提供方将由英国教育标准局进行督导，这样学校就可以保证教师所接受的培训保持较高的质量，并且教师所获得的支持将得到全额资助以减少学校的运营成本。

参与培训的学校和组织也可以选择英国教育部认可的、投入大量人力与物力资源开发的入职培训课程，或者根据《早期职业框架》重新设计相关课程。英国教育标准局将依据《早期职业框架》来督导早期职业教师是否正在接受合适的发展支持和培训项目。英国教育部、教育标准局与教师培训合作伙伴将一起确保新教师获得专业发展的法定权利，并得到公平和一致的评估。与《初始教师培训核心内容框架》相结合，《早期职业框架》将为所有新教师在其职业生涯开始时提供为期三年的结构化和基于证据的一揽子专业支持。这些改革将成为教师未来教学事业成功的基石。

（三）专业化

除了最初几年的教学之外，英国教育部的首要任务是帮助所有教师和学校领导者在其职业生涯中不断发展他们的专业知识，从而使每所学校、每间教室和每个儿童都有一个最好的人生开端。英国教育部已经用三个新的国家专业资格取代了现有的中层领导国家专业资格，以明确当前英国教育中层领导者所需具备的职责（见表 4-5）。

表 4-5　英国更新的国家专业资格系列

资格类别	内容
领先教师发展国家专业资格	培养负责培训和发展其他人的教师，包括早期职业教师。
领先教学国家专业资格	培养学科带头人或负责改进学科或阶段教学实践的教师。
领先行为和文化国家专业资格	培养对领导行为和文化负有责任的教师。

（四）领导力

英国教育部还更新了现有的三个国家专业资格，即高级领导、校长和执行领导。这些更新的资格证书承认了学校领导的复杂性，并试图解决许多高级领导人通过领导团队进行培训的问题，以及他们自己对整个学校所肩负的具体责任。英国教育部计划从 2021 年 9 月开始提供资金资助，以支持学员获取改革后的国家专业资格，详情将在适当时候公布。专业化和领导力国家专业资格将为各级教师和学校领导者提供培训和支持，教师和学校领导者包括那些希望发展高质量教学实践专长（如行为管理）的教师和服务过多所学校的学校领导者。英国教育部致力于用最好的证据和专业的集体智慧来支持教师完成从初始教师培训到学校领导这一"黄金"专业发展路径。

二、质量保障与组织体系

（一）培训质量保障

英国教育部认为世界级的教师发展体系需要世界级的专业培训来保障。为此，英国教育部将创建一个由领先培训供应方和合作伙伴组成的新的覆盖全国的教师专业发展机构，它将负责设计教师培训课程并向教师提供培训服务。这一机构将接受英国教育标准局的质量督导，以确保学校和教师得到最好的专业支持。督导将确保初始教师培训的权利得到落实，保证所有参加培训的教师都能了解构成优秀教学核心内容的核心知识、技能和行为。此外，《早期职业框架》和国家职业资格培训提供者还将通过英国教育标准局接受质量保障检查，以确保为学校和教师提供最佳支持。

（二）领先教师培训供应方

领先教师培训供应方将是英国最好的教师专业发展组织之一，他们负责在英国教育部颁布的系列框架的基础上，创建世界一流的教师专业发展计划。领先培训供应方已经开始与英国各地的培训合作伙伴结成联盟，从 2021 年 9 月起提供全国范围的教师培训服务。从 2022 年 9 月起，教学学院（Institute of Teaching）将成为英国教师培训的旗舰领先提供方，并通过新的初始教师培训核心内容框架、早期职业框架和最近修订的国家专业资格来展示这次改革的示范性培训范例。教学学院还将围绕培训和发展教师的最有效方法建立证据库，并利用这些证据来支持包括新的教学学校中心在内的其他教师专业发展机构，以了解和实施最佳教师培训模式。

（三）培训合作伙伴

培训合作伙伴主要包括教学学校中心，培训合作伙伴将与领先供应方合作提供教师与领导培训。英国教育部认为这些教学学校中心对教师教育改革至关重要。分布在全国的 87 个教学学校中心是由英国最好的学校和信托机构运营的、学校领导的卓越专业发展中心。每个中心将服务于国家的指定区域，以确保每所学校都能轻松获得支持。这些中心将提供高质量的循证培训，并将与领先供应方合作提供依据《早期职业框架》和国家专业资格系列所开发的课程。英国教育部介绍报名参加这些教师教育培训课程的最简单方法是联系当地的教学学校中心。他们将介绍如何为有意参加培训的教师获得资助的面对面和在线专业发展支持。

三、最新教师教育督导改革

（一）背景

2020年1月，英国教育标准局发布了《初任教师教育督导框架和手册》草案的咨询意见并广泛征求了公众、参加培训教师和教师培训项目提供方等利益相关者的意见。2020年12月，就教师教育合作伙伴方须提供的信息、形成性评价和总结性评价的操作、领导和管理等条款进行了修改。2021年4月，增加了新冠疫情下对教师教育进行督导的条例。最新的督导框架规定了英国教育标准局将如何督导教师教育合作伙伴，并对教师教育培训不同阶段做出了系统判断。督导手册主要为英国教育标准局提供督导指南，以便有效指导他们如何从2020年9月起在英国对教师教育进行督导。

（二）督导目标

英国教育标准局将坚持明智、负责和集中的督导原则。根据这一新框架进行督导的主要目的是改善英国初始教师及其合作伙伴培训的质量。新教师教育督导框架有四方面的目标：(1)确保督导侧重于教师教育课程的实质内容；(2)确保职前教师能够接受高质量的培训；(3)将教师教育督导的重心从"结果"转向"过程"；(4)使《教师教育框架》与《教育督导框架》的培训课程重点保持一致。通过收集研究证据和相关督导信息，英国教育标准局将确保督导人员的专业判断尽可能有效和可靠，以便合作伙伴聚焦在关键领域以及需要改进的薄弱领域。督导的核心领域包括：总体培训的有效性、教育和培训的质量、重点专题视察以及领导和管理。督导的结果包括良好、需要改进和不足。

（三）督导原则

对教师教育合作伙伴的督导为潜在接收培训的教师、在职教师、雇主和其他利益相关者提供了有关教师培训质量的重要信息。这些组织应该根据英国教育质量标准局督导报告中公布的信息，对不同的合作伙伴作出明智的判断。督导手册列出了适用于教师教育所有阶段的判断以及各个合作伙伴的培训计划。这些都是以一致的、经过研究的标准为基础。督导人员将遵守相关指导和行为准则，始终保持积极、审慎的督导态度，运用多元方法收集不同阶段的培训证据，向公众和政府提供以下保证：(1)达到培训教师的最低标准；(2)确保教师培训资金使用良好；(3)保证教师培训的组织保障和制度安排的有效性。

（四）督导依据

新督导框架的法定依据为英国《1994年教育法》和《2006年教育和督导法》。

《1994年教育法》规定英国女王督学团有权检查学校教师的初始培训，并在教育大臣等政府部门官员要求时，有义务开展教师培训督导活动。《2006年教育和督导法》规定，英国女王督学团有义务根据教育大臣的要求检查初始教师培训和公立继续教育教师培训机构等所开展的培训。同时，首席督导员可与公共机构开展协作，在英格兰、威尔士、北爱尔兰等地区对相关机构和事项进行检查。《2010年平等法》也是英国教育标准局进行教师培训督导的法定依据之一。该法案确保所有参训教师都将接受高质量、富有成效的教育培训。督导人员将评估合伙伙伴遵守《2010年平等法》中相关法律义务的情况。同时，督导的法定依据包括与之相关的《公共部门平等义务法》和《1998年人权法》。

（五）风险评估

英国教育标准局将使用风险评估的督导办法，以便将精力集中在教师教育项目能够产生最大影响的方面。风险评估通过对国家官方数据的分析，对每个教师教育伙伴进行系统评估，并对所收集到的更广泛的教师培训信息进行更深入的审查。英国教育标准局选择多元指标来对教师教育合作伙伴进行考核。在风险评估中，督导专业人员将分析以下重点领域：（1）通过年度合作伙伴关系提交的报告，来审核合作伙伴关系的课程安排以及每个培训阶段的学员人数；（2）分析实习教师通过在线调查问卷所提供的意见反馈；（3）自上次督导以来的培训时间安排；（4）上次督导的结果以及根据督导框架进行的后续审核；（5）教育质量标准局需要注意的其他重大问题，例如对合伙伙伴的投诉。

在督导中被判定为需要改进或不足的教师教育合作伙伴将在检查后的12个月内重新接受检查。重新督导的重点是确保合作伙伴达到良好或更高的水平，并且确保在早期以及小学和中学阶段遵守初始教师培训合格标准。它还将督导合作伙伴是否确保初级或中级阶段的学员获得英国教育部所颁布的《初始教师核心内容框架》中所规定的最低权利保障。参与复检的督导员将使用本手册中规定的指导。

（六）督导模式

英国教育标准局的试点督导经验促使他们采用了一站式督导模式。该模式将重点关注对受训教师的发展和培训产生最大影响的领域，以及对职前教师带来的整体影响。新督导框架聚焦在培训项目的质量、参观培训教师机构的实习活动以及教师教育合作伙伴的课程等核心督导工作内容对于中小学伙伴关系的督导，督导人员将考虑伙伴如何将英国教育部颁布的《初始教师培训核心内容框架》中所规定的最低专业标准，转化为一个包括学科和阶段性专长在内的精心安排的教师培训课程。

在督导继续教育合作伙伴时,督导人员将考虑合作伙伴如何将教师和教育培训人员专业标准转化为与该主题相关的、精心安排的培训课程。这包括向学员提供所需的技能,以全纳的方法来满足其学员的读写、计算和信息通信技术等学习需求。督导人员将根据有关标准,例如小学和中学阶段教师专业标准及早期教师标准,来评估如何对参加培训的教师进行总结性评估。新督导方式将围绕"教育和培训质量"中的课程、教学和评估的关联性而建立。

(七)课程及督导时间

教师培训计划的目标决定了合作伙伴关系所设计与实施的教师教育课程,它还规定了实现这些目标的课程结构,例如在每个阶段参加培训教师所获得的知识、技能和行为,以此根据这些指标来评估学员接受培训的质量。教师专业标准为小学和中学阶段教师培训合作伙伴提供了授予合格教师资格的总结性评估依据,但它本身不是教师教育课程内容。督导人员将公正地评价实施不同教师教育课程的合作伙伴。然而,对于中小学教师培训而言,这并不意味着完全排除英国教育部已于 2020 年 9 月定为强制性的初始教师培训核心内容框架。英国教育标准局认识到合作伙伴自主选择相应培训课程的重要性。如果合作伙伴能够证明他们已经创设了一个覆盖范围广、内容完善、结构和顺序合理的教师培训课程体系,那么督导人员将对合作伙伴的课程进行有利的评估。

关于具体的督导时间,由于学员通常在秋季学期开始培训,督导人员无法在秋季收集足够的证据来确定教育和培训的质量。因此,教师培训督导,包括所开展的重新检查和重点主题检查,通常只在春季或夏季进行。关于实地督导时间,督导团队通常在现场工作停留四天。英国教育标准局的督导安排将确保督导频率与教师教育合作伙伴的绩效和实际情况相一致。这意味着可能会对一些教师培训伙伴进行一次以上的督导。教师教育督导的时间由年度风险评估报告和教师教育合作伙伴每年返回给教育标准局的相关信息来确定。最新合作伙伴将在向学员提供教师培训的第二年接受首次督导。

第六节　英国教师《早期职业框架》内容及其启示

为了促进早期职业教师的高质量发展,英国教育部于 2021 年出台了《早期职业框架》(*Early Career Framework*)。与英国颁布的《教师标准》所规定的最低行为标准一致，《早期职业框架》主要包括：高期望值、学生如何学习、科目和课程、课堂实践、适应性教学、评估、管理行为和专业行为八大领域。框架内容的设置基于学术研究和专业实践者所验证的陈述性与程序性知识。随着实践证据的不断积累，该框架将一直接受专业人员的审查与完善。为了保障《早期职业框架》的顺利实施，英国政府在培训资金、时间、课程、培训材料、培训方案及导师培训方面做出相应的安排。英国教师《早期职业框架》对我国新入职教师的专业发展有四个方面的启示。第一，明确教师早期职业发展的多重维度与方向；第二，夯实教师早期职业发展的重要学理与实践基础；第三，科学厘定教师早期职业发展的标准与内容；第四，多重措施来保障教师早期职业发展标准与框架的有效实施。

一、《早期职业框架》的出台背景

在全球化背景下，英国教师专业发展呈现出：专业化（大学化）与去专业化（去大学化）并存、研究证据在政策与实践中备受重视、多重伙伴关系进行协同治理、教师教育中的控制与解构此消彼长、标准和问责不断提高与加强，以及技术素养的不断渗透。[①] 在此背景下，针对各国竞争日益激烈的教师教育改革，英国教育部重申教师是这个教育体系的重要组成部分，教师的素质是学校成功改革的重要条件之一。因此，教师在整个职业生涯中都应该得到有力的专业支持，尤其是早期职业发展阶段。研究表明，新手教师在入职初期几年的专业学习曲线最为陡峭，面临的各种职业挑战也最多。[②] 据此，英国教育部 2019 年颁布并于 2021 年更新的《早期职业框架》在多重研究证据的支持下，为初任教师提供了一个为期两年的、资金充足的、整合多方协作关系的系统培训和支持项目。作为英国 2019 年所颁布的《教师招聘和保留战略》(*Teacher Recruitment and Retention Strategy*)的核心部分，该改革方案将确保新手教师有充足时间专注于自身的专业知识、实践与工作品质的发展。[③] 英国教育部的改革

---

① 邱超. 全球化背景下教师教育政策的发展趋势：伊恩·门特教授访谈[J]. 全球教育展望，2020,49(9)：10.

② Department for Education. Early Career Framework ［EB/OL］ https://assets. publishing. service. gov. uk/government/uploads/system/uploads/attachment_data/file/978358/Early-Career_Framework_April_2021. pdf.

③ Department for Education. Early Career Framework ［EB/OL］ https://assets. publishing. service. gov. uk/government/uploads/system/uploads/attachment_data/file/978358/Early-Career_Framework_April_2021. pdf.

愿景是让《早期职业框架》成为英国初任教师高质量培训的行动指南，并成为教师教学事业成功的重要基石。

二、《早期职业框架》的研制过程

英国教育部在研制《早期职业框架》的过程中，教育部官员与教育专家咨询小组进行了紧密合作，广泛征求了不同部门的意见，参与设计框架的专业人员包括大学与中小学教师、各级学校领导、学者和教育研究专家，他们的学术与实践专长以及多元视角保证了《早期职业框架》的科学性、恰切性、全面性与合理性。作为教育领域第三方专业评估机构，英国教育捐赠基金会（Education Endowment Foundation）已经对该框架进行了独立严谨的审查，确保《早期职业框架》能充分利用现有的多重教育研究证据，并保证对证据进行客观准确的阐释。

《早期职业框架》的设计围绕着如何支持所有学生取得学业成功这一目标，并致力于寻求扩大所有学生的入学机会。框架中的"所有学生"包括了英国《特殊教育需要和残疾行为守则》中规定的被认定为四个特殊需要领域内的学生（沟通和互动；认知与学习；社会、情绪和心理健康；感官和/或身体需求），以及《有特殊需要儿童审查》中确定的需要帮助和保护的儿童。可见，《早期职业框架》不仅针对普通学校教师的专业发展能力与实践，还充分考虑了特殊教育领域教师的专业发展状况和学生的多元需求，体现了全纳性与平等性的特点。

《早期职业框架》详细列出了陈述性知识与程序性知识两种类别的教育专业内容。在每个领域内，关键证据陈述（即"了解……"）均来源于目前英国和海外的高质量教师教育相关研究成果。这些证据既包括高质量的教育研究评论和系统综述，也包含了系统分析和严谨的个案研究。此外，《早期职业框架》还为支持英国早期职业教师发展技能提供了实践指导。实践指导陈述（即"学习如何……"）既借鉴了现有的最佳教育研究成果，也借鉴了专家咨询小组和其他部门代表的相关指导性政策文本。

在每个参考章节中，《早期职业框架》推荐了可供早期职业教师进一步阅读的材料。这些推荐是根据实用性（例如，考虑到材料在多大程度上涵盖对课堂实践的明确讨论）和可获得性（包括材料是否在公共领域可获得）而提出的。目前，《早期职业框架》已获得了英国多个部门机构，如教师工会、教师培训提供者、大学研究人员、校长协会、特殊教育需求和残疾教育专家的广泛认可。英国近期成立的教师专业机构——特许教学学院（Chartered College of Teaching）也对《早期职业框架》的标准与内容持认可态度,并将与其他专业机构一样,继续保障所有英国初任教师获得系统性专业支持的权利。[①]

三、《早期职业框架》的目标

英国教育部将《早期职业框架》建立在初任教师系统培训的基础上,并对初任教师培训内容进行了必要的补充,为未来教师发展提供了专业平台,促进了职前和在职教师教育一体化。《早期职业框架》支持所有初任教师在专家指导和研究证据的基础上了解和学习如何参与专业发展活动。与其他专业一样,随着初任教师继续踏上成为专家教师的道路,初任教师培训所涉及的多重专业领域将构成后续入职培训的一部分。

《早期职业框架》旨在支持初任教师在五个核心领域的发展——行为管理、教学法、课程、评估和专业行为。为了确保与英国教育部所列出的八项教师标准相一致,《早期职业框架》的内容也分为八个部分。在《早期职业框架》中,行为管理包括高期望(S1)和管理行为(S7);教学法包括学生的学习方式(S2)、课堂实践(S4)和适应性教学(S5);课程、评估和专业行为分别对应科目和课程(S3)、评估(S6)和专业行为(S8)这三条标准。《教师标准》的第二部分定义了行为和态度,为教师的整个职业生涯设定了必要的行为标准。《早期职业框架》保持一致,《教师标准》要求英国教师必须始终满足这些专业标准。

虽然为了清晰起见,《早期职业框架》是围绕英国的《教师标准》而提出的,但英国教育部认为《早期职业框架》不是也不应该被用作评估框架。英国教育部期待早期职业教师在《早期职业框架》的引导下,在其工作的学校与活动的专业团体中开展一系列专业发展活动。英国教育部将继续按照《教师标准》对教师进行督导与评估。《早期职业框架》将支持针对初任教师开展的培训和发展活动,它不应被视为一种额外强制推行的教师专业发展评估工具。

四、《早期职业框架》的实施

英国教育部认识到,为了使《早期职业框架》对初任教师的专业发展产生积极影响,他们必须坚定地密切关注教师获得额外支持和培训的权利,致力于满足确保《早期

---

① Department for Education. Early Career Framework〔EB/OL〕. https://assets. publishing. service. gov. uk/government/uploads/system/uploads/attachment_data/file/978358/Early-Career_Framework_April_2021.pdf.

职业框架》兑现其承诺所需的必要投入。因此,为了使《早期职业框架》在全国推广,英国教育部做出了如下承诺:(1)为所有初任教师提供培训资金,并保证在第二年教学时减少5%的费用;初任教师在入职第一年的教学时间将减少10%;(2)创建高质量的《早期职业框架》免费课程和培训材料;(3)建立高质量的《早期职业框架》全面培训方案;(4)资助导师为初任教师开展指导培训;(5)资金充足的导师培训。

到《早期职业框架》全面实施时,英国教育部预计每年至少额外投资1.3亿英镑,以支持该框架的有效落实。关于《早期职业框架》在提供优化的教师入职培训中的作用,进一步详细信息将在更新的法定指南中适时发布。一旦新的法定指南生效,《早期职业框架》在英国全面推行,该框架将支持一项为期两年的结构化培训和发展计划。在这项法定指导实施之前,不会要求学校使用该框架。

英国教育部致力于继续与业界合作实施《早期职业框架》,以确保学校获得必要的支持,从而保障初任教师接受培训的权利。在英国教师优先发展基金的支持下,从2020年9月起,英国教育部在英国东北部、布拉德福德、唐卡斯特和大曼彻斯特地区推广《早期职业框架》,通过早期试点经验了解如何最好地支持教师和学校实施该框架,包括继续督导教师工作量的丰富实践经验。这一早期推广试点有助于2021年9月英国教育部在全国推广该框架,并确保该框架满足初任教师的需求,使他们能够在职业生涯中获得成功的开端。

五、《早期职业框架》标准与内容解读

《早期职业框架》主要包括如下八个领域(表4-6)。随着相关实施证据的不断积累,该框架将不断接受专业人员的审查与完善。与任何职业的发展框架一样,《早期职业框架》的证据基础不是静态的,研究视野将不断发展和进步。因此,它的具体内容将不断更新完善。本文对各个领域的具体内容进行了解读。其中,"了解……"的陈述基于目前最优的教育研究所提供的信息,框架中还提供了参考资料和进一步阅读的材料。"了解如何……"的陈述来自更广泛的研究证据,包括学术研究和专业实践者的额外指导。

表4-6 《早期职业框架》的八个领域

领域	标准
高期望值	标准1:设定高期望值
学生如何学习	标准2:促进学生学业进步

领域	标准
科目和课程	标准3:展示良好的科目和课程知识
课堂实践	标准4:计划和教授结构合理的课程
适应性教学	标准5:进行适应性教学
评估	标准6:准确有效地使用评估
管理行为	标准7:有效管理行为
专业行为	标准8:履行更广泛的专业责任

标准1:设定高期望值。在教师需要了解的内容方面,教师是关键的榜样,他们可以影响学生的态度、价值观和行为。教师期望会影响学生的学习结果,因此设定挑战和拓展学生的目标至关重要。设定明确的期望有助于师生交流共同的价值观,从而改善课堂和学校文化。高质量的教学对学生未来生存的发展空间有着长期的积极影响,特别是对于处境不利的儿童而言。在学会如何实践方面,一则,为所有学生树立学术潜力自信。通过有意、连贯地使用教学语言,提高学业挑战度与学生的抱负水平。对于难度相对高的课程,教师应为学生设置最佳发展区内的任务,使目标"跳一跳够得着",有挑战性但处于学生能力范围之内。再者,营造一个积极的教育环境,营造民主的课堂氛围,使学生犯错并从中吸取教训能够融入日常教学的一部分。寻求让父母和看护人参与子女教育过程的机会。二则,对学生的行为展现高程度的期望。例如教师通过示范期待学生所展现的礼貌行为,在教室中创设尊重和信任的文化。或是根据学校政策、规则、奖励等方式,适当对学生的行为升级。承认并赞扬学生的努力,对他们的进步及时予以肯定。

标准2:促进学生学业进步。在教师需要了解的内容方面,学习是学生能力或理解力持久变化的过程,原有知识经验对学生的学习起着重要作用,将一些关键知识收录到他们的长期记忆中可能有助于学生完成复杂学习行为。但当原有观念的稳定性及清晰性较低时,学生在新知识引入过快的情况下更容易产生新知和旧知的混淆,而无法巩固新知的学习。反之,若教师定期有目的地练习从前教授的内容可以帮助学生记忆所学内容。在学会如何实践方面,首先,为了避免工作记忆负荷可以采取在计划引入新知前考虑学生的原有知识、将复杂学习材料分解成更小的步骤、减少分散注意力的因素等方式。利用小步子原则,按逻辑顺序对学习任务进行分解,并将任务的复杂度保持在最低限度,以便学生将注意力集中在内容上,教学过程中向学生展现部分完成的示例,让学生专注于整体任务中的特定步骤。其次,将学生的原有知识作为基础,诱导学生将已经知道的内容与正在教的内容联系起来。对于接受新知时可能产生的误解,教师要对其进行预判并按先难后易合理安排课程顺序,鼓励学生分享新的理解和困惑。教师需要平衡关键知识和技能的阐述、重复、实践和检索。设计练习、检索信息、生成理解等学习任务,以及教师提供充足的支持可以增加学习材料被掌握的可能性。

标准3:展示良好的科目和课程知识。在教师需要了解的内容方面,在所教学科领域拥有丰富扎实的知识基础有助于教师的有效教学以及启迪学生开展批判性思考。学习新知前带领学生回顾旧知,如基本概念和知识,有助于建立学生的信心并帮助他们取得成功。提前预测特定学科中通常会被学生错误理解的概念也是教学设计中的重要方面,教师可以与经验丰富的同事密切合作,向他们了解学生们可能产生的误解。在学会如何实践方面,通过确定学科的基本概念、知识、技能和原则,并积累一系列插图、示例或同事编制的共享教学资源等方式,教师可提供一个精心安排的、连贯的课程。教师若要支持学生建立更为复杂的思维模式,需要随着时间的推移,重新审视学科的基本概念,并利用一系列的实例向学生教授关键的概念。使用检索和间隔练习来建立对关键知识的自动记忆,可以发展流畅性。通过将具体的和抽象的例子交织在一起,可帮助学生将知识和技能应用到其他环境中。

标准4:计划和教授结构合理的课程。在教师需要了解的内容方面,建立模型帮助学生理解新的过程和想法。指南、脚手架和实例可以帮助学生运用新的观点。明确地教给学生与学科知识相关的元认知策略,包括如何计划、监测和评估。善用提问,提问是教师必不可少的工具;问题可以用于许多目的,包括检查学生的先前知识、评估理解情况和分解问题。高质量的课堂对话可以支持学生表达关键的观点,巩固理解并扩大他们的词汇量。在学会如何实践方面,通过使用模型、解释和脚手架来计划有效的课程。可以使用抽象概念的具体表述,例如,使用类比、隐喻、例子和反例等利用好论述。可以通过运用专家思维、揭露潜在的陷阱并解释如何避免它们等方式有效地进行建模。可以通过为学生谈话提供脚手架,以增加对话的聚焦和严谨性等方式激发学生的思考并检查他们的理解。

标准5:进行适应性教学。教师最需要做的是了解各学生间的异质性。不仅仅包括学生的学习速度、学生在原有知识和潜在的学习障碍方面的差异,还要对不同的学生提供不同类型的有针对性的支持,尤其是课堂参与度低的学生。同时,一个普遍的误解是认为学生有独特的和可识别的学习风格,这并没有证据支持,而且试图根据学

196

习风格来调整课程是不可能有好处的。有特殊教育需要或残疾的学生可能需要额外的或经过调整的支持;与同事、家庭和学生密切合作,了解学习障碍并确定有效的应对策略是至关重要的。在学会如何实践方面,通过将新内容细致分类和采用形成性评价等方式了解不同学生的需求,并为所有学生提供体验成功的机会,在满足个人需求的同时,不造成不必要的工作负担,同时,提供针对性教学需要对学生进行有效的分组,如更换小组、对所有小组都保持学业高期望等方式。

标准6:准确有效地使用评估。 在了解的内容方面,有效的评估对教学至关重要,它为教师提供了关于学生的理解和需求的信息,并可以帮助教师避免被潜在的误导因素过度影响。在使用任何评估之前,教师应该清楚地了解它将被用来支持的决定,并能证明它的使用。高质量的反馈可以是书面的,也可以是口头的;应该是准确和清晰的,鼓励进一步的努力,并对如何改进提供具体指导。随着时间的推移,反馈应该支持学生监测和调节他们自己的学习。在学会如何实践方面,通过设计与课程目标相联系的形成性评估任务、观察学生在多个评估模式的表现来避免常见的评估误区。通过上课时监测学生的作业,包括检查错误的概念,来检查先前的知识和理解。通过将重点放在学生的具体行动上、与学生分享示范作品、强调关键的细节等方式来提供高质量的反馈。通过与同事合作、确定有效的评分方法和提供反馈的替代方法、使用课上的口头反馈等方式使评分变得可控和有效。

标准7:有效管理行为。 在教师需要了解的内容方面,一个可被预知且令人安心的教学环境对所有学生都有利,尤其是有特殊教育需要的学生。自我调节情绪的能力影响到学生的学习能力、学术成功和未来的生活。教师可以通过确保所有的学生都有机会体验到有意义的成功,来增强学生的抗压能力和对他们成功的信念。当学生相信他们的感受会被考虑和理解时,师生间建立有效的关系就更容易。学生对学习的投入也是由他们以前的经验和对成功与失败的看法所驱动。在学会如何实践方面,教师可以通过给予可行的、具体的和有顺序的指示,为学生营造一个积极的、可预测的和安全的环境。根据学校的规章制度,建立和明确教学常规,在学年开始时练习常规和强化常规等路径建立有效的教学常规和期望。与家长、监护人和同事联系,建立相互信任的关系。通过支持学生掌握具有挑战性的内容、为学生提供机会阐明他们的长期目标、帮助学生内化外在的激励等方式激励学生。

标准8:履行更广泛的专业责任。 在教师需要了解的内容方面,有效的专业发展是长期持续的,涉及专家支持或辅导以及合作的机会。在有经验的同事的反馈和观察、专业辩论和从教育研究中学习的支持下，反思性实践也可能促进提高。教师可以通过各种方式为学校生活做出有价值的贡献，包括支持和发展与同事的有效专业关系。参与高质量的专业发展可以帮助教师进步。在学会如何实践方面，教师可通过参与更广泛的网络来提高教学和学科知识能力。在一个开放和信任的工作环境中，向导师和其他同事寻求挑战、反馈和批评。同时，可通过批判性地参与研究并与同事讨论等方式来促进教师的专业发展。使教师积极主动地与家长和监护人沟通，与特殊教育需要和对残疾实践守则和其他支持有额外需求的学生的专业人员密切合作，在上课前与教学助理明确预期的课程成果等方式来建立有效的工作关系。通过使用个性化的系统和程序来支持有效的时间和任务管理，了解获得专业支持的权利，早期职业教师要与同事合作，分担计划和准备工作的负担，并利用共享资源等方式来应对工作压力并提高身心健康。

六、启示

第二次世界大战后至今，英国教师教育政策发生了三次转折：教师培养规模紧缩与机构重组；教师教育课程与培养体系更新；合格教师资格标准的制定与实施。[①] 英国教师《早期职业框架》的研制与颁布彰显了英国对教师发展标准的结构性改革。《早期职业框架》体现了英国教师教育政策发展的渐进性和延续性，凸显了英国追求教师发展过程中高标准与高质量的统一。英国教育部认为，正如医生和律师等其他备受尊敬的职业一样，教师在职业生涯初期需要系统的、有力的专业支持，其主要维度包括教育教学活动中所需要的一系列关键知识、技能和工作品质，以助力他们顺利从职前教师发展为合格的在职教师，顺利踏上成为教学专家的道路。可见，英国教师《早期职业框架》既是早期教师专业发展的"指南针"，也是教师职业生涯发展的重要理论基础之一。

目前，在中小学教师早期职业发展的顶层设计方面，我国还未出台相应的政策文件。因此，系统审视英国教师《早期职业框架》出台的背景、研制过程、目标、标准、内容及其实施保障，对促进我国教师早期职业发展具有重要的理论与实践启示。新时代为了构建高质量教师教育体系，我国政府相继出台了《关于全面深化新时代教师队伍建设改革的意见》和《教师教育振兴行动计划（2018—2022 年）》等纲领性政策文件，这为

---

① 赵敏.二战后英国教师职前教育政策的三次转折与启发[J].现代教育管理,2021(2):94—101.

振兴教师教育,不断提升教师专业素质能力提供了重要保障。在具体的实施过程中,我国还需要在上述政策文件的基础上,进一步细化中小学教师队伍在不同职业阶段的发展特点与专业需求。教育研究与管理人员,应在比较借鉴的基础上,以科学研究与实证调研为路径,研制适合我国教师早期职业发展阶段的标准与框架,并充分发挥其对初任教师专业发展的指导作用。由此观之,英国教师《早期职业框架》对我国新入职教师的专业发展具有四个方面的启示。

第一,明确教师早期职业发展的多重维度与方向。教师的职业发展活动是一项涉及多重因素的多维"高能实践"活动。英国教师教育学者埃文斯认为教师专业发展包括智力、行为和态度,并且这三大要素之间互相依赖和影响。[①] 从此观点出发,教师专业发展中比较重要的维度包括:教师期待、学生学习规律、学科知识、适应性教学、教学评估、行为管理等。荷兰知名教师教育学者科萨根认为教师专业发展涵盖了认知、情绪和行为等理性思维与无意识行为,具有多重本质与多元层次。[②]《早期职业框架》的设计充分考虑了教师教学实践活动中的一系列关键行为,包括掌握学生的学习规律,具备充分的学科教学知识,可开展适应性教学与教学评估等。因此,在制定我国教师早期职业发展阶段标准与框架时,需要充分考虑上述各个维度,保障教师专业发展的全面性与系统性。

第二,夯实教师早期职业发展的重要学理与实践基础。教师的职业发展虽然依赖教师不断积累的实践经验,但是为了超越经验的片面性与主观性,在制定教师《早期职业框架》时,需要充分利用心理学、社会学、学习科学、教育技术与管理学等学科的相关研究成果。在"设定高期望值"栏目中,专家和学者运用心理学的研究,引导学生传达对所有学生学术潜力的信念;在促进学生学业进步维度中,借鉴了学习科学中关于避免工作记忆过载,将学生先前的知识作为基础和增加学习材料记忆的有效性等研究成果来提供教师职业发展中的学理与实践基础。教师早期职业发展的理论基础同时应保持开放性,随着研究成果的不断发展,教师早期职业发展标准与框架也应不断完善。

第三,科学厘定教师早期职业发展的标准与内容。英国《早期职业框架》在阐释教师早期职业发展的八个关键领域时,不仅详细阐释了教师应具体"了解"的信息,还解

① 祝刚.重构教师专业发展的多维性:专业性、专业主义与专业发展——与曼彻斯特大学琳达·埃文斯教授的深度对话[J].西北师大学报(社科版),2021,58(4):49—63.
② 祝刚,王语婷,韩敬柳,等.如何认识教师专业学习的多重本质与多元层次——与世界知名教育学者弗雷德·科萨根教授的对话[J].现代远程教育研究,2021,33(3):32—43.

释了教师应该"如何做"的内容,即平衡了事实性知识与程序性知识,以此希望教师达到教学中的"知行合一"。例如标准3"展示良好的科目和课程知识",不仅向教师阐释了何谓可靠的学科知识,而且引导教师如何向学生提供一个精心安排的、连贯的课程,支持学生建立复杂的心智模式,并帮助学生将知识和技能迁移应用到其他环境中。据此,我国教师早期职业发展的标准与内容,应紧密围绕初任教师专业实践能力的发展提升,在充分考虑初任教师职业特点的基础上(如适应性教学、家校沟通等),系统融合教师所必备的关键知识、核心技能与专业态度。

第四,多重措施来保障教师早期职业发展标准与框架的有效实施。英国在实施《早期职业框架》时,教育部通过与教师工会、教师培训提供者、校长协会和大学教育研究人员等核心利益相关者形成最大合力,来保障教师早期职业发展标准与框架的有效实施。专家学者团队在倾听上述核心利益相关者的基础上,保障了框架的完整性。英国教育捐赠基金会对该框架进行了独立评估,以保障该框架的严谨性与可执行性。教育部协同其他组织与协会,通过特许教学学院以及有效的教师培训等措施,明确了早期教师发展的可行路径。《早期职业框架》的实施强调发挥教学学校与导师在早期职业教师专业发展中的促进作用,它体现了英国进一步深化"实践导向"、追求卓越的教师专业发展路径。[①] 受此启发,我国可在教师发展时间、资金、制度安排、人员配备、教育督导、专业第三方评估等方面着手,采取多种有效保障措施,来促进初任教师的专业实践能力提升。

第七节 后疫情时代如何提升教师的在线教学能力

随着大规模在线教学成为"停课不停学"期间教师工作的"新常态",国际组织、教育技术研究者与实践者从不同的理论视角、实践模式与教学策略来提升后疫情时代教师的在线教学能力。

2020年初暴发的新冠疫情,作为数十年来全球范围内暴发的传播速度最快、波及全球人口最多、规模最大的全球性突发公共卫生事件之一,对全球教师的日常教学带来了重大挑战,也对世界范围内教师教育的改革与发展带来了深远的影响。据联合国教科文组织统计,截至2020年4月中旬,为应对此次全球肆虐的新冠疫情,几乎每个

---

① 缪学超,易红郡.20世纪80年代以来英国入职教师培养的政策理念[J].比较教育研究,2016,38(4):85—92.

国家都在全国范围内关闭了学校和其他教育机构,全球90%以上、超过15.7亿的在校学生在学习时间与质量方面遭受到巨大的损失。同时,联合国教科文组织估计,仅此次疫情就影响了至少6300万名中小学教师的教学与生活。此外,常规教师教育的中断也影响了师范院校职前教师的正常学习进度,有可能在未来加剧全球合格教师人才培养短缺的现象。

受此次疫情的影响,教师面临疫情所带来的"新角色"挑战。以色列教育学者德维和沙茨-奥本海默将新教师在此次疫情中面临的挑战分为四类:个人情感,教学方法,生态、系统和组织,技术知识。特别是随着大规模应急在线教学的兴起,教师难以及时、灵活运用新的教育技术,难以适应数字化和远程教学方式。随着大规模在线教学成为"停课不停学"期间教师工作的"新常态",国际组织、教育技术研究者与实践者从不同的理论视角、实践模式与教学策略来提升后疫情时代教师的在线教学能力。

首先,在国际组织层面,联合国教科文组织提出了一系列确保教师安全与专业发展的总体原则和指南,其中包括机构间紧急教育网络(Inter-Agency Network for Education in Emergencies)最低教育标准。机构间紧急教育网络最低教育标准是根据世界各地成千上万的教育利益相关方的经验制定的,为危机期间和危机后教师如何教学提供了宝贵的指导意见。具体而言,最低标准为教师和其他教职人员的教学提供指导,也确保在危机和复苏期间为学生、教师和社区的参与、健康、安全和福祉提供指导。同时,联合国教科文组织为教师提供了一系列开放式教育资源、大规模开放式在线课程、公共电视台和无线电所的远程支持以及虚拟校园等各种形式的远程学习。联合国教科文组织认为支持教师的自发行动和实践社群有助于教师有效应对此次疫情,例如通过流动式指导和辅导活动(Mobile Coaching and Mentoring)来互相提供专业和社会心理支持。世界银行的专家研究发现通过使用自适应计算机辅助补救程序(Adaptive Computer-aided Remediation Program),可以防止新冠疫情导致的学生辍学问题。

其次,在研究层面,国外学者运用"教学存在感"(teaching presence)这一核心概念来提升教师的在线教学能力。"教学存在感"是"社会存在感"在教育领域的延伸,是指学生感知到教师对其学习的全面指导和持续关注。国外学者认为有效的线上教学需要平衡三个领域的"存在感",即教学存在感、认知存在感与社会存在感(表4-7)。正确处理好三个"存在感"之间的关系,有利于构建情境化、个性化、高效和融合的网络教学环境。同时,平衡三个领域的"存在感"有利于创设更加有效的"远程学习生态系统"(Remote Learning Ecological System)。我国疫情期间的在线教学存在着对"互联网+"教育认识错位、在线教学创新理论指导匮乏、在线教学的条件保障不足、政策机制有待完善等亟待解决的问题。受"教学存在感"这一概念的启发,我们应该进一步提升教师的在线教学设计能力和信息素养,特别是要加强教师在线教学过程中的"认知存在感"和"社会存在感",使教师由"应急线上教学"有效过渡到"系统线上教学",从而使教师的在线教学具有系统性、规范性、创新性与可操作性。

表 4-7 线上教学需要平衡的三个领域的"存在感"

类别	内　　涵
教学存在感	指设计和实施有效的网上教学环节,比如准确的教学方法、相关和真实情境的作业、适当的工具和技术。教学呈现主要包括教学方式、学习设计和教学指导。
认知存在感	指教育者通过干预促进学生建构意义,通过联系理论框架,引导学生提出问题来进行批判性反思和模拟反思性思考。认知呈现包括具体经验、情境化、概念化和行动发展。
社会存在感	指教师和学习者互动、合作和建立关系,以提升学生学习满意度的能力。社会呈现主要包括归属感、凝聚力、社交存在的最佳水平、互动性和参与性。

再次,在实践层面,国外学者认为弹性教学(flexible teaching)和主动学习(active learning)将成为后疫情时代教师在线教学的新实践样态。以弹性教学时空和多元教学方法为主要特征的弹性教学和以个性化培养为主要目标的主动学习也可视作后疫情时代教师在线教学能力培养的重要突破口。弹性教学的关键要素包括:弹性流动的时间安排、灵活变化的学习地点、多元重构的学习内容、多样创新的教学方法和多维兼容的学习评价。与之相关的辅助要素包括:恰当的学习资源、便捷的学习空间、灵活的技术应用、有力的学习支持和互助的学习伙伴。主动学习是以促进学生进行有意义的学习活动为主要目标的一系列掌握式教学活动。主动学习包含自我计划、自我监控和自我评价三个基本要素。以美国阿灵顿独立学区在 2018 年提出的主动学习圈(Active Learning Cycle)为例,主动学习的过程包括激励、承诺、获得、应用、展示五个步骤。

为了促进弹性教学和主动学习,教师的专业角色与素养随之将产生革命性变化。关于教师的专业角色,教师不仅要成为学生学习过程的引导者、学生学习的评估者、学习情境的创设者和学习动力的激发者,更要成为学生主体性发展的交流者、学习资源的开发者和个性成长的培植者。在教师的专业素养方面,教师需要具备更深层次与更全面的专业素养，主要包括课程开发素养、教学环境设计素养、学科整合素养和信息技术运用素养等。这些多元的专业角色与素养为弹性教学和主动学习的开展提供有力保障。

最后，在教师专业发展的需求层面，我们需要关注后疫情时代教师专业发展中的多元诉求。教师在此次疫情中承担了多重角色，他们需要扩展相应的专业能力。因此，教师专业发展的内涵与外延都扩大了。教师的专业发展内容不再局限于常规性的知识与技能，如教学设计、教学实施与评价和班级管理等常规性、一般性技能。在线教学能力是一项包含教师劳动、心理调节、家校沟通等技能的综合性能力。后疫情时代全面提高教师的在线教学能力，我们需要培养教师的社会情感学习、韧性、接受学生心理咨询、与家长沟通等综合能力。同时，教师不仅仅是在线教学的工具，更是一个个具有不同专业与发展需求的独特个体存在。因此，我国后疫情时代教师教育改革需要更加关注教师的社会情感等多样化专业发展需求，如教师在线教学过程中的压力与冲突化解等。"新常态"下的教师在线教学能力发展，不仅需要各种课程教学资源和专业辅导，更需要关注教师的心理健康、平衡性与韧性等心理素质的培养。

后疫情时代为我们大规模开展"线上"与"线下"相协调的教师专业发展模式带来了绝佳的契机。教师专业发展的时间与空间都得到了扩展，发展的方式更加灵活多样。因此，我国要实现教师发展方式的个性化与多样化协调发展，融合"线上"与"线下"教师发展模块。同时，此次全球疫情需要重组教师教育课程体系，增加教师个性化教学、远程教学与混合教学技能的培养。

在后疫情时代教师教育课程要注重发展如下内容：教育游戏与学习环境、计算机支持的协作学习、移动学习、翻转课堂教学、逆向课程设计与评价和追求理解的教学设计。此外，在线教学需要对标中国学生发展核心素养与各个学科核心素养，使得以大概念、大理解和大技能为特色的核心素养有机贯穿于提升教师在线教学能力的教师教育课程体系中。鼓励不同阶段的教师从真实的教学问题出发，从核心素养的视角来提升在线教学能力。最后，后疫情时代的教师教育改革，我们需要更加支持师徒指导和新教师专业身份的发展。高龄教师与新入职教师应当加强在线教学专业发展方面的合作，以促进教师高效在线教学专业共同体的构建为载体，共同提升在线教学的效能感。

第五章　中国本土教师教育的实践探索

第一节　新时代建设高质量教育体系应具备的十大思维

党的二十大概括了中国式现代化的内涵与本质特征,即从我国社会主义初级阶段人口规模巨大这一国情出发,以共同富裕为目标,坚持人类、自然、社会的协调发展,主张与世界不同国家的包容性、和平发展。教育作为党之大者、国之大者,是实现新时代我国高质量发展的重要战略布局。党的二十大报告将"实施科教兴国战略,强化现代化建设人才支撑"作为单独章节予以重点阐述,强调"教育、科技、人才是全面建设社会主义现代化国家的基础性、战略性支撑"。在"十四五"时期,实现中国式教育现代化的重要使命是建设高质量教育体系。可见,教育是我国实现中国式现代化的重要基础与战略支撑。"十四五"时期,我国更加突出教育、科技、人才之间的协同发展。

《中华人民共和国国民经济和社会发展第十四个五年规划和2035年远景目标纲要》提出了"建设高质量教育体系"的目标要求。实现中国式教育现代化的重要路径之一便是建设高质量教育体系。而建设高质量教育体系是一项长期、复杂、综合的工程,也是一项惠及众多人口、涉及社会多方面改革、战略意义重大的系统工程。马克思讲,批判的武器当然不能代替武器的批判,物质力量只能用物质力量来摧毁;但是理论一经掌握群众,也会变成物质力量。伟大的事业,需要伟大的精神来引领。新时代建设高质量教育体系,需要我们具备不同的思维品质。

恩格斯曾经指出:"一个民族要想站在科学的最高峰,就一刻也不能没有理论思维。"习近平总书记在纪念马克思诞辰200周年大会上的讲话中也明确地提出:"中华民族要实现伟大复兴,也同样一刻不能没有理论思维。"在新时代建设高质量教育体系的征程中,我们需要具备政治思维、战略思维、历史思维、全局思维、协同思维、发展思维、辩证思维、比较思维、调查思维和反思思维十种类型的思维。这十种类型的思维为新时代我国建设高质量教育体系提供了重要参考借鉴。只有具备了这些不同的高层次思维品质,我们才能在百年未有之大变局和两个一百年的历史交汇点上,找准中国教育现代化的历史发展方位,从而走出一条独具中国特色的教育发展道路。

政治思维 教育事业在党的二十大报告中占有举足轻重的地位。2021年,习近平总书记在福建视察讲话时指出了"高质量发展"的含义,即"体现新发展理念的发展就是高质量发展"。在"两个一百年"奋斗目标的历史交汇点上,我们要深刻领会新时代建设高质量教育体系对于中华民族伟大复兴、民生福祉和综合国力提升的重大政治意义。建设教育强国是中华民族伟大复兴的奠基工程,是满足人民美好生活需要的内在要求,是提升我国综合国力和国际影响力的必由路径。树立政治思维,需要我们贯彻落实习近平总书记关于教育的一系列重要论述和全国教育大会的精神,增强"四个意识"、坚定"四个自信"、做到"两个维护",以"四有"好教师的标准,做到"四个相统一",全面贯彻落实党在新时代的各项教育方针和政策。

战略思维 新时代,我国教育领域主要矛盾转化为人民日益增长的教育需求与教育发展不平衡不充分之间的矛盾。为此,党的二十大报告首次把教育、科技、人才进行"三位一体"统筹安排,将建设高质量教育体系纳入中国式现代化的总体布局和顶层设计中,擘画了新时代教育改革发展的宏伟蓝图。正如广大专家学者所意识到的,建设高质量教育体系,需要具备"大教育观"战略思维,即核心在质量,焦点在提升,重点在体系,投入经费和教师队伍建设是保障。同时,落实立德树人是根本任务,党的领导是根本保证,各级各类学校主动作为是关键,教育评价改革则是主要路径,营造良好社会环境是重要保障。战略思维也需要重点进行四个领域的创新,即教育体制改革、教育机制创新、教育治理体系和治理能力现代化以及教育评价制度改革。

历史思维 我党提出建设高质量教育体系的任务,顺应历史潮流与发展趋势,是我党在第二个百年奋斗历程中的重要战略部署。回顾历史可以发现,从中华人民共和国成立之初到现在,只有我党是全心全意代表人民根本利益的政党。在每个历史紧要关头,我党倾听人民的呼声,从广大人民群众的根本利益出发,紧紧围绕"为谁培养人""培养什么样的人""如何培养人"这一教育的根本问题,不断满足人民群众对教育的获得感、满足感与幸福感。在新时代,我党从中华民族伟大复兴战略全局和世界百年未有之大变局出发,以实现中国式现代化为初心和使命,对建设教育强国和创新型国家做出了战略部署。这充分体现了我党"人民至上"和"共建共治共享"的崭新发展理念。

全局思维 高质量教育体系包括基础教育体系、高等教育体系、职业教育体系、特殊教育体系、成人教育体系等。因此，需要我们树立全局观，不断顺应新发展格局、新发展理念与新发展方式的要求，做到全国上下一盘棋，紧紧把握高质量教育体系建设过程中的热点、难点与痛点问题。用全局思维审视高质量教育体系建设，需要以全过程、全质量方式审视教育体系的各方面、各要素、各环节、各领域、各层级，且与经济社会领域其他相关体系耦合互动。全局思维也体现为一种全面的教育生态观，充分认识到党委和政府、学校、家庭、社会等都是这一生态体系中的关键要素，这些要素相互联系和制约，有机构成了"教育生态"这一整体。

协同思维 高质量教育体系包含宏观、中观与微观三个层次。从宏观层面看，建设高质量教育体系要协同把握多重关系，如教育体制与教育政策的协同关系、教育投入与产出的协同关系、教育改革效率与均衡的协同关系、教育近期目标与长远目标的协同关系、教育改革动力与支撑的关系等。从中观层面看，高质量教育体系建设要处理好教育发展指标与达成度、学校布局调整与资源合理配置、教师队伍建设与人口布局匹配等方面的协同关系。从微观层面看，高质量教育体系建设要促进教师教学理念与学科核心素养、学校发展理念与全面育人理念、校园文化与学生身心发展特点等方面的协同发展。

发展思维 发展思维需要我们用发展的眼光来审视教育中的问题，做到跳出教育看教育，从而给教育事业的发展开良方。著名教育家顾明远先生在《中国教育路在何方》一书中指出，单纯就教育论教育并不能完全化解我国教育中的各种问题，我国诸多教育问题的症状来自经济与社会发展中的问题，如城乡发展不均衡、社会就业难与价值观功利化等问题。只有运用发展的思维，不断解决这些社会问题，我们的教育系统才会变得更加健全。发展的思维意味着我们要用发展的眼光来解决我们的社会问题。同样的，我们也要用发展的精神来解决教育系统中的沉疴弊病，实现以社会的良好发展来带动教育的质量提升。

辩证思维 从社会不同系统看，高质量教育体系要协同处理好经济建设、政治稳定、社会进步与生态友好之间的辩证关系。经济建设提供物质基础、政治建设提供教育发展方向、社会进步提供教育前进的动力、生态文明则是教育发展的环境基础。党的二十大报告强调，"教育、科技、人才是全面建设社会主义现代化国家的基础性、战略性支撑"。这一重要论断体现了教育、科技与人才之间发展的辩证思维，强调通过解决

"卡脖子"的科技问题、提升人才自主培养的质量，来破解高质量教育体系建设过程中的困境。辩证思维对于"双减"时代的教育改革也非常重要。我们需要通过赋权增能和提质增效的方式，在做好学生学习时间、学习负担方面的"减法"的同时，做好学校质量方面的"加法"。

比较思维　从国际视野看，建设高质量教育体系是众多发达国家在 21 世纪的战略选择，其显著特征便是作为高阶能力的 21 世纪技能运动在欧美发达国家如火如荼地开展。美国、英国、德国、法国与日本等国家都将教育公平、质量、创新作为其改革的核心目标。联合国教科文组织在 2020 年 11 月 24 日发布了《学会融入世界：为了未来生存的教育》的报告，描绘了 2050 年及以后全球教育发展的宏伟蓝图。该报告认为人类社会正在加速陷入自工业革命以来所不断形成的生态危机，呼吁全球教育系统不断反思人与生态系统的关系，将"生态正义""可持续发展"与"世界主义"纳入全球教育发展框架中。到 2050 年，人类教育的整体发展目标将从"人文主义"转变为"生态正义"。他山之石，可以攻玉。我国正处于两次现代化叠加的时代，正从人力资源大国向人力资源强国迈进，需要将以创新能力、批判能力、沟通能力与合作能力作为主要内容的高阶能力作为建设高质量教育体系的重要目标。同时，借鉴发达国家在教育技术、知识创新、产学研转化方面的先进经验，为我国建设高质量教育体系提供有益镜鉴。

调查思维　毛泽东在《反对本本主义》一文中提出，没有调查，没有发言权。建设高质量教育体系，不是闭门造车的过程，而是需要我们不断调查我国经济、社会、文化等领域的动态发展状态。首先，建设高质量教育体系需要各类智库提供具有重大决策咨询价值的政策专报，精准把脉我国教育体系建设过程中可能存在的堵点与盲点，为解决这些问题开出良方，提供切实可行的解决路径。其次，调查思维要求我国在建设高质量教育体系的过程中，根据生育政策、城镇化与人口流动、空间分布、教师供需均衡及质量保障、教育经费需求、城乡学校布局规划及入学机会配置等来合理调整各级各类教育资源的配置。调查思维可以杜绝"拍脑袋"的决策，让各类方针政策更加精准有效。

反思思维　美国著名哲学家、教育家杜威认为反思思维是人类独有的思维品质。反思思维要求我国在建设高质量教育体系的过程中，要让教育体系变得更加公平、全纳、以人为本。反思思维可有力批判长期弥漫在我国教育体系中的"功利化""短视化""庸俗化"等不良倾向，使得教育发展中的"工具理性价值"转变为"价值理性价值"，将"人的全面发展"作为教育发展的价值追求与目标，而不仅仅是工具和手段。2023 年 3

月 19 日,中共中央办公厅印发《关于在全党大兴调查研究的工作方案》,强调扎实细致的调查研究,可以让我们更加准确洞悉我国发展面临的新的战略机遇、新的战略任务、新的战略阶段、新的战略要求与新的战略环境。调查研究也是反思思维的重要基础。反思思维也意味着我们需要避免陷入"穿新鞋,走老路"的困境,比如我国部分学校存在"素质教育喊得轰轰烈烈应试教育做得扎扎实实"这样的怪状。反思思维也意味着教师、家长和社会需要重新审视 ChatGPT 等人工智能对教育所带来的冲击与挑战,重申教育的人文主义精神,重构新的教师观、知识观与教学观。

第二节　以中国式现代化引领我国一流教师教育体系建设

党的二十大概括了中国式现代化的内涵与特色,即从我国人口规模巨大这一国情出发,以共同富裕为目标,坚持人类、自然、社会的协调发展,主张包容性和平发展。中国式现代化不仅彰显了欧美现代化的共同特征,更有基于自身国情的中国特色,贡献了中国道路与智慧。现代化不仅包括物质—技术的现代化和文化—制度体系的现代化,更指的是人的现代化。美国著名学者英格尔斯认为,现代化的本质是人的现代化,即在心理、思想和行动方式上实现由"传统人"到"现代人"的转变。人的现代化是实现国家现代化的必不可少的因素。它并不是现代化过程结束后的副产品,而是现代化制度和经济赖以长期发展并取得成功的先决条件。作为一种后发性、内生型现代化,中国式现代化体现了历史逻辑、理论逻辑、实践逻辑、价值逻辑和全球逻辑的辩证统一,也体现了合目的性与合规律性的统一,推动了构建人类命运共同体,贡献了新的人类文明形态。

如何实现中国式现代化? 党的二十大报告将"实施科教兴国战略,强化现代化建设人才支撑"作为单独章节予以重点阐述,强调"教育、科技、人才是全面建设社会主义现代化国家的基础性、战略性支撑"。可见,中国式现代化是教育先行的现代化,教育强国是中国式现代化的重要支撑力量。中国式现代化则为中国教育现代化提供了战略指引方向。面对百年未有之大变局,我们需要以中国式教育现代化开启中华民族伟大复兴的新征程。而在推进中国式教育现代化的新征程中,教师作为教育发展的第一资源,在建设高质量教育体系中发挥着基础性、先导性、牵引性作用。可以研判,中国式现代化需要惠及全体人民的高质量教育体系来支撑,而高质量教育体系需要一流的教师教育体系来保障。

从中国式教育现代化的视角来看,一流教师教育体系是实现人口规模巨大的中国式现代化的重要手段。从共同富裕的视角来看,一流教师教育体系是实现全体人民共同富裕的中国式现代化的基本途径。从人的全面发展的视角来看,一流教师教育体系是实现人的现代化的关键举措。随着我国教育发展从硬件建设向内涵建设不断深化,从体制机制向能力素质迈进,对教师的要求越来越高。一流教师教育体系是国家进入高质量发展阶段,建设高质量教育体系的核心任务。面对知识经济与工业 4.0 时代的挑战,各国都将打造"一流教师教育体系"作为其教育改革的优先战略事项。而在新时代的征程中,中国式现代化引领我国一流教师教育体系建设也愈加刻不容缓。

整体而言,教师教育体系是教师教育机构及确保这些机构顺利运转的制度的统一体。从不同的角度看,教师教育体系有不同的组成部分,如布局结构、管理体制、运行方式、职前培养、职后培训等;教师思想政治建设体系、师德师风建设体系和业务能力建设体系。目前,我国教师教育体系存在一些亟需解决的问题:大学教师教育布局结构失衡、硕士以上学历教师数量严重不足、师范生培养院校的师范性减弱、地方教师培训机构功能弱化、教师教育一体化缺乏统筹设计等。比照中国式现代化的建设目标,我国教师教育体系存在支持投入、素质能力、薪酬待遇、体制机制、评价激励与均衡发展等方面的短板。因此,建设一流教师教育体系,需要我们坚持全局、协同的观念,以中国式现代化为根本指针,不断引领我国教师教育体系真正迈向现代化、专业化、高端化、融合化和协同化。具体的发展路径,包括以下四个方面。

第一,打好新时代教师队伍建设的思想之基。师德师风建设在教师专业工作中居核心地位,是评价教师队伍素质的第一标准,也是筑牢教师思想之基的主渠道。在新时代,习近平总书记关于"'四有'好老师""四个引路人""四个相统一"等方面的重要论述,是加强新时代师范生师德建设的根本指南。习近平总书记从师道观、认识论、修养论、方法论四个方面提出了新时代的"新师说",为师德师风工作建设指明了前进方向。百年未有之大变局、"两个一百年"奋斗目标等新时代背景决定了新时代师德师风建设必须要树立"管总""管长"的战略性目标,着眼"长远"而非着眼"一时"、立足"稳定"而非立足"变动"。因此,需要构建培养心怀国之大者的"大先生"的师德培养与考评长效机制,将师德师风作为师范专业认证和师范生教师职业能力的首要标准,切实提高师德师风建设的针对性与实效性。

第二,优化升级教师培养体系、教师教育课程体系与专业发展体系。围绕《中学教育专业师范生教师职业能力标准(试行)》等教师专业标准,在落实立德树人这一根本任务的前提下,通过创新教师教育模式,将师范生的师德践行能力、教学实践能力、综合育人能力和自主发展能力进行高位有机整合,加强教师职前与职后的一体化发展。在教师教育课程体系建设方面,以"核心实践""学科教学法知识"和"教师实践性知识"等来重组教师教育课程体系,注重教师创新性实践教学能力的提升。同时,将中华优秀传统文化、乡土文化等融入教师教育课程体系中去,构建以培养具有顶天立地、现代中国气质为价值取向的本土教师教育课程体系。针对在职教师的专业发展,注重通过变革教研组织和职称制度体系,以专业学习共同体、名师工作室、实践共同体等方式,通过内涵式发展,提升教师的自主发展能力与核心素养。以"下得去、留得住、教得好"为方向,进一步推动乡村教师供给侧改革。

第三,在一流教师教育组织体系建设方面,《关于全面深化新时代教师队伍建设改革的意见》《教师教育振兴行动计划(2018—2022年)》和《新时代基础教育强师计划》等重要政策文件都提出了要构建以师范院校为主体、高水平综合大学参与、教师发展机构为纽带、优质中小学为实践基地的开放、协同、联动的现代教师教育体系。但是在实践探索中,一些师范院校面临着"去师范化"的窘境,教师教育学科被边缘化,高水平综合大学参与教师教育的政策、机制、保障与文化建设不顺畅,教师发展机构缺乏创新意识与活力,优质中小学尚未建立与大学的有效合作机制。为了解决上述问题,我国应坚持"新师范"的发展理念,在处理阶段性与长期性、共性与个性、效率与公平等关系的过程中,通过国家卓越教师培养计划和师范教育协同提质计划,建立多元自治的教师教育协作共同体,不断完善政府、大学、中小学与教师发展机构之间的常规化合作机制,释放上述不同机构在教师教育领域的组织效能,发挥协作间的最大优势。

第四,加强一流教师教育体系文化建设。一流教师教育体系文化表征为重视教育的公益性与奠基性。法兰克福学派社会批判理论学者哈特穆特·罗萨认为,现代社会是一个"加速"的社会,体现在科技加速、社会变迁加速与生活节奏加速。导致加速的因素包括竞争、文化动力以及加速的循环。罗萨分析道,加速社会会带来空间异化、行动异化、时间异化与自我异化。加速社会所产生的异化也波及教师教育领域。不可否认,以教育市场化和管理主义为特征的新自由主义教育改革策略目前在全球范围内占据主导优势,这在一定程度上诱发了教师教育的异化。为了抵制新自由主义教育改革过程中对"效率""问责"和"结果"的过分倚重,需要重申教师教育的公益性、公平性与奠基性,自觉抵制目前教育系统中所滋生蔓长的绩效主义、市场主义、追求短平快等不良"五唯"风气的影响。在守正创新的格局下,秉持教师教育的价值理性,坚持为党育人、为国育才,弘扬我国修齐治平、崇德向善、内圣外王等优良教师教育传统。

在被誉为教育的"圣杯"——《可见的学习》一书中,国际知名教育学者约翰·哈蒂通过实证研究,发现教师是在学校内对学生的学业成就影响最大的因素。在建设公平、高质量教育体系的新征程中,教师作为高品质教育供给核心微观主体的价值不断凸显,教师队伍的结构与素质影响着教育领域供给侧改革的纵深发展,成为撬动中国教育进一步改革的重要杠杆。正如国际知名教育改革专家迈克尔·富兰所说,教师教育虽然存在诸多问题,但它往往是解决各种教育与社会问题的最佳药方。因此,以培养高素质专业化创新型教师队伍为核心任务的一流教师教育体系建设,是实现中国式现代化的关键所在和应有之义。

第三节　乡村振兴背景下新生代乡村教师专业化发展路径

从人口学与社会学等学科视野看,新生代乡村教师在城镇化进程中存在身份建构冲突与专业发展困境。目前新生代乡村教师的专业学习内驱力不足,"被培训"发展模式与其真正内在的专业需求相脱节,导致其专业学习具有被动性、碎片化、浅层性、离土性等特征。科萨根将教师专业学习的层次分为教师专业学习1.0、2.0和3.0。教师专业学习3.0是一个包含认知、情绪、行为的复杂专业实践,确认教师作为复杂能动学习者的角色,主张教师专业学习是认知、身体与环境交互作用的产物,以践行的专业主义与意义导向学习,重构新教师专业发展的多重维度和社会文化环境、学校环境与个人发展状态之间的多重关系。教师专业学习3.0是一个不断培植新生代乡村教师专业能动性,促进其专业身份不断建构的循环改进的整合性实践活动。在乡村振兴的背景下,可以从政策长效保障、学校组织文化建设与创新教师专业学习活动方式等路径,助力新生代乡村教师迈向教师专业学习3.0。

一、新生代乡村教师群体肖像素描

近年来,在深入贯彻《国家乡村振兴战略规划(2018—2022年)》的过程中,我国通过公费师范生计划、乡村教师定向培养计划和特岗教师培养计划等大型教师培养计划,不断扩大乡村教师队伍的多元供给。近年来,我国小学专任教师队伍中20世纪80年代以后出生、40岁以下的新生代教师总数已达3 359 693人,占到全国小学专任教师总数的55.2%,这一数据在乡村地区已高达79.44%。目前,新生代乡村教师已成为我国乡村教育的主力军。[1] 新生代乡村教师是 20 世纪 90 年代之后出生的乡村教师，他们在农村乡镇或乡镇以下学校任教，主要指公办学校的正式教师（含待入编的"特岗教师"）。[2]

随着城乡一体化的不断发展，我国农村社会已经从传统的"全耕社会"演变为"半耕社会"，新生代乡村教师成为我国改革开放以来第一代完成离土、离乡、离农的乡村教师群体。从不同的学科视野来看，新生代乡村教师具有不同的群体肖像特征。从人口学的视角来看，新生代乡村教师普遍具有如下特征：第一，大多数乡村教师于 1990 年以后出生，超过 80% 的新生代乡村教师来自农村，多数生于农村而具有"脱农"的时代气息，大多数都有留守和流动儿童的经历。第二，就其受教育经历而言，大多数乡村教师就读于收费并轨高等院校。如果就读师范类院校，也是我国师范教育由三级改为二级培养制度培养出来的。第三，绝大多数新生代乡村教师是近十年来教师招聘机制变革后进入教师岗位的，他们大多经历了"生于农村—外出求学—回乡工作"的职业发展轨迹，是我国历史上平均学历最高的一代乡村教师。[3]

从社会学视野看，身份的"城市化"与"中间人"特征：首先，新生代乡村教师的成长、迁徙、就学、就业经历相遇，形成特有的"城市化"特质，其次，新生代乡村教师表现出疏离乡村、趋向城市的"中间人"态度和行为。[4] 因此，新生代乡村教师呈现出矛盾的时代境遇，即乡村社会的"异乡人"和"脱根人"和乡土文化的"陌路人"和"边缘人"。[5] 带着鲜明的时代基因，新生代乡村教师的专业发展呈现出多重问题：乡土情怀缺失、难以融入乡土文化、教师专业身份模糊、离职意向较高、存在职业倦怠等问题。[6]

二、新生代乡村教师专业发展困境

不同的学科视角分析发现，新生代乡村教师的家庭成长经历、师范教育培养与专

① 姚岩，郑新蓉. 走向文化自觉：新生代乡村教师的离农化困境及其应对[J]. 中小学管理，2019(2)：12—15.
② 郑新蓉，王成龙，佟彤. 我国新生代乡村教师城市化特征研究[J]. 河北师范大学学报（教育科学版），2016，18(3)：70—77.
③ 黄俊官. 乡村教师"去乡村化"情结及其化解[J]. 当代教育科学，2020(11)：31—36.
④ 童宏亮，吴云鹏. 新生代乡村教师身份认同的"惑"与"不惑"——基于帕特南的社会资本理论视角[J]. 教师教育研究，2022(1)：7—12.
⑤ 刘超洋，李孔珍. 基于对话理论的新生代乡村教师与乡村关系的重构[J]. 当代教育科学，2018(12)：4.
⑥ 肖正德，谢计. 新生代乡村教师之乡村"局内人"文化身份建构——基于地方性知识教学的视角[J]. 中国教育学刊，2021(11)：6.

业发展活动使得他们具有较高的使命感与专业身份认同感。众多新生代乡村教师坚信教育改变命运,认可教师在学生成长中的地位不可替代。因此,他们具有较高的专业能动性。但是在日常的教学实践中,新生代乡村教师所秉承的教育观念、价值观与乡村教育存在隔阂甚至冲突,典型的有以学生为中心、探究式教学模式与教师中心与机械训练教学模式之间的冲突。

此外,乡村学校所呈现出的等级化、行政化社会组织结构与权力关系与他们所期待的扁平化、民主式与参与式组织结构相违背。乡村学校中出现的校长一言堂、论资排辈现象,在一定程度上会阻碍新生代乡村教师的创新性想法与教育实践,从而制约了他们的专业学习。① 最后,新生代乡村教师认为物质资源与精神奖励的匮乏限制了他们的"身份工作"(identity-work),他们的工作缺乏认可与鼓励。大部分新生代乡村教师认为他们的近期目标是完成常规性教学工作,但对长期目标则缺乏明确的规划,缺乏长期扎根乡村教育的韧性心理,具有一定的"离土性"心态。② 研究发现,目前新生代乡村教师的专业学习内驱力不足,"被培训"发展模式与其真正内在的专业需求相脱节,致使新生代乡村教师存在应付心理。③

由于乡村学校有限的工作与发展环境,新生代乡村教师的专业发展不充分,具有盲目性、被动性与碎片化的特征,他们所学的专业知识和技能与他们所要承担的乡村教育使命存在割裂的现象。新生代乡村教师面临着回乡信念缺失、乡土知识匮乏以及内生能力弱化等诸多现实实践困境。目前,我国不少中西部的乡村学校中仍然存在大量"强制性""灌输性""去情境化"教师培训现象,所开展的一系列活动没有触及新生代乡村教师的内在专业需求,经常使得新生代乡村教师处于"被培训"的尴尬窘境。④ 教师专业学习没有走向"校本",而是流于形式与浅表。不少新生代乡村教师在日常教学实践与专业发展活动中存在无心学习、应付性学习、浅表性学习与短期功利性学习等问题。⑤

同时,新生代乡村教师所秉承的教育观念、价值观与乡土文化和乡村教育存在隔

① 吴云鹏.乡村振兴视野下乡村教师专业发展的困境与突围[J].华南师范大学学报(社会科学版),2021(1):10.
② 吴亮奎.乡村教师专业发展的矛盾、特质及其社会支持体系构建[J].教育发展研究,2015(24):47—52.
③ 黄晓茜,程良宏.教师学习力:乡村教师专业发展的重要驱力[J].全球教育展望,2020,49(7):62—71.
④ 吴云鹏.乡村振兴视野下乡村教师专业发展的困境与突围[J].华南师范大学学报(社会科学版),2021(1):10.
⑤ 唐松林.重新发现乡村教师[M].长沙:中南大学出版社,2013:1—68.

阂甚至冲突,他们会出现群体性的迷茫、挣扎与无助等精神危机。由于新生代乡村教师的"向城性"心理特征,即希望在城市学校工作并在城市生活,他们不仅没有积极承担起乡土文化传承与重建的"新乡贤"角色,而且具有离职与流失的倾向。繁杂的日常教学管理工作,加上缺乏有效的专业学习指导,新生代乡村教师在乡村教育发展的过程中,存在乡土情怀缺失、教师身份模糊、职业倦怠等问题,沦为了乡村社会的"异乡人"和"脱根人"、乡土文化的"陌路人"和"边缘人"。①

《乡村教师支持计划(2015—2020 年)》将提高乡村教师专业发展的质量作为解决乡村教育和社会问题的重要突破口。乡村教师专业学习是乡村教师专业发展的重要路径和抓手。据调查,我国乡村教师在专业学习的机会、质量与层次等方面与城市教师仍然存在较大差距。新生代乡村教师专业学习模式仍以传统的集中式培训为主,未能深入触及他们扎根乡村教育的崇高使命与光荣责任。② 因此,我们亟需变革新生代乡村教师专业学习的类型与层次,以服务于乡村教师的长远专业发展。

三、从专业学习 1.0 到 3.0:教师专业成长的应然进路

第二次世界大战后,国际上教师教育发展主要研究议题经历了四重转向(图 5 - 1)。这四重转向体现了研究沿着从"外部环境"到"内在特质"的理论,逐渐打开教师专业发展内在机理这一"黑箱"。在 21 世纪,国际教师教育发展呈现出明显的政策、问责、研究、实践与公平价值取向。③ 以往以市场、标准化考试、自上而下的问责、教师绩效评价为杠杆的教育改革模式,出现了众多弊端。④⑤ 受芬兰、新加坡与加拿大安大略省等所建立的以优质、公平、创新、全纳为特征的高质量教育体系的影响,全球教育改革已经逐渐步入"第四条改革道路"。⑥

当今世界不少国家大学本位的教师专业学习存在理论与实践割裂、教师教育课程与教学临床实践脱轨、模式单一僵化、缺乏情境性与发展一致性等诸多弊端,造成了费

① 童宏亮,吴云鹏. 新生代乡村教师身份认同的"惑"与"不惑"——基于帕特南的社会资本理论视角[J]. 教师教育研究,2022(1):7—12.
② 黄晓茜,程良宏. 教师学习力:乡村教师专业发展的重要驱力[J]. 全球教育展望,2020,49(7):62—71.
③ 祝刚,章晶晶. 国际教师教育发展的五大转向[N]. 中国教育报. 2021 - 6 - 24.
④ HARGREAVES A, SHIRLEY D L. The global fourth way: The quest for educational excellence [M]. Thousand Oaks, CA: Corwin Press, 2012:1 - 37.
⑤ 祝刚,李丹杨,李玉娟. 新自由主义背景下欧美国家教师教育改革研究[J]. 教育评论,2020(6):144—152.
⑥ 祝刚,丹尼斯·舍利. "第四条道路"关照下的教育领导变革与教师专业发展:理论进路与实践样态[J]. 华东师范大学学报(教育科学版),2022(2):55—64.

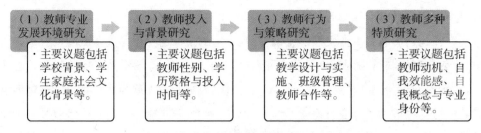

图 5-1 国际教师教育发展主要研究议题转向

曼-奈姆瑟(Feiman-Nemser)和布赫曼(Buchmann)所指出的"两个世界的陷阱"(Two-world Pitfall),即理论逻辑与实践逻辑迥异,导致教师在实际教学工作环境中所用非所学,无法有效贯通理论知识与实践经验。[①] 美国教育学者布里茨曼(Britzman)发现长久以来教师教育中存在"经验碎片化"与"经验神秘化"的弊端,教师个体的知识、经验与教学环境无法得到有效的统整。她进而认为"学会教学"的过程,是一个教师专业身份形成和转变的过程,它不仅意味着教师不断审视"自己正在做什么",还意味着教师构想"自己可以成为谁"这一身份建构过程。[②] 同时,目前教师专业发展中的工具理性与技术理性膨胀,过于注重证据、数据、概念和理论的摄入,而忽视经验、反思与情绪的考量,教师的个人经验与专业经验最终被割裂开来,忽视了教师专业发展中的主体性和能动性。[③]

为了弥合理论与实践之间的鸿沟,围绕"人—理论—实践"之间的多重复杂张力,荷兰知名教师教育学者弗雷德·科萨根提出了"现实主义教师教育模式",他认为教师专业学习是一个包含认知、情绪、行为的复杂专业实践过程。现实主义教师专业学习模式注重从现实教学情境中遇到的真实且重要的问题出发,通过系统地反思、展示专业学习行为、使专业学习行为显性化、合法化、专业学习一致性等原则,来促进教师的深度意义学习。[④] 因此,教师专业学习具有多重本质与多元层次。为了促进教师意义导向的学习和深思熟虑的实践,科萨根提出了运用促进核心反思的"洋葱模型"(Onion

① FEIMAN-NEMSER S, BUCHMANN M. Pitfalls of experience in teacher preparation [J]. Teachers College Record, 1985,87(1):53—65.
② BRITZMAN D P. Practice makes practice: A critical study of learning to teach [M]. Albany, NY: SUNY Press, 2012:1—36.
③ 祝刚,李玉娟,韩敬柳,等. 教师专业发展:专业身份建构与专业知识学习——杜韦·贝加德教授专访 [J]. 教师发展研究,2021,5(2):55—64.
④ 祝刚,王语婷,韩敬柳,等. 如何认识教师专业学习的多重本质与多元层次——与世界知名教育学者弗雷德·科萨根教授的对话[J]. 现代远程教育研究,2021,33(3):32—43.

model)来阐释教师专业学习的不同层次。

在他构建的教师专业发展洋葱模型中,教师的使命与身份是处于教师发展的核心层,而教学环境与行为则处在外围层面。相比于教学环境与教学策略等各种外在因素,教师专业身份这一核心特质更能预测与影响教师专业发展与实践状况。教师专业学习的过程也成为了专业身份学习(identity learning)的过程。[①] 科萨根将教师专业学习的层次分为教师专业学习 1.0、2.0 和 3.0。在后疫情时代,伴随人工智能、大数据与深度学习的纵深发展,新生代乡村教师的专业学习需要从之前的 1.0、2.0 升级为 3.0。

科萨根认为教师专业学习 1.0 需要教师先掌握学科教学法知识等事实性和程序性知识,然后将这些教育学、心理学和不同学科专家所生产的普适性的、抽象的和客观的学术知识运用到具体的教学情境中,即以理论指引实践为目标,将学术性知识进行实践化表征。这种从理论到实践的路径被称为教师专业学习 1.0。[②] 教师专业学习 1.0 使得不少新生代乡村教师为了掌握抽象理论知识而处于"被培训"的窘境,他们容易对专家生产的"离土性"知识产生依附性,旁落了自己所积累的丰富精神资源与自我发展能动性,从而被边缘化。教师专业学习 1.0 的严重缺陷是未充分考虑教师本身所具有的个体实践性知识。同时,该种专业学习模式也没有承认乡土知识的合法性,过于强调城市文明而没有充分考虑乡村具体的教育情境,因此难以对教师的日常教学行为带来实质性影响。在日常教学实践中,教师专业学习 1.0 遭遇了不少乡村教师的"无视"与"抗拒"。但这种教师专业学习范式仍根深蒂固地存在于不少教师培训的政策与实践中。

科萨根认为教师专业学习 2.0 将实践放在教师专业发展的核心位置,教师教育机构与中小学建立紧密的合作关系,教师专业学习的重点转向工作场所学习。在这种扁平化、跨越边界的专业合作脉络中,大学教师教育者和一线教师之间不断在专业实践共同体中进行对话与实践合作,从而实现了教师的情境化学习,生成了教师的个体实践性知识。[③] 教师专业学习 2.0 认识到了教师学习所具有的缄默性和情境性等特征,使教师不断协商专业发展过程中的多重意义、调整自己的视角与实践方式。教师专业学习 2.0 有利于教师掌握"核心教学实践",即透过教学中浅层的教学行为、策略而达到有关学科

① BEIJAARD D. Teacher learning as identity learning: models, practices, and topics [J]. Teachers and Teaching, 2019,25(1):1-6.
② KORTHAGEN F. Inconvenient truths about teacher learning: Towards professional development 3.0 [J]. Teachers and Teaching, 2017,23(4):387-405.
③ KORTHAGEN F. Inconvenient truths about teacher learning: Towards professional development 3.0 [J]. Teachers and Teaching, 2017,23(4):387-405.

本质、价值观和专业品质的深层与隐式层面。然而，教师专业学习 2.0 虽然实现了"实践"的转折，但其潜藏的一个问题是实践经验难以回溯到相应的理论依据，教师认知、实践与存在互相作用的机制尚不明晰，造成了"人—理论—实践—情境"之间的割裂。

科萨根认为教师专业学习 3.0 从格式塔心理学视角出发，认为教师专业学习是涵盖了认知、情绪和行为等理性思维与直觉、灵感等无意识行为的复杂、动态过程。教师专业学习的实践逻辑起点是教师在现实情境中遇到的真实情况和重要问题，而非抽象的、概念化的学术型知识。围绕从外部环境到内核使命的核心反思同心圆，构成了教师专业发展的"洋葱"模式。在教师专业发展的"洋葱"模式中，教师使命与身份是教师专业发展最内核与最高层次的部分，教师专业学习 3.0 旨在促进教师意义导向的学习和审慎的实践。同时，运用隐喻、图画、个人生活史和叙事等反思工具，教师专业学习 3.0 引导教师将实践中的行动知识（小写 t 理论）转变为系统化和一般性的专家知识（大写 T 理论），从而弥合人、情境、理论与实践之间的鸿沟。[①] 教师专业学习 3.0 具有具身性和整全性的特点，真正把教师视作具有能动性的全人，而非被动的理论接受者，主张教师专业发展是认知、身体与环境交互作用的产物，强调人的身心整全意义上的发展，从而凸显"身心统一"的身心关系特点。

由于教师专业学习与教师能动性、教师专业发展与教师专业身份建构、教学实践等核心领域密切相关，教师如何开展专业学习是国内外学者关注的重要议题。贝加德认为教师学习的过程实质上是教师在不同的教学情境中，通过自身的专业能动性、专业身份不断建构的过程。"身份学习"意味着教师在专业学习的过程中，不仅成为"应用型学习者"，更成为"意义导向型学习者"。[②] 与此类似，教师在不同的教学实践中，通过使用能动性工具（agentic tools）在多个专业情境中来确认和维持自己的身份，从而成为"身份代理人"（identity broker）。这些能动性工具包括：展示情境知识、掌握实践守则，以及在学校中与其他教师建立多重关系，以获得作为新来者的身份合法性。[③] 常见的教师身份学习建构机制有：在与工作环境的互动中定位（position）自我，

① KORTHAGEN F. Inconvenient truths about teacher learning: Towards professional development 3.0 [J]. Teachers and Teaching, 2017, 23(4):387 - 405.
② BEIJAARD D. Teacher learning as identity learning: models, practices, and topics [J]. Teachers and Teaching, 2019, 25(1):1 - 6.
③ COBB D J, HARLOW A, CLARK L. Examining the teacher identity-agency relationship through legitimate peripheral participation: A longitudinal investigation [J]. Asia-Pacific Journal of Teacher Education, 2018, 46(5):495 - 510.

在不同的教育政策与教学实践中进行协商(negotiation)。① 同时,扩展(extension)显示了各种中介教育条件如何提供资源或限制,扩大或缩小教师感知的专业空间。重构(remodelling)传达了中介条件如何根本地改变教师感知的专业空间。②

四、新生代乡村教师的专业成长路径

近三十年来,国际上关于教师专业学习的模式不断涌现出来,典型的有认知学习、路径、复杂性、专业资本、"行动者—网络"与非线性模式等。③④⑤ 这些不同的教师专业学习模式,一方面确认了教师作为复杂的、能动的专业学习者;另一方面,为教师专业学习路径提供了多重可能性。⑥ 无论从应然还是实然的角度,教师专业学习具有多重视角与可行路径。从教师专业学习的视角审视,新生代乡村教师专业学习的困局在于其学习方式上的"技术性""离土性"和"浅层性"⑦,造成了教师专业学习过程中的"内容传递"弊端和"工业模式思维"。⑧ 受限的乡村教育环境无法顾及新生代乡村教师的专业脆弱性与长期教育意愿,造成了新生代乡村教师难以"下得去、留得住、教得好"。⑨ 在乡村振兴的背景下,需要重构新教师专业发展的多维度,即由技术官僚专业主义、专业标准、绩效管理为支撑的规定的和推断的专业主义转变为践行的专业主义。⑩

① QIN B, ZHU G, CHENG C, et al. Leveraging third space amid Chinese and Spanish student teachers' teaching practicums: a transformative learning perspective [J]. Professional Development in Education, 2021:1 - 23.

② HALVORSEN Ø W, EIDE L, ULVIK M. Extension and remodelling of teachers' perceived professional space [J]. Teachers and Teaching, 2019,25(8):1030 - 1042.

③ BOYLAN M, COLDWELL M, MAXWELL B, et al. Rethinking models of professional learning as tools: a conceptual analysis to inform research and practice [J]. Professional development in education, 2018,44(1):120 - 139.

④ STROM K J, VIESCA K M. Towards a complex framework of teacher learning-practice [J]. Professional development in education, 2021,47(2 - 3):209 - 224.

⑤ LIOU Y H, CANRINUS E T. A capital framework for professional learning and practice [J]. International Journal of Educational Research, 2020,100,101527.

⑥ KEAY J K, CARSE N, JESS M. Understanding teachers as complex professional learners [J]. Professional Development in Education, 2019,45(1):125 - 137.

⑦ 龚宝成.乡村教师专业发展困境与疏解:地方性知识的视角[J].课程·教材·教法,2019,39(3):126—130.

⑧ 约翰·洛克伦,祝刚,申亮,等.多维视角下的教师专业发展理论与实践——与莫纳什大学约翰·洛克伦教授的深度对话与反思[J].大学教育科学,2022,2:4 11.

⑨ 祝刚,王语婷,申亮,等.微观政治视角下的教师个人解释框架与专业脆弱性——与比利时鲁汶大学格特·凯尔克特曼教授的对话[J].中国电化教育,2022,2:91—97.

⑩ 祝刚.重构教师专业发展的多维性:专业性、专业主义与专业发展——与曼彻斯特大学琳达·埃文斯教授的深度对话[J].西北师范大学报(社科版),2021,58(4):49—63.

据此,教师专业学习 3.0 使新生代乡村教师重构乡村社会文化环境、学校环境与个人发展状态之间的多重互动关系,成为新生代乡村教师提升专业实践能力的着力点。

从融通乡村教育情境、乡土知识和乡村教师专业发展之间的复杂张力出发,新生代乡村教师的专业学习包含了其个人生活史、教育史、乡土教育情怀、价值观与人生信仰等核心要素,它可以打破新生代乡村教师在算法社会中和大数据时代与乡土母体文化的疏离,阻断知识生产机制中的不对称性、依附性与不平等性,实现乡村教师专业发展中专业性与公共性的统一。[①] 由此可见,教师专业学习 3.0 是一个不断培植新生代乡村教师专业能动性,促进其专业身份不断建构的循环改进的整合性实践活动。教师专业学习 3.0 重新审视理论与实践、时间与空间、线上与线下、理性与情感等关系,探究新生代乡村教师专业学习过程中的意义协商、视角调整与实践重构,不断优化其专业角色和核心素养。深刻把握教师专业学习 3.0 的本质与特点,可以促进教育理论与实践工作者认识到目前新生代乡村教师专业学习中存在的简单化线性思维。

需要注意的是,新生代乡村教师基本都是信息时代的原住民,他们能及时获取并应用各种教学与专业发展的信息。在教师专业学习 3.0 理念的关照下,应将新生代乡村教师视为具有能动性与个体性的复杂学习者,树立整体的教师专业学习观,摒弃传统的专家灌输培训模式,规避针对新生代乡村教师专业学习中的各种"缺陷"心态和"被培训"窘境,使新生代乡村教师的专业学习从外围行为和能力的提升到内在身份和使命的澄明,从而肩负起乡村文化建设与乡土精神传承的使命。[②] 遵循此种专业学习路径,可以解蔽新生代乡村教师专业学习中的错位与缺陷,进而从根本上解决新生代乡村教师"下不去""留不住""教不好"的问题。

同时,教师专业学习 3.0 可以不断提升国培、省培计划和"卓越教师培养计划"等各类教师培训项目中教师专业学习的有效性,是乡村教师专业发展支撑体系建构的重要理据。教师专业学习 3.0 以"赋权增能"和"融合"的视角,正视新生代乡村教师工作环境的特殊性,唤醒新生代乡村教师专业学习的独特性,重构新生代乡村教师发展的多维环境,整合新生代乡村教师发展的资源,从而在后疫情时代更好地落实《中共中央国务院关于全面深化新时代教师队伍建设改革的意见》和《教师教育振兴行动计划(2018—2022 年)》。因此,教师专业学习 3.0 将为后疫情时代的教师发展提供新的理论路标与实践导向。

---

① 唐松林.重新发现乡村教师[M].长沙:中南大学出版社,2013:1—68.
② 程良宏,王媛.论教育改革中教师的"被培训"[J].教育发展研究,2012(8):65—70.

为了促进新生代乡村教师迈向专业学习 3.0,我国首先要在《国家乡村振兴战略规划(2018—2022 年)》和《乡村教师支持计划(2015—2020 年)》的基础上,制定更加注重系统性的政策,形成支持和发展新生代乡村教师的长效机制,保障新生代乡村教师政策的倾斜及适度弹性,以此不断完善新生代乡村教师的各项发展保障与待遇条件。[①] 其次,地方学校要在组织、文化与环境方面,不断为教师创造赋权增能的工作环境,创造性开展更多基于真实需求的乡村教师专业学习项目,以满足其个性化专业学习与发展的需要,彻底改变新生代乡村教师"被培训"的尴尬境地。再次,新生代乡村教师要不断提升其专业能动性,通过"第三空间"、校本教研、知识社群与在线教研共同体等多样教师专业学习活动与方式,迈向教师专业学习 3.0。[②]

第四节 用新策略实现乡村教师教育创新发展

《国家乡村振兴战略规划(2018—2022 年)》提出,"统筹规划布局农村基础教育学校,保障学生就近享有高质量的教育……提升乡村教育质量,实现县域校际资源均衡配置"。《中华人民共和国国民经济和社会发展第十四个五年规划和 2035 年远景目标纲要》提出了针对乡村教育的远景目标,推进基本公共教育均等化、推动义务教育优质均衡发展和城乡一体化;加强乡村教师队伍建设,提高乡村教师素质能力。这为乡村教育改革发展指明了方向。

究竟如何将国家关于乡村教育改革的规划落地? 我们以广西壮族自治区博白县为例,分析、梳理相关答案。作为一个人口大县和教育大县,博白县探索出"振兴教育—振兴经济—振兴博白"的县域乡村教育优质均衡发展之路,创造性开展了"点对点结伴模式"和"陪伴式教研训"等活动。在实现区域乡村教育高质量均衡发展方面,博白县的实践经验蕴含了四重启示。

首先,建构县域乡村教育发展良好生态。实现县域乡村教育优质均衡发展是一项系统工程,而政府、学校、家庭和社会所构成的教育生态系统对乡村教育发展起着支撑与催化作用。从教育生态学的视角出发,博白县通过与广西师范大学教育学部合作,于 2013 年 5 月启动了切实可行的"博白教育振兴行动计划",该项目包括骨干教师培养工程、骨干校长培养工程、教育发展诊断以及特色学校建设工程。通过上述四大工

---

① 石连海,田晓苗.我国乡村教师队伍建设政策的发展与创新[J].教育研究,2018(6):1.
② 祝刚.知识社群:教师专业发展的新路径[J].上海教育,2021(6):66—67.

程,博白县对遴选出的 100 位骨干校长和 500 位骨干教师进行集中研修,充分发挥这些骨干校长、教师在建设县域教育良好生态中的带头示范作用,同时将这些优质教育资源不断辐射到相对薄弱的地区,为县域教育发展"强筋固体"。这些骨干校长和教师也是建设优质教育生态系统的突破口,对特色学校建设工程发挥了长久的推动作用。

其次,教师的专业发展路径从"外输型"转为"内生型"。教育的生机活力源自教师的生机活力,教师的生存状态决定教育体系的生存状态。专家团队在诊断博白县乡村教师与校长队伍发展"病理"的基础上,对症下药,努力改变乡村教师与校长专业发展的困境。他们实施了"点对点结伴模式"和"陪伴式教研训",促进乡村教师学生共同成长,实现城乡教师一体化发展。博白县注重培养区域本土专家团队,在尊重乡村教师和校长乡土知识情境性与合法性的基础上,圆融教师、校长的专业生活与个人生活,拓宽其长足发展的路径,培养具有浓厚乡土情怀、扎根贡献乡村教育的教师和校长。

再次,构建双线多级主体联动机制,实现城乡教育协同发展。有专家研究发现,广西这样的西部民族地区城乡教育联动协同机制不通,乡村学校课堂教学改革动力匮乏;乡村教师团队同质扁平发展,课堂教学目标模糊质量提升滞缓;学科教师不全,乡村学生综合素质发展遭遇瓶颈。针对上述问题,博白县构建双线多级主体联动机制:协同"教育厅—市教育局—县教育局"三级行政力量,统合"师范高校—基地学校—实验学校"三类学校系统,探索与拓展"高校专家—城市名师—乡村教师"三大主体功能。同时,本土名师团队深入开展工作坊,实施线上线下混合研修、送教下乡、结对帮扶等协同专业活动。在此基础上,博白县通过专业制度支持、专业价值支持和专业文化支持来实现城乡教育联动协同发展。

最后,通过优化育人环境和彰显学校特色文化来实现区域教育高质量均衡化发展。博白县通过改善办学条件、突破发展瓶颈、提高学额巩固率,引发了部分学生从县城转学到乡镇读书的"回流潮"。在学校特色文化建设方面,博白县所遴选的 37 所"样本校"发挥榜样带头作用,实现从学前教育到高中阶段教育的全学段覆盖,有效引领全县特色学校创建。育人环境和学校特色文化建设,可以发挥文化"润物细无声"的作用,进而构建"文化内生型"发展路径,发挥良好乡村教育文化在育人、文明与发展中绵延不断的推动力量。博白县"文化内生型"教育发展模式体现了乡村教育的自然性、本土性、开发性、融合性和自治性特点,通过本土化发展和差异化发展,致力于建设有品质、有质量的乡村教育系统。

博白经验启示我们,完全可以借智借力、结合实际探寻乡村教育发展的突破口与着力点,开创乡村教育优质均衡发展的新局面。

第五节　构建基于师范生职业能力标准的教师培养体系

《中学教育专业师范生教师职业能力标准(试行)》适应我国"新师范"发展的时代定位与路径选择,在落实立德树人这一根本任务的前提下,将师范生的师德践行能力、教学实践能力、综合育人能力和自主发展能力进行高位有机整合。

2021年4月,教育部印发了《中学教育专业师范生教师职业能力标准(试行)》等五个文件(以下简称《能力标准》)。《能力标准》的出台,旨在进一步加强师范类专业分类建设与特色发展,建立明确的师范生教育教学能力过程考核制度,推动师范院校和从事教师教育的各级各类机构将国家中小学教师资格考试标准和大纲融入师范生的日常教学、学业考试和相关培训中,提高师范类专业人才培养质量,从供给侧改革这一重要源头上不断提升师范生教书育人的能力水平。

《能力标准》适应我国"新师范"发展的时代定位与路径选择,在落实立德树人这一根本任务的前提下,将师范生的师德践行能力、教学实践能力、综合育人能力和自主发展能力进行高位有机整合。目前,我国职前教师教育存在如下问题:中央和地方师范大学等教师培养机构没有有效整合各类教师教育资源;职前教师培养模式仍比较落后和单一;教师培养的内容过于注重书本知识,未能转化为各种能力;乡村教师职前培养针对性不强,从教意愿不够坚定等。

针对上述问题,《能力标准》将改变我国长久以来盛行的"教育、心理+学科课程"这一落后、拼盘式的师范生培养模式,为我国建设高素质专业化创新型教师队伍按下加速键。同时,《能力标准》的出台是落实习近平总书记关于教师教育和教师队伍建设重要论述的创新举措,有利于在理论和实践相统一的基础上,把握教师教育的多元学科属性与多重治理逻辑,从而在师道观、认识论、修养论和方法论的层面上,全面加强新时代教师教育体系建设。

首先,《能力标准》着眼于新时代教师培养目标,围绕"四有"好教师的培养目标,平衡好师范生的师德涵养、实践能力与终身发展,突出与教育现代化相匹配的教书育人能力和素质的提升。其次,《能力标准》有利于做好分类指导与过程性督导。依据中学、小学、幼儿园、职业教育、特殊教育五类师范生不同的教育教学核心能力进行分类指导与培养,突出专业特色与多元的能力结构。再次,《能力标准》与《教育类研究生和公费师范生免试认定中小学教师资格改革实施方案》（以下简称《免试认定改革方案》）进行更加有效的衔接，促使师范院校将"一践行，三学会"（践行师德，学会教学、学会育人、学会发展）的能力框架融入中小学教师资格考试标准和考试大纲等，从而促进师范生教育教学能力的发展。

《能力标准》分别明确了中学教育、小学教育、学前教育、中等职业教育和特殊教育专业师范生教师职业基本能力。即师德践行能力、教学实践能力、综合育人能力和自主发展能力。师德践行能力包括遵守师德规范、涵养教育情怀两方面，强调知行合一，从知、情、意、行等方面引导师范生贯彻党的教育方针，努力成为以德施教、以德立身的"四有"好老师，做到"四个相统一"，当好"四个引路人"。教学实践能力（其中学前教育专业为保育和教育实践能力），主要从掌握专业知识、学会教学设计、实施课程教学（学前教育专业为开展环境创设和游戏活动、实施教育活动）等方面，对师范生教育教学实践所需的基本能力提出了细化要求。综合育人能力主要从开展班级指导、实施课程育人、组织活动育人等方面强调教育"育人为本"的本质要求，落实立德树人根本任务。自主发展能力从注重专业成长、反思实践、主动交流合作等方面，突出教师终身学习、自主发展，以及在专业学习共同体中不断提升专业水平的意识和能力。

为进一步推动落实《能力标准》，我国应尽快构建基于师范生职业能力标准的职前教师教育体系。主要着力点包括：学习借鉴发达国家师范生职业能力培养的实践与政策经验；完善师范生教育教学能力考核制度，加强师范生培养的过程性考核，完善师范生培养质量保障体系等。

第一，借鉴发达国家在师范生能力标准建设方面的实践与政策经验。欧美发达国家职前教师培养已经从传统的知识与技能本位转为能力本位培养模式。他们在师范生职业能力研制开发、框架、督导评价、协同培养、保障体系完善等方面积累了丰富的经验，这些创新性实践模式与政策体系，为我国进一步完善、落实《能力标准》提供了重要参考价值。如美国国家专业教学标准委员会在 2016 年更新了教学标准，目前包括五项核心技能素养：致力于学生的有效学习；扎实的学科知识和教学法知识；有效管理学生及其学习进展；系统地审视自己的实践并从经验中学习；成为学习社区的积极成员。同时，澳大利亚的教师专业标准在专业知识、专业实践与专业参与方面，对教师进行了明确的规定并探索出了丰富的督导评价体系。

第二，完善师范生教育教学能力培养制度。在顶层设计层面，建立国家级师范生教育教学能力专家咨询委员会，制定适用于中学、小学、幼儿园、职业教育、特殊教育五类师范生教育教学能力的培养方案。在中观层面,师范院校和教师教育机构构建师范生师德践行能力、教学实践能力、综合育人能力和自主发展能力方面的培养指标体系,从育人性、科学性与可行性的角度,研发灵活、开放的培养方式,并完善适时更新与反馈机制。在微观层面,开发师范生教育教学能力考核的丰富课程资源,引导师范院校教师教育者、教育科研工作者与师范生充分利用上述课程资源。

第三,加强师范生培养的过程性考核。为了改变对师范生进行传统纸笔评价和总结性评价的不足,我国一方面可以采取表现性评价、真实性评价等情境性评价任务,给师范生展现教育教学能力发展的多重平台。同时,通过多年收集师范生的专业发展资料,并用电子档案袋进行收集、整理,从开始培养到毕业这一过程,及时检测师范生教育教学能力发展的动态表现,并及时给予个性化、针对性反馈。再次,师范院校加强教师教育课程、微格教学、教学见习、顶岗实习、海外研修、参与课题、行动研究等教学实践环节,拓展师范生教育教学能力发展的多重实践路径。

第四,完善师范生培养质量保障体系。为了完善师范生培养质量保障体系,可以联合省(市)教育学院、教师进修学校、教育评估院和第三方教育专业评估机构,充分发挥我国三级教研体系的专业指导与诊断作用,在与师范院校教师教育者通力合作的基础上,打造师范生职业能力发展与提升的"第三空间",弥合师范生职业能力发展中理论与实践的鸿沟。同时,省(市)政府教育督导室(委员会)等,发挥常态化督导评价的职能,及时诊断师范生职业能力培养过程中的显现与潜在问题,提出切实可行的治理方案与对策,不断优化基于师范生职业能力标准的职前教师教育体系。

第六节　青年教师在集体备课中专业发展的"精气神"

集体备课制度是我国在探索校本化教师学习过程中所积累的宝贵财富。集体备课采取以老带新、以强带弱的集体式专业发展方式,通过"教—学—评"之间的一致发展,提升教学的质量。在长久以来的实践中,广大中小学教师群策群力,形成了形式多样化的集体备课模式。如四川开江中学实验学校所形成的集体备课"五步走"模式:精细备课研初案—深入交流共研讨—集思广益成共案—注重实践传个案—加强反思促教学。集体备课"五步走"模式集思广益、博采众长,着力打造高效课堂,进一步提高了广大教师的课程实施能力和教学技能水平,成为了全面提升课堂教学质量的重要抓手。

毋庸置疑,集体备课制度对提升教师的技能与水平具有多重促进作用。作为教师合作探究的一种形式,集体备课对于发挥教师的集体智慧,明确教学的重难点、最大限度地优化教学结构、减少教学中的失误具有重要作用。然而在现实中,集体备课制度也遭遇了诸多困境。如集体备课形式大于内容,零敲碎打多于系统深入的探究。同时,集体备课后的教学反思力度不够,教师难以平衡教学中的共性与个性发展等。近年来,集体备课制度成为了某些教师眼中的"鸡肋"。关于集体备课制度的存废问题,一度甚嚣尘上。

　　在核心素养课程改革的背景下,集体备课为青年教师的创新专业发展提供了重要的载体。《义务教育课程方案和课程标准(2022年版)》强调学科核心素养,推进以"学科实践"为标志的育人方式的变革。在当下的学科育人实践中,"学科实践"将逐渐取代之前的"活动""自主、合作、探究"等教学方式,引导学生从"基本知识学习"向"核心素养生成"转变。同时,随着"五育融合"教育理念的不断深入,集体备课制度将实现从"机械拼盘式"到"融合创生式"转变,助力教师从"浅层教学研究"向"深层教学研究"迈进。可见,在当下及未来的教育发展中,高质量、有效的集体备课需要转型发展,以减少中小学教师集体备课过程中普遍存在的各种问题和误区,充分发挥集体备课的"助推器"作用。具体而言,青年教师参加集体备课应突出"精""气""神",把握集体备课的科学性与艺术性、实现集体备课的形神兼备。

一、集体备课的"精"

　　从医学的角度看,人体中的"精"指构成人体健康生命活动所需要的各类各层次元素。在教育的视角下,集体备课的"精"指的是青年教师参与集体备课这一集体专业发展活动中所应遵循的规律与要求,以奠定专业发展的基础能力。集体备课可以看作是教师集体学习的一种方式。荷兰教育学者罗德斯(Lodders)认为,教师的集体学习意味着教师之间互相协作并有意识地形成共享成果的学习过程。教师集体学习的维度包括:知识、技能、态度和学习能力等。在具体的备课实践中,教师通过分析课程内容的重难点、教学结构、优先顺序、教材、学情、教法等,可打破传统教学实践中的"孤立主义"与"个人主义"教师文化,引导教师之间实现知识、经验与智慧的共享。

　　在日常的备课活动中,"精"是集体备课的生命源泉。没有"精"的集体备课活动,也就失去了生命活力与实践价值。近年来,集体备课之所以为广大教师所诟病,很重要的原因在于众多教师没有从教学活动自身的规律出发,充分厘清集体备课所蕴含的重要组成部分。为了提高教师集体学习的质量，罗德斯认为教师集体学习有四个核心元素：探究性对话、共同愿景、集体行动以及评估和反思。与此类似，完整的集体备课活动也应包含上述四个部分。探究性对话意味着教师在集体备课的过程中，采用基于开放问题的专业学习方法，分享有关教育实践和经验的信息。通过对共享信息进行批判性分析，促进彼此之间的深度学习。

共同愿景是教师群体对他们集体备课过程中希望共同发展和构建内容之间所形成的共同理解。通过对"为什么"和"如何做"等问题的持续关注，共同愿景支持教师在集体备课中构建适切的教学方法，真正实现学科育人的价值。集体行动意味着教师在集体备课过程中围绕共同的目标、理解与承诺，通过团队协作的方式来进行教学实践。评估和反思即教师在后续的集体备课活动中，对先前的认识、实践与经验进行"行动中"与"行动后"的反思，从多个角度考虑教学过程中需要进一步优化的环节，为之后的发展提供新的生长点。

二、集体备课的"气"

从医学的角度看，人体中的"气"指原始的气态精华能量，是维持人体生命活动的最基本物质。与此类似，教师作为从事教育教学活动的专业人员，教师的"气"指的是教师的"适应性专长"。"适应性专长"是近年来国内外研究教师专业学习的新视角，是透视教师创新发展的重要路径。教师"适应性专长"也被称为教师的"适应性能力""适应性倾向"。"适应性专长"体现为教师对概念的深度理解、在新情境中的适应性改变、学习、创建新知的能力，以及元认知的行为。常规性专长让教师主要做一些重复性、循规蹈矩的工作，容易让教师陷入"穿新鞋，走老路"的陷阱。当下集体备课缺乏活力，失去应有效果的重要原因，在于在日常的教学研讨活动中，过于依赖教师的常规性专长，没有充分调动教师的适应性专长。

适应性专长是教师不断成长的重要能量，是教师集体备课过程中，不满足于仅仅运用已有的常规知识和经验来解决教学中的问题，超越已有的知识和经验来发明新的教学方法，努力在常规与创新之间不断寻找动态的平衡点。为了提升教师集体备课中的"气"，教师需要在集体备课的过程中培植相应的适应性专长，根据不同的课堂教学任务、教学情境与教学期待，游刃有余地发展自己的灵活教学技能。通俗来讲，适应性专长让教师不仅要有"一桶水"，更要成为"自来人"。这样教师在面对挑战性的、创新性的、有意义的问题解决的过程中，不断拓展他们应对新问题和新情境的知识与能力。

适应性专长让教师的集体备课"元气满满"。

三、集体备课的"神"

从医学的角度看,人体中的"神"指人体中心所主的神志,即人的精神、意识和思维活动。中医学强调形神合一,形与神俱,就是指形与神是人体不可分离的统一整体。对教师而言,教师的"神"意味着教师在集体备课活动中所形成的个性化、特色化发展样态。教学有法,教无定法。集体备课固然有其固有的过程与规律,但是集体备课也不能陷入"千人一面"的同质化发展困境。近年来,集体备课之所以陷入"可有可无"的困境,就是因为集体备课过于注重共性层面的追求,缺乏个性特征与鲜活的生命力,没有给教师的自主、个性化发展提供广阔的空间。青年教师由于具备不同的个性特征、教学理念与教学专长,理应根据集体备课的内容,在遵循教学规律的基础上,形成特色化发展路径。如某些青年教师乐于尝试创新教学模式,可以在集体备课的过程中,尝试翻转课堂教学、逆向教学设计与基于深度理解的教学模式等。这样,集体备课也为教师的个性化发展提供了广阔的空间。

同时,集体备课的"神"也意味着教师在集体备课的过程中,在探讨的话题范围方面,要紧扣教师在课堂教学中关切的"真问题",切忌"假大空"的问题。在新冠疫情下,青年教师在集体备课过程中所探讨的专题包括:打造有温度的云上班集体、基于线上课堂观察数据下的教学调整、基于思维发展型课堂下的学习问题链设计、线上教学中开展思维可视化、习惯显性化的研究、分层作业下的线上指导策略的研究、线上综合主题活动与项目化学习的实施、学生线上学习行为适应的指导与评价。上海民办彭浦实验小学所探讨的集体备课专题,不仅适应当下混合型教学的发展态势,更是教师在日常教学实践中所关注的真实问题。这些鲜活的问题,一方面打破了不少教师集体备课活动中暮气沉沉、人云亦云的局面;另一方面,让教师有话说、说真话,给集体备课带来了众多实践智慧,提供了源头活水。

第七节　以名师工作室联动促进教师专业发展

通过共建中小学名师名校长工作室,着力培养高素质专业化创新型教师队伍成为许多区域的共同选择。上海市另辟蹊径,由闵行区、普陀区与奉贤区联合探索"跨区联动名师工作室"的新模式,助推教师专业成长向纵深发展。跨区联动名师工作室以闵行区第三中学的生命科学名师工作室为主要载体,生命科学名师工作室主持人构建"命题—上课—听评课—论文"循环式的培训机制,逐步形成以专家指导与学员自研相结合、理论学习与实践研究相结合、专题突破与全面提高相结合的培养模式。

同时,跨区联动名师工作室在学、思、研的基础上,通过不断进行跨区域交流、优势互补,让工作室成员向着学习型、研究型、专家型教师的方向迈进。工作室的具体培训方式体现了"四抓"——抓思想作风,抓理论学习,抓核心素养和学科素养的提升,抓教学与考试研究。作为区域教师专业发展的创新实践模式,跨区联动名师工作室有以下四个特征:

一是进行跨边界学习。跨区联动名师工作室中来自不同区域、学校与年级的教师之间形成了不同的学习边界。此外,教研员、高校专家的加入,使工作室中的教师有更多跨越边界学习的机会。在工作室活动过程中,通过共通的知识领域、共同关注的主题,参加跨区联动名师工作室的成员可以通过观摩、参与式学习、听评课等活动,了解并掌握新的教学理念。同时,工作室成员也可以在工作室主持人与教研员的互动中,不断反思与转变自己的课堂教学设计理念与教学方式。

通过与来自不同组织背景的专业人员的交流学习,教师可以进行不同类型的跨边界学习,不断完善自己的知识结构与储备。如在工作室中,通过专家和主持人进行"在课堂教学中如何培养关键能力"和"基于核心素养的深度学习与评价"等专题讲座,教师相应地进行磨课、构建模型与精准教学等,不同领域的知识在不同边界间不断流动,教师学习更加多元化并具有针对性。

二是组建教师专业学习共同体。跨区联动名师工作室体现了扁平化、民主化、协作式的管理机制。在整个工作室的活动中,行政权力让位于课程与教学方面的专业领导力;融合了教师的个性、特色发展与集体、合作式发展路径;将教师的长远发展愿景与短期发展目标相融通,注重通过阶段性目标的达成促进教师的长远发展。跨区联动名师工作室通过发展教师素养为本的单元设计、真实情境的深度学习和线上线下的混合学习,促进教师核心素养目标的达成。

三是重构教师专业身份。在跨区联动名师工作室中,参与活动教师的专业身份经历了"回归""拓展"和"超越"三种转换。"回归"指教师的身份由真正的教育者转变为"学习者"。在跨区联动名师工作室中,教师秉持终身学习的理念,通过集体备课、磨课、上课、听评课等活动,不断学习来自不同名师和优秀同行的先进教育理念,不断更新自己的学科知识与课堂教学模式。"拓展"指教师在跨区联动名师工作室中,通过对各种教师专业活动进行诊断、改进、反思、总结与优化,不断开拓教师专业发展的新领域,提升专业学习的层次。"超越"是在"回归"与"拓展"的基础上,通过多种路径的教学活动,实现向教育家型教师的身份跨越。

四是教师知识的网络共享。知识共享是作为知识的拥有者和知识需求者的教师在专业发展的共同追求上,通过各种交换形式和传播途径,与其他教师进行知识分享的动态过程。在上海市跨区联动名师工作室中,工作室主持人和教研员将他们丰富的学科教学方法分享给有成长需求的教师。从本质上而言,教师的知识共享是网络上的一种社会行动。而跨区联动名师工作室所具备的学习型、研究型、创新型组织特征,变传统的讲授、说教为体验、互动,让知识共享成为可能。相比于单一的、缺乏联动的名师工作室,上海市跨区联动名师工作室所进行的教育实践创新,可以不断重组不同区域、组织间的优质教育资源,在促进不同区域教师专业发展的同时,为区域教育优质均衡探索出一条新路。

第八节 "双减"政策背景下教师的应为、可为与敢为

2021年7月24日,中共中央办公厅、国务院办公厅印发《关于进一步减轻义务教育阶段学生作业负担和校外培训负担的意见》(即"双减"政策,以下简称《意见》)。《意见》是新时代我国重建良好教育生态、建设人民满意、高质公平教育体系的里程碑式教育政策文件。《意见》的重要出发点是通过治理校外教育培训机构和学生学业负担过重这两大顽瘴痼疾,来践行学校立德树人根本任务,回归教育本质。面对上述两类关键问题,教师之"为"就显得尤为重要,它是保障《意见》落地生根的关键环节。其中,"双减"政策背景下教师的应为、可为与敢为可谓是重中之重。

首先,在"应为"层面,教师应该树立学校教育主体和课堂教学主渠道"双主"意识。目前,部分学校存在着短视化、应试化与功利化的不良倾向。此次出台的《意见》希望通过整治各类校外教育培训机构这一"治标"措施,来实现校内校外双向治理这一"治本"效果,摆脱"校内减负、校外增负"的因徒困境,特别是强化学校教育主体和课堂教学主渠道作用。因此,不断提升校内教育教学质量是"双减"政策的核心和关键举措。为了助力教师树立"双主"意识,围绕学校与课堂这两大主阵地提升教师课堂教学设计、实施与测评等素养必不可少。在后疫情时代,"空中课堂"、慕课、数字化作业设计、"互联网+教研"等可被视作教师"应为"的重要方向。

其次,在"可为"层面,"双减"政策背景下教师的"可为"主要体现为积极参与中小学生作业、睡眠、手机、读物、体质五个方面的管理。"五项管理"看似小事,其实与学生身体健康、全面发展密切相关,也是教师"可为"的重要内容。具体而言,教师不仅要科学合理设计学生的作业,还要积极协同社区与家长,开展学生课后服务,进一步落实家校共育的协同育人观念。此外,"双减"政策对我国目前存在的不良教育现象进行"拨乱反正",也激发了不少中小学教师的教育活力与热情。在"双减"改革背景下,上海市有些学校的教师积极探索项目化学习、跨学科学习等一系列创新性教学实践并取得了一定成效,家长用于子女校外教育的支出与焦虑情绪得以缓解,"鸡娃"与"教育内卷"怪相也得以矫正。这充分说明了"双减"政策背景下教师可以改变应试、短视、功利的教学理念,以"五项管理"和创新教学这些小切口来推动教育大改革。

最后,在"敢为"层面,"双减"政策背景下教师的"敢为"主要体现为全面改革学生评价机制。针对我国以往教育评价中的"五唯"问题,新时代我国教育评价改革提出了强化过程性评价,探索增值性评价,完善综合性评价,决心改变机械的、单一的、结果性评价体系。"敢为"意味着教师要敢啃教育改革中这一"硬骨头"。具体而言,教师要结合"双减"政策改革精神,由培养"刷题能手"与"考试能手"向培养创新型人才回归,教师要杜绝超前、超纲教学,坚持循序渐进与因材施教,实现知识学习与社会实践的统一,培养学生健全人格,感悟人生真谛。此次的"双减"政策给了教师"敢为"的空间与舞台,教师要敢于坚持由点及面、由表及里的改革思路,以教育评价改革为重点,逐渐改变教育过度竞争化、同质化的弊端,逐渐办出人民满意的高质均衡的教育体系。

总之,无论是应为、可为还是敢为,都需要教师减少"无用功",少做"额外功",练好"内家功"。教师作为"双减"政策实施的核心推动力量与主要践行者,需要坚持在与家庭、社会协同育人的基础上,稳步提升课堂教学的质量与效益、敢于推动学生评价机制改革,不断提供丰富优质的课程教学资源,回归"立德树人"这一教育本真,从而真正实现教育的高质量发展。

第九节　校长提升教师专业发展路径的着力点

近年来,越来越多的国内外教育研究者发现校长的领导力是校长整体素养的核心构成部分。高水平的校长领导力需要校长掌握前沿教育理念,具备结构完善的复合素质。欧美发达国家近20年的教育改革显示,相比于制定学校战略规划与发展愿景,完善学校规章制度、人事管理与校园文化建设等工作，促进教师有效专业发展，成为了校长领导力提升的新着力点。在经济合作与发展组织在2018年进行的教师教与学的大规模国际调查中，引领学校和教师的可持续发展，特别是与教师协同设计专业发展项目，是经合组织成员国参与调查的校长们最优先考虑的事项，也是他们认为亟须加强的部分。教师的专业发展越来越需要校长的专业引领与支持，这主要体现在理念的更新、方法的创新、体制的改革与文化的浸润上。

进入21世纪以来，上海市基础教育改革经验在全球表现卓越，"上海经验""上海模式"成为了越来越多西方国家教育改革与学习借鉴的榜样。在上海市，越来越多的中小学校长认识到，学校作为学习型育人组织，需要不断在个体层面与组织层面，提升自身的教学领导力，从单纯的"行政管理者"转变为"专家型领导者"。在核心素养课程改革中，上海市部分中小学校长通过运用分布式领导、开展工作嵌入式专业发展、提高教师工作场所学习力、构建大学—教研室—中学教师实践共同体来促进教师的有效专业发展。校长通过整合多种教育资源来提升教师专业发展的成效，显得愈发重要。

第一，运用分布式领导来提升教师专业发展的有效性。与绩效主义领导和行政领导不同，分布式领导认为领导实践是校长与教师协同完成的，它更加注重人与人之间在不同情境中的互动式实践。同时，分布式领导强调教学、科研协作，以校长与教师集体活动的方式，不断为教师的专业发展赋权增能。上海奉贤待问中学通过学科教研组、名师工作室、工作坊、课题组、周末主题学习等形式，创造性地实施分布式领导，为促进教师的专业发展开辟了新路径。在这些不同的分布式领导实践活动中，校长等学校领导者以"教师"为核心关注对象，他们不是把教师视为管理的对象，而是协同发展的"专业同事"，用心倾听教师在参与不同教学、科研实践活动中的收获与反思。因此，校长与教师之间的等级关系被打破，扁平化、专业化、合作化关系更加促进了教师的信任与发展。

第二，引导教师开展工作嵌入式专业发展活动。随着传统脱离教学情境、一站式、讲授式等教师专业发展模式被越来越多的教师培训项目所诟病，工作嵌入式专业发展成为了近年来校长促进教师发展的有效途径。工作嵌入式专业发展意味着教师的专业发展活动在日常的课堂环境中进行，通过一系列合作式、探究式教学研讨活动，教师能够在真实的教育情境中应用创新的教学理念与模式，以此来提升教师专业发展的情境性、一致性和有效性。为了让教师更有效地学习新高考评价体系下主要学科作业的设计原则与方法，上海市闵行区上虹中学以学科为单位，通过基于日常专业发展活动的教师探究、反思、分享与展示等活动，系统领悟作业设计的优点与不足，提出教学中切实可行的改进策略，从而提升作业设计的科学性、创新性、开放性与灵活性。

第三，提高教师工作场所学习力。不少校长在安排教师的专业学习活动时，多是采取传统的教师专业学习1.0模式，即理论应用于实践的模式，忽略了教师基于自身实际教学情境的学习，即教师工作场所的学习。教师工作场所学习发生在教师的日常工作环境中，以教师个人成长为目标，以实践为取向，通过自身学习实践获得相关知识、技能与经验。教师工作场所学习需要考虑理论、实践与情境之间的多维互动关系。在上海徐汇中学，教师对基于理解的教学、逆向教学设计、深度学习、大概念教学、表现性评价等前沿教育理念的学习融入公开课、交流课等日常教学活动中。校长通过引导教师进行工作场所学习，不仅弥补了理论学习与实践应用之间的鸿沟，更融入了教师的正式与非正式专业学习模式。

第四，构建跨越边界的专业实践共同体。由大学—教研室—中学教师组成的实践共同体是近年来国内外教师专业发展的有效模式。大学学者在政策解读、前沿理念与学术知识引领等方面具有专业优势；教研员在课堂观察、教学诊断、教学指导、评价反馈等方面具有丰富的实践经验。上述两大专家群体针对教师的教学实践需求，开药方，指路子，以现场工作的方式，协同参与到教师的专业发展活动中。在上海闵行三中，该校领导通过与闵行区、普陀区与奉贤区的中学联合探索"跨区联动名师工作室"的模式，通过扁平化、民主化、协作式的教学领导管理机制，以项目化学习和行动研究为抓手，走出了"以教师发展需求为指引，任务为驱动"的发展模式。在这些联合实践共同体中，校长的行政领导让位于专业领导，专业领导成为了助推实践共同体有效发展的催化剂。

后　记

　　未来学家将人类当下的社会描述为"乌卡"（VUCA）时代，表征"易变的"（Volatile）、"不确定的"（Uncertain）、"复杂的"（Complex），以及"模糊的"（Ambiguous）。科技信息技术的不断进步，价值观的开放和多元使得乌卡时代呈现出"易变性"与"无边界"的特征。同时，乌卡时代的全球化伴随着逆全球化、民粹主义与集权主义等多重潜在风险。正如德国著名社会学家乌尔里希·贝克所预言，人类社会已经迈入"全球风险社会"。风险的叠加、分配和聚集加剧了世界的不确定性。

　　"未来已来"已成为东西方学界的共识。"乌卡"时代的教师教育也面临着诸多不确定性，其理论、实践与政策也不断在重构。在国际组织层面，联合国教科文组织、经合组织、世界银行、联合国儿童基金会、欧盟等国际与区域组织不断形塑全球教育治理体系，共同参与全球教育改革与教师教育中的一系列重要议题，如可持续发展、生态文明、全球公民教育等。2021年，联合国教科文组织发布了《学会融入世界：为了未来生存的教育》的报告，报告中所提出的生态正义、人文主义、多元主义、跨学科融合等原则将成为指导人类教育事业发展的重要风向标。在民族国家层面，众多国家的教育改革在目的、内容、治理等领域加速迭代更新，不断向后全球化、后现代化与新人文主义迈进。随着人工智能不断在教育领域渗透，不少欧美国家将以"4C"为代表的高阶能力与全球胜任力作为本国教育发展的重要目标。自党的二十大以来，我国教师教育改革与发展以中国式现代化为指引，以建设高素质专业化创新型教师队伍为重要目标，开启了新时代教育强国的新征程。

　　在20世纪后半叶，国际比较教育理论界盛行一种颇具影响力的理论流派，即世界文化理论。世界文化理论对"二战"后大众教育的普及化与制度化进行了广泛的理论分析与实证研究。从"合法性神话"的理论假设出发，该理论认为，民族国家获得合法性的程度取决于它们建构正确的民族国家身份,而扩大大众教育规模则是获取恰当民族国家身份的核心特征,因此,不同国家之间的教育在目标、内容、组织、评价等方面越来越具有趋同性。在国际教育组织所催生的全球教育测量时代,不同国家之间教育事业发展的相似性,为学习借鉴彼此的经验与政策提供了新的依据,从而为教师教育教育注入了新的活力。

回顾学术历史,华东师范大学国际与比较教育研究所有着优良的学术传统与深厚的学术积淀,始终秉承"比较世界,服务中国"的初心使命,数载深耕西欧北美教育、国际教育思潮、教学论等领域,在国内比较教育学界形成了独树一帜的风格。面对未来瞬息万变的社会,未来教育发展展现出多维的理念,如预测型、规划型、场景型、素养培育型、批判型与涌现型等。未来学家曾言,预测未来的最好方式是创造未来。2017年,联合国教科文组织发布《反思教育:向"全球共同利益"的理念转变?》的报告,该报告提出了"教育作为全球共同利益"和"教育作为一种社会成员间为了共享的利益而合作达成的社会契约"的愿景。

据此,本书将秉承联合国教科文组织所提出的"全球性思维传统""全球共同利益传统"与"人文主义价值传统",赓续华东师范大学国际与比较教育研究所的优良学术基因,以世界眼光,深入审视国际视野下教师教育领域的一系列重要前沿关切议题。因此,本书在内容探讨上具有未来指向性。在内容上,本书深入论述了国际视野下教师教育理论、实践与政策,力图呈现教师教育国际前沿研究图景;在方法上,本书兼顾理论探究与基于证据的学理分析分析;在学术经纬方面,本书兼顾教师教育国际前沿动态与我国本土教师教育实践探索;在学术品格方面,本书致力于阐释教师教育研究的新思想、新观点与新路径。希冀本书为国内从事教师教育研究增添新气象与新风格。

本书付梓出版在即,借此机会,衷心感谢我的岳父孙崇理先生的指导,妻子孙璐菲女士的呵护,以及母亲刘素云女士的鼓励。也感谢华东师范大学出版社教育心理分社社长彭呈军老师的悉心指正。正是由于你们的大力支持,本书得以与各位读者见面。庄子说,始生之物,其形必丑。在撰写本书的过程中,难免有错误与疏漏之处,挂一漏万。敬请诸位方家不吝指正!在接下来的学术生涯中,我将持续深耕国际视野下的教师教育这一研究领域,为我国教师教育学科体系、学术体系与话语体系的迭代创新,贡献自己的智慧与汗水。

祝　刚

2023 年 12 月 6 日于丽娃河畔